中华典藏

全注全译本

国际儒学联合会教育系列丛书

孔子家语 下

杨朝明 译注

丛书指导委员会主任
————滕文生 牟钟鉴 董金裕

总主编
————钱 逊 郭齐家

汉唐书局专家委员会审定

济南出版社 汉唐书局

图书在版编目（CIP）数据

孔子家语. 下 / 杨朝明译注. —— 济南：济南出版社，
2023.4

（中华典藏）

ISBN 978-7-5488-5581-1

Ⅰ . ①孔… Ⅱ . ①杨… Ⅲ . ①孔丘（前551—前479）

—生平事迹 Ⅳ . ①B222.2

中国国家版本馆CIP数据核字（2023）第052263号

出 版 人　田俊林
丛书策划　付晓丽　冀春雨
责任编辑　孙育臣
专家审读　张　涛
装帧设计　王铭基　谭　正

出版发行　济南出版社
地　　址　济南市二环南路1号（250002）
编辑热线　0531-86131747　82926535
发行热线　82709072　86131701　86131729　82924885
印　　刷　山东彩峰印刷股份有限公司
版　　次　2023 年 8 月第 1 版
印　　次　2023 年 8 月第 1 次印刷
开　　本　170 mm × 240 mm　16开
印　　张　13.25
字　　数　195千
印　　数　1—4000册
定　　价　48.00元

（济南版图书，如有印装错误，请与出版社联系调换。联系电话：0531-86131736）

目 录

篇章体例
◎ 题解
◎ 原文
◎ 注释
◎ 大意

1

卷六

五帝

第二十四

本篇关于五帝的记述与《五帝德》所记不同，虽言亦出于孔子，但两者明显属于不同系统。

在本篇中，孔子向季康子讲述了太皞、炎帝、黄帝、少皞、颛顼五位古代帝王的事迹，并解说了古代帝王法五行称帝、易服改号的史实与原因，其中蕴含着丰富的五行数术思想。有学者认为，论述中含有五行数术思想，应是后人假托孔子伪造，实际这两种思想形成的时间很早，传播范围也很广。五行思想起源于中国古代社会的农业实践，中国文化是农耕文化，与人们生活密切相关的五行很早就进入了政治领域。《尚书·洪范》中就记载了五行与德政的关系。数术思想与天文知识密切相关，各家都有所涉猎。

与《五帝德》中孔子所说五帝不同，在本篇一开始，孔子说此"昔丘也闻诸老聃"，很可能这一五帝系统便来源于楚地。春秋时期楚文化神话色彩浓厚，本篇的论述也颇具神秘色彩，但是孔子向季康子论述五帝，起于"五行用事少"，而终于"其德不可以多也"，体现了孔子思想中的人文精神。

春秋战国时期出现不同的五帝系统。一方面是受地域、文化、民族等诸多因素的影响，人们对古代传说的整理各有不同；另一方面也存在着不同学说倾向、不同学术传统对历史认识不同的原因。总而言之，以孔子之博闻，听到两种五帝系统是不足为奇的。

季康子①问于孔子曰："旧闻五帝之名，而不知其实，请问何谓五帝。"

孔子曰："昔丘也闻诸老聃②曰：'天有五行：水、火、金、木、土。分时化育，以成万物，其神谓之五帝。'古之王者，易代而改号，取法五行。五行更王，终始相生，亦象其义。故其为明王者，而死配五行。是以太皞③配木，炎帝配火，黄帝配土，少皞④配金，颛顼配水。"

◎**注释** ①〔季康子〕季孙肥，鲁哀公时正卿，当时鲁国最有权力的人。"康"是谥号。②〔老聃（dān）〕即"老子"。《史记·老子韩非列传》："老子者，楚苦县厉乡曲仁里人也，姓李氏，名耳，字聃，周守藏室之史也。"③〔太皞（hào）〕号伏羲氏，传说中的古代帝王。以木德王天下，死后祀于东方，为木德之帝。④〔少皞〕又作"少昊"，名挚，号金天氏，传说中的古代帝王。以金德王天下，死后祀于西方，为金德之帝。

◎**大意** 季康子问孔子："过去听说过五帝的名称，但不知道它的实际内容，请问什么叫五帝呢。"

孔子说："以前我听老聃说：'天有五行，即水、火、金、木、土，它们在不同的季节变化孕育，从而产生万事万物，五行之神就是五帝。'古代的帝王，改换朝代、变更名号，要仿照五行的称号。更换帝王，周而复始，也是按照五行更替的原则。所以那些贤明的帝王，死后配以五行。因此，以木配太皞，以火配炎帝，以土配黄帝，以金配少皞，以水配颛顼。"

康子曰："太皞氏其始之木何如？"

孔子曰："五行用事①少，先起于木。木东方，万物之初皆出焉。是故王者则②之，而首以木德王天下，其次则以所生之行转相承也。"

◎**注释**　①〔用事〕主事。②〔则〕效法。

◎**大意**　季康子问："为什么太皞氏要从木开始呢？"

　　孔子说："五行主事，先从木开始。木象征东方，万物一开始都从这里产生。所以帝王效法它，首先以木德称王于天下，然后以五行相生的顺序，依次转接。"

康子曰："吾闻勾芒①为木正②，祝融③为火正，蓐收④为金正，玄冥⑤为水正，后土⑥为土正，此五行之主而不乱，称曰帝者，何也？"

孔子曰："凡五正者，五行之官名。五行佐成上帝，而称五帝。太皞之属配焉，亦云帝，从其号。昔少皞氏之子有四叔，曰重、曰该、曰修、曰熙，实能金、木及水。使重为勾芒，该为蓐收，修及熙为玄冥。颛顼氏之子曰黎⑦，为祝融。共工氏⑧之子曰勾龙⑨，为后土。此五者，各以其所能业为官职，生为上公，死为贵神，别称五祀，不得同帝。"

◎**注释**　①〔勾芒〕名重，少皞氏之后，佐木德之帝，死后为木官之神。②〔正〕官长。③〔祝融〕颛顼帝后，为高辛氏火正，死后为火官之神。④〔蓐（rù）收〕名该，有金德，死后为金官之神。⑤〔玄冥〕名修，死后为水官之神。⑥〔后土〕名勾龙，死后为土官之神。⑦〔黎〕颛顼时火正。⑧〔共工氏〕炎帝后，姜姓。古代神话传说中，共工欲发动洪水，以害天下，结果被灭。但种种迹象表明，他本意是想治水，只不过方法不得当，反而造成了更大的灾难。⑨〔勾龙〕共工氏之子。

◎**大意** 季康子问："我听说勾芒为木正，祝融为火正，蓐收为金正，玄冥为水正，后土为土正，这些五行的执掌者没有混乱，却被称为帝，这是为什么？"

孔子说："五正是五行的官名。五行辅佐天帝成就大事，所以称为五帝。太皞、炎帝等与五行相配，也称为帝，随五行之称。从前，少皞氏有四个弟弟，分别叫重、该、修、熙，他们擅长管理金、木和水，于是让重做勾芒，让该做蓐收，让修和熙做玄冥。颛顼的儿子黎做了祝融，共工氏的儿子勾龙做了后土。这五个人各以自己所擅长的方面作为官职，活着时为上公，死后被尊为贵神，另称为五祀，不能等同于帝。"

康子曰："如此之言，帝王改号，于五行之德，各有所统①，则其所以相变者，皆主何事？"

孔子曰："所尚则各从其所王之德次焉。夏后氏以金德王，色尚黑，大事敛用昏，戎事乘骊②，牲用玄；殷人用水德王，色尚白，大事敛用日中，戎事乘翰③，牲用白；周人以木德王，色尚赤，大事敛用日出，戎事乘騵④，牲用骍⑤。此三代之所以不同。"

康子曰："唐、虞二帝，其所尚者何色？"

孔子曰："尧以火德王，色尚黄。舜以土德王，色尚青。"

◎**注释** ①〔统〕管辖，执掌。②〔骊（lí）〕黑马。③〔翰〕白色的马。④〔騵（yuán）〕赤身白腹的马。⑤〔骍〕赤色。

◎**大意** 季康子问："按这样说，帝王改换称号，在五行之德中，各有所执掌的一种，那么他们的相互变更，都有什么内容呢？"

孔子说："他们崇尚的是遵循各自称王所依据的五行之德。夏后氏以金德称王，崇尚黑色，丧葬定在黄昏之时，有战事时车乘用黑马，祭祀用的牲畜也是黑色的；殷人以水德称王，崇尚白色，丧葬定在中午之时，战事时车乘用白马，祭祀用的牲畜也是白色的；周人以木德称王，崇尚红色，丧葬定在日出之时，战事车乘用红色的马，祭祀的牲畜也用红色的。这是夏、商、周三代不同的地方。"

季康子问："唐尧、虞舜二帝，他们崇尚什么颜色？"

孔子说："尧以火德而王，崇尚黄色。舜以土德而王，崇尚青色。"

康子曰："陶唐①、有虞②、夏后、殷、周独不配五帝，意者德不及上古耶？将有限③乎？"

孔子曰："古之平治水土，及播殖百谷者众矣，唯勾龙氏兼④食于社⑤，而弃为稷神，易代奉之，无敢益⑥者，明不可与等。故自太皞以降，逮⑦于颛顼，其应五行而王，数非徒⑧五，而配五帝，是其德不可以多也。"

◎**注释**　①〔陶唐〕指尧。尧初居于陶，后封于唐，所以又称陶唐。②〔有虞〕有虞氏，指舜。③〔限〕限制。④〔兼〕配享。⑤〔社〕土地神。⑥〔益〕增多，增加。⑦〔逮〕至，到。⑧〔徒〕止，仅。

◎**大意**　季康子问："陶唐、有虞、夏后、殷、周独不与五帝相配，是否意味他们赶不上上古的帝王？德行也有限制吗？"

孔子说："古时候平治水土和播种百谷的人有很多，只有勾龙氏配享于社，弃为稷神，历代都予以供奉，不敢有增加的，表明余者无法与二人对等。从太皞以来，直到颛顼，顺应五行而称王的人不止五个，而只有他们与五帝相配，是因为他们的德行到了无可复加的地步。"

执辔

第二十五

本篇篇幅较长，总体上讲了两个问题，一是孔子弟子闵子骞向孔子请教治国的道理，孔子随即以驾车比喻治国。二是子夏与孔子谈论《易》《山书》之理，属于形而上的讨论。

孔子论述了"古之为政"的内容，先是用驾车比喻治国，继而对德法与刑政的关系、六官总治天下、孟春与季冬的考核展开论述。孔子十分强调"德法"，即强调德治，这一部分是研究孔子政治思想的重要材料。《论语》中将闵子骞划分为德行科，与本篇相印证，亦可见儒家思想中德行与为政的关系。在此部分中，孔子开门见山地提出为政治国应当"以德以法"，他用驾车的道理来说明用德用法与单纯用刑之间的差异，十分引人注目。而后孔子言《周礼》中六官正是"道""德""仁""圣""义""礼"六种德行的体现，再次凸显了孔子的德治与用人思想。

第二部分谈论了具体而微的形上问题。在这一部分中，子夏首先谈论了《易》中自然界与人类及万物、鸟兽、昆虫的数理关系，之后又谈论到《山书》中地理环境与万物的特性。在这当中，子夏的论述虽未必尽实，但充满了朴素的自然观，表现了当时人们对于世界的探索，以及春秋时期人们对于自然界的认识。最后，子夏言："此乾坤之美也，殊形异类之数。王者动必以道动，静必以道静，必顺理以奉天地之性，而不害其所主，谓之仁圣焉。"子夏在感叹天地大化之余，道出了古人认识世界，最终是要适应世界的目的。而这种改造是一种"不害其所主"的改造，彰显了儒家追求天人和谐的精神。

从本篇所记，我们可以看出孔子思想的渊博，又可以了解孔子思想的侧重点。文章第二部分子夏论《易》又见于《大戴礼记·易本命》，但其中子夏的话全变成了"子曰"。两者的差异除了文献流传的因素外，《孔子家语》与《大戴礼记》的编纂者对孔子思想认知的不同也是重要原因。《大戴礼记》成书于汉代，其时阴阳五行学说盛行，多附会孔子之说，因而将此部分的论述归为孔子不足为奇。孔子更多的是思考现实社会问题，主张积极入世。此番所论与老子的自然观有些类似，孔子曾经问礼于老子，他的思想必然受到老子的影响，当时学界尚没有学派的界限，子夏亦学习了此种知识。

虽然孔子思想的侧重点在现实问题上，但他并不盲目否定其他学术知识和人生追求。因此，在本篇中，孔子同意子贡对于子夏"微则微矣，然则非治世之待也"的评价，却也主张"各其所能"。

闵子骞①为费宰②，问政于孔子。子曰："以德以法③。夫德、法者，御民之具，犹御马之有衔、勒也④。君者，人也；吏者，辔⑤也；

刑者，策⑥也。夫人君之政，执其辔策而已。"

子骞曰："敢问古之为政。"孔子曰："古者天子以内史为左右手⑦，以德法为衔勒，以百官为辔，以刑罚为策，以万民为马，故御天下数百年而不失。善御马，正衔勒，齐辔策，均马力，和马心，故口无声而马应辔，策不举而极千里；善御民，壹⑧其德法，正其百官，以均齐民力，和安民心，故令不再⑨而民顺从，刑不用而天下治。是以天地德之，而兆民怀之⑩。夫天地之所德，兆民之所怀，其政美，其民而众称之。今人言五帝三王者，其盛无偶，威察若存⑪，其故何也？其法盛，其德厚⑫，故思其德必称其人，朝夕祝⑬之，升闻于天，上帝俱歆⑭，用永厥世⑮，而丰其年。

◎**注释** ①〔闵子骞〕孔子弟子。姓闵，名损，字子骞。鲁国人，在孔子弟子中以德行著称。②〔费宰〕费地的长官。费，春秋时鲁国邑名。宰，官名，殷代开始设置，掌管家务和家奴。西周时沿置，掌管王家内外事务。春秋时各国沿用，卿大夫私邑的长官称宰。③〔以德以法〕用德治和礼法。这里的"法"非现代意义上的法制，而是礼法，包括规章和伦理规范等。④〔犹御马之有衔、勒也〕犹，如，同。御，驾驭，驾驶。衔，横在马口中以备抽勒用的铜或铁。勒，套在马头上带嚼口的笼头。⑤〔辔〕驾驭牲口的缰绳。⑥〔策〕马鞭子。⑦〔古者天子以内史为左右手〕古时天子把内史当作自己最得力的助手。内史，官职名，西周时始置，协助天子管理爵、禄、废、置等政务。春秋时沿置。见《周礼·春官·内史》。⑧〔壹〕统一。⑨〔再〕重复，又一次。⑩〔兆民怀之〕众百姓纷纷归顺他。兆，数词，百万为兆，旧时也以万万为亿，万亿为兆。兆民，众百姓，形容极多。怀，怀念，归顺。⑪〔其盛无偶，威察若存〕他们功德无人能比，其声威和清誉好像还存在。偶，双，成对。威，声威，功德。察，清高，清白。⑫〔厚〕大，深。⑬〔祝〕祈祷。⑭〔歆〕飨。指祭祀时神灵先享受到其气。⑮〔用永厥世〕使他们世系绵长。用，以。永，绵长。厥，其。

◎**大意** 闵子骞出任费宰，行前向孔子请教为政的方法。孔子说："要依靠德行和礼法。德行和礼法是治理百姓的工具，就好像驾驭马要有马嚼子和马笼头一样。君主就是驾驭马的人，官吏就是马缰绳，刑罚就是马鞭子。君主为政，只不过是掌握着缰绳和鞭子罢了。"

　　闵子骞说："冒昧地向老师请教一下古代为政的情况。"孔子说："古时天子把内史当作自己最得力的助手，把德行和礼法当作马嚼子和马笼头，把众官吏当作马缰绳，把刑罚当作马鞭子，把百姓当作马，因而统治天下数百年而无所丧失。善于驾驭马的人，放正马嚼子和马笼头，协调运用马缰绳和马鞭子，均衡地使用马的力气，使马的内心感到和顺，所以嘴里不用吆喝，马就会响应缰绳的指示而活动，不用举起鞭子，马就会跑到千里之外；善于治理百姓的人，统一他们的德行、礼法，端正众官吏的言行，从而均衡、协调地使用民力，使百姓和顺、安宁。所以政令不用发布第二次，百姓就已经归顺，刑罚还没使用，天下就太平了。因此天地认为他有德行，众百姓纷纷归顺他。天地认为有德行、众百姓纷纷归附的人，他们政治美好，百姓也纷纷称赞他们。现在人们提起五帝、三王这些人，都认为他们功德无人能比，其声威和清誉好像还存在，是什么缘故呢？他们的礼法昌盛，他们的德行厚重，所以人们思念他们的德行也必然称赞他们的为人，早晚为他们祝颂，声音传到了天上，天帝都很高兴，因而使他们世系绵长，年景丰收。

　　　"不能御民者，弃其德法，专用刑辟①，譬犹御马，弃其衔勒而专用棰②策，其不制也，可必矣。夫无衔勒而用棰策，马必伤，车必败；无德法而用刑，民必流，国必亡。治国而无德法，则民无修③，民无修则迷惑失道。如此上帝必以其为乱天道也。苟乱天道，则刑罚暴，上下相谀④，莫知念患，俱无道故也。今人言恶者，必比之于桀纣，其故何也？其法不听⑤，其德不厚，故民恶其残虐，莫不吁嗟⑥，朝夕祝之，升闻于天。上帝不蠲⑦，降之以祸罚，灾害并生，用殄厥世。故曰德法者，御民之本。

◎ **注释**　①〔刑辟〕刑法，刑律。②〔棰〕鞭子。③〔修〕循，遵循。④〔谀〕谄谀。⑤〔听〕处理，判断。⑥〔吁嗟〕哀叹，叹息。⑦〔蠲〕除去，减免。

◎ **大意**　"不善于治理百姓的人，放弃德行与礼法，专用刑律，就好像驾驭马，丢掉马嚼子和马笼头，专用马鞭子，他一定是没法控制了。放弃马嚼子和马笼头，专用马鞭子，马必然会受到伤害，车子也必然毁坏；不用德行与礼法而专用刑罚，百姓必然流失，国家必然灭亡。治理国家而不用德行与礼法，百姓就会无所依循，百姓无所依循，就会迷惑不定、丧失道义。这样，天帝一定认为他违背天道。如果违背天道，刑罚就会变得残暴，上下就会互相谄媚，不懂得心存忧患，这都是不讲道义的缘故。现在的人谈起凶恶的人，一定会把他们比作桀、纣，这是什么缘故呢？他们有礼法而不依，德行不深，所以百姓憎恨他们的残酷暴虐，没有人不哀叹呼号，早晚祈祷，声音传到了天上。天帝对他们的罪行不予减免，使祸乱和惩罚降临到他们身上，让天灾、人祸一并发生，从而使他们当世灭亡。因此，德行和礼法是治理百姓的根本。

　　"古之御天下者，以六官总①治焉：冢宰之官以成道②，司徒③之官以成德，宗伯④之官以成仁，司马⑤之官以成圣，司寇⑥之官以成义，司空⑦之官以成礼。六官在手以为辔，司会均仁以为纳⑧，故曰：御四马者执六辔，御天下者正六官。是故善御马者，正身以总辔，均马力，齐马心，回旋曲折，唯其所之，故可以取长道、可赴急疾。此圣人所以御天地与人事之法则也。天子以内史为左右手，以六官为辔，已而与三公为执六官，均五教，齐五法⑨，故亦唯其所引，无不如志，以之道则国治，以之德则国安⑩，以之仁则国和，以之圣则国平，以之礼则国定⑪，以之义则国义⑫，此御政之术。

◎**注释**　①〔总〕全面。②〔冢宰之官以成道〕设置冢宰之官以成就道义。冢宰，官职名称，周代六卿之一，《周礼》天官之属，为辅佐天子之官。后世以冢宰为宰相之称。③〔司徒〕官职名称，周代六卿之一，掌管国家的土地和人民的教化。④〔宗伯〕官职名称，周代六卿之一，掌管宗庙祭祀等事。⑤〔司马〕官职名称，周代六卿之一，掌管军旅之事。⑥〔司寇〕官职名称，周代六卿之一，掌管刑法。

⑦〔司空〕官职名称，周代六卿之一，掌管工程建筑。⑧〔司会均仁以为纳〕司会使仁义均齐就如同有了内侧缰绳。司会，官职名称，《周礼》天官之属，主管财政、经济及对百官政绩的考察。⑨〔五法〕指仁、义、礼、智、信之法。⑩〔以之德则国安〕德教成，以之仁，则国和。礼之用，和为贵，则国安。⑪〔以之礼则国定〕事物以礼，则国定。⑫〔以之义则国义〕刑罚当罪，则国平。义，平也。

◎ **大意**　"古代统治天下的人，以六官全面负责治理：设置冢宰之官以成就道义，设置司徒之官以成就德行，设置宗伯之官以成就仁爱，设置司马之官以成就圣明，设置司寇之官以成就道义，设置司空之官以成就礼仪。把六官掌握在手就如同握住了缰绳，司会使仁义均齐就如同有了内侧缰绳，所以说：驾驭马车的人要掌握好六条缰绳，治理天下的人要端正六官。因此擅长骑马的人端正自己的身体，握住缰绳，平均马的气力，和马的心志保持一致，无论盘旋走动，还是曲折奔跑，都可以想怎样就怎样，所以可以跑很远的路，也可以急速地奔驰。这是圣人用来统治天下和人事的法则。天子把内史作为左右手，把六官作为治理天下的缰绳，再和三公共同执掌六官，施行五教，整治五法。所以只要是君王想要引导的，没有会不如愿的，用道义引导则会使国家稳定，用德行引导则会使国家安宁，用仁爱引导则会使国家和平，用圣明引导则会使国家太平，用礼仪引导则会使国家安定，用仁义引导则会使国家正义，这是驾驭政治的方法。

"过失，人之情莫不有焉，过而改之，是为不过。故官属不理，分职不明，法政不一，百事失纪，曰乱。乱则饬①冢宰。地而不殖，财物不蕃②，万民饥寒，教训不行，风俗淫僻③，人民流散，曰危。危则饬司徒。父子不亲，长幼失序，君臣上下，乖离④异志，曰不和。不和则饬宗伯。贤能而失官爵，功劳而失赏禄，士卒疾怨，兵弱不用，曰不平。不平则饬司马。刑罚暴乱，奸邪不胜⑤，曰不义。不义则饬司寇。度量⑥不审，举事失理，都鄙⑦不修，财物失所，曰贫。贫则饬司空。故御者同是车马，或以取千里，或不及数百里，其所谓进退缓急异也；夫治者同是官法，或以致平，或以致乱者，亦其所以为进退缓急异也。

"古者，天子常以季冬⑧考德正法，以观治乱。德盛者治也，德薄者乱也。故天子考德，则天下之治乱，可坐庙堂⑨之上而知之。夫德盛则法修，德不盛则饬法，与政咸德而不衰⑩。故曰：王者又以孟春⑪论吏之德及功能，能德法者为有德，能行德法者为有行，能成德法者为有功，能治德法者为有智。故天子论吏而德法行，事治而功成。夫季冬正法，孟春论吏，治国之要。"

◎**注释** ①〔饬〕通"敕"，告诫。②〔蕃〕生息。③〔淫僻〕放纵而邪恶。④〔乖离〕相互抵触，不一致。⑤〔胜〕制服。⑥〔度量〕测量长短或多少的器具，这里指度量的标准。⑦〔都鄙〕京都及边邑。⑧〔季冬〕冬季的最后一个月，即农历十二月。⑨〔庙堂〕宗庙明堂，这里应该指朝廷。⑩〔与政咸德而不衰〕法与政皆合于德，则不杀。⑪〔孟春〕春季的第一个月，即农历正月。

◎**大意** "过错和失误，就为人的情理来说，是不可避免的，有了过错而能改正，就如同没有过错。所以官吏的归属没有条理，职分不明确，法令、政教不一致，各种事情没有头绪，这叫混乱，出现混乱就应该告诫冢宰；土地得不到耕种，财物得不到增置，百姓饥饿寒冷，教化、训令得不到推行，风俗放纵而又邪恶，百姓流离失所，这叫危险，出现危险就应该告诫司徒；父子不相亲爱，长幼不讲次序，君臣上下相互抵触、离心离德，这叫不和，出现不和就应该告诫宗伯；贤能的人却失掉了官职和爵位，有了功劳却得不到赏赐和俸禄，士卒怨恨，军队弱小而不堪使用，这叫不平，出现不平就应该告诫司马；刑罚残暴混乱，奸邪行为屡禁不止，这叫不义，出现不义就应该告诫司寇；度量标准得不到申明，办事没有条理，都城和边邑得不到修整，财物分配不均，这叫贫困，出现贫困就应该告诫司空。所以驾车的人驾驭的同样是车马，有的能行至千里之外，有的连几百里也走不了，这是由于在进退缓急上的处理方法不同；治理天下的人用的同样是礼法，有的凭借它们实现天下太平，有的却导致天下混乱，这也是由于在进退缓急上的处理方法不同。

"古时候，天子经常在冬季的最后一个月考察德行，端正礼法，来了解天下治理得太平还是混乱。德行兴盛则天下太平，德行浅陋则天下混乱。所以天子考察德行，那么天下治理得太平还是混乱，坐在朝廷之上就能够明了。德行兴盛，那么礼法就得到了修饬；德行不兴盛，就要整顿礼法，使它与政教都合于德行而不衰败。所以说：天子又在春季的第一个月考论官吏的德行及功劳、能力，能够注重德行与礼法的人就认为其有道德，能够实践德行与礼法的人就认为其有品行，能够成就德行与礼法的人就认为其有功劳，能够研习德行与礼法的人就认为其有智慧。所以天子考论官吏，使德行与礼法得到实施，使各种事务处理得好从而成就功勋。在冬季的最后一个月整顿礼法，在春季的头一个月考核官吏，这是治理国家的关键。"

　　子夏①问于孔子曰："商闻易②之生人及万物、鸟兽、昆虫，各有奇偶，气分不同③。而凡人莫知其情，唯达德者能原其本焉。天一、地二、人三，三三如九④。九九八十一，一主日，日数十，故人十月而生；八九七十二，偶以从奇，奇主辰，辰为月，月主马，故马十二月而生；七九六十三，三主斗，斗主狗，故狗三月而生；六九五十四，四主时，时主豕⑤，故豕四月而生；五九四十五，五为音，音主猿，故猿五月而生；四九三十六，六为律⑥，律主鹿，故鹿六月而生；三九二十七，七主星，星主虎，故虎七月而生；二九一十八，八主风，风为虫，故虫八月而生⑦。其余各从其类矣。鸟、鱼生阴而属于阳，故皆卵生；鱼游于水，鸟游于云，故立冬则燕雀入海化为蛤⑧；蚕食而不饮，蝉饮而不食，蜉蝣⑨不饮不食，万物之所以不同。介鳞夏食而冬蛰⑩，龁吞者八窍而卵生⑪，龃嚼者九窍而胎生⑫，四足者无羽翼，戴角者无上齿，无角无前齿者膏，无角无后齿者脂⑬。昼生者类父，夜生者似母，是以至阴主牝⑭，至阳主牡。敢问其然乎？"

　　孔子曰："然，吾昔闻老聃亦如汝之言。"

◎**注释**　①〔子夏〕孔子弟子。姓卜，名商，字子夏。卫国人，以文学见长，相传曾于西河讲学，序《诗》、传《易》，为魏文侯师。②〔易〕指《易》中所蕴含的理念。③〔各有奇偶，气分不同〕奇偶，单数和双数。气分，指人或物所承受元气的分限。分，分际，合适的界限。④〔三三如九〕九，阳数之极。下文中，其余的数字都与九相乘。⑤〔豕〕猪。⑥〔六为律〕《汉书·律历志》："地之中数六，六为律。"古代乐律有阳律、阴律各六，阳律曰律，包括黄钟、太蔟、姑洗、蕤宾、夷则、无射。⑦〔八主风，风为虫，故虫八月而生〕风之数，尽于八。凡虫为风，风为虫也。《说文解字》："风，八风也。东方曰明庶风，东南曰清明风，南方曰景风，西南曰凉风，西方曰阊阖风，西北曰不周风，北方曰广莫风，东北曰融风。风动虫生，故虫八日而化。"⑧〔立冬则燕雀入海化为蛤〕蛤，一种有介壳的软体动物，有各种类别，产于江河湖海中。古人认为它们是由燕雀转化而成，因为它们都是生于阴而属于阳，如《夏小正》："雀入于海为蛤。"《国语·晋语九》："雀入于海为蛤，雉入于淮为蜃。"注："小曰蛤，大曰蜃。皆介物，蚌类。"这种认识是不科学的。⑨〔蜉蝣〕虫名，有数种。幼虫生活在水中，成虫体细狭，长数分，有四翅，后翅短，腹部末端有长尾须两条。生存期短者几小时，长者六七天。⑩〔介鳞夏食而冬蛰〕介鳞，甲虫与鳞虫，指龟鳖和鱼龙之类。介，甲虫。蛰，动物冬眠时潜伏在土中或洞中，既不食也不动的状态。⑪〔龁吞者八窍而卵生〕龁吞，不用咀嚼而吞食。窍，指耳、目、口、鼻等器官之孔。《庄子·应帝王》："人皆有七窍。"⑫〔龃嚼者九窍而胎生〕九窍，人及兽属。郑注《周礼》："九窍，谓阳窍七，阴窍二也。"⑬〔无角无前齿者膏，无角无后齿者脂〕没有角而且前齿不发达的动物长得肥，没有角并且后齿不发达的动物身上多油脂。膏、脂，指油脂，凝结者为脂，呈液态者为膏。⑭〔牝〕指禽兽的雌性。与牡相对。

◎**大意** 子夏向孔子请教说："我听说，易理之中，能够产生人类及万物、鸟兽、昆虫，他们各有单数和双数，是由于所承受元气的分限不同。但一般的人并不了解其中的情况，只有德行通达的人才能够探究本原。天为一，地为二，人为三，三三得九。九九八十一，一主象天干，天干数是十，所以人怀胎十个月后出生；八九七十二，双数承接奇数，奇数主象地支，地支主象月份，月份主象马，所以马怀胎十二个月后出生；七九六十三，三主象北斗，北斗主象狗，所以狗怀胎三个月后出生；六九五十四，四主现四时，四时主象猪，所以猪怀胎四个月后出生；五九四十五，五主象五音，五音主象猿，所以猿怀胎五个月后出生；四九三十六，六主象六律，六律主象鹿，所以鹿怀胎六个月后出生；三九二十七，七主象星宿，星宿主象虎，所以虎怀胎七个月后出生；二九一十八，八主象八风，八风主象虫，所以虫经过八个月衍化而成。其余的动物也都各自根据自己的种类而生成。鸟、鱼出生在阴处，却飞游于阳处，所以都是卵生；鱼在水中游，鸟在云中飞，立冬时燕雀飞入海中，化而为蚌蛤；蚕光吃不喝，蝉光喝不吃，蜉蝣不吃不喝，这就是万物有所不同的根本。长有鳞甲的动物夏天进食而冬天蛰伏，不用咀嚼而吞食的动物长有八个器官而卵生，嚼碎食物的动物长有九个器官而胎生，长有四只脚的动物没有羽毛和翅膀，长有角的动物的牙齿不发达，没有角而且前齿不发达的动物长得肥，没有角并且后齿不发达的动物身上多油脂。动物白天出生的像父亲，晚上出生的像母亲，因此极阴的地方主象牝，极阳的地方主象牡。请问这说得对吗？"

孔子说："对。我以前听老聃讲的也和你说的一样。"

子夏曰："商闻《山书》①曰：'地东西为纬，南北为经②；山为积德，川为积刑；高者为生，下者为死③；丘陵为牡，溪谷为牝；蚌蛤龟珠，与日月而盛虚④。'是故坚土之人刚，弱土之人柔，墟土之人大，沙土之人细，息土之人美，耗土之人丑⑤。食水者善游而耐寒，食土者⑥无心而不息，食木者多力而不治⑦，食草者善走而愚，食桑者有绪而蛾，食肉者勇毅而捍，食气者神明而寿⑧，食谷者智惠而巧，不食者不死而神。故曰：羽虫⑨三百有六十，而凤为之长；毛虫三百有六十，而麟为之长；甲虫三百有六十，而龟为之长；鳞虫三百有六十，而龙为之长；倮⑩虫三百有六十，而人为之长。此乾坤⑪之美也，殊形异类之数⑫。王者动必以道动，静必以道静，必顺理以奉天地之性，而不害其所主，谓之仁圣焉。"

子夏言终而出，子贡进曰："商之论也何如？"孔子曰："汝谓何也？"对曰："微则微矣，然则非治世之待也。"孔子曰："然，各其所能。"

◎**注释** ①〔《山书》〕古代的一种山川地理之书，已佚。②〔地东西为纬，南北为经〕纬，横。经，纵。③〔山为积德，川为积刑；高者为生，下者为死〕《大戴礼记·易本命》卢辩注："山积阳，川积阴。阳为德，阴为刑。"《大戴礼记解诂》："高积阳，阳气发生；下积阴，阴气肃杀。"④〔丘陵为牡，溪谷为牝，蚌蛤龟珠，与日月而盛虚〕王肃注："月盛则蚌蛤之属，满月亏则虚。"《淮南子·坠形》："至阴生牝，至阳生牡。"《吕氏春秋》："日月望则蚌蛤实，月晦则蚌蛤虚。"《大戴礼记·易本命》卢辩注："月者，太阴之精，故龟蛤之属因之以盛虚。"⑤〔墟土之人大，沙土之人细，息土之人美，耗土之人丑〕墟土，丘陵之地。细，小。息土，肥沃之地。耗土，疏薄之地。⑥〔食土者〕以泥土为食的动物，指蚯蚓之类。⑦〔食木者多力而不治〕以树木为食的动物，指熊、犀之类。治，治理，管理，这里指驯服动物。⑧〔食草者善走而愚，食桑者有绪而蛾，食肉者勇毅而捍，食气者神明而寿〕食草者，以草为食的动物，指麋鹿之类。食桑者，以桑叶为食的动物，指桑蚕之类。绪，丝。食肉者，以肉为食的动物，指虎狼鹰之类。捍，通"悍"，勇猛，强悍。食气者，食用元气的动物，指龟之类，《说苑·辨物》："灵龟，千岁所化，下气上通，能知吉凶存亡之变。宁则信信如也，动则著矣。"⑨〔虫〕泛指动物。⑩〔倮〕通"裸"，赤身。⑪〔乾坤〕天地，指大自然。⑫〔数〕理数，道理。

◎**大意** 子夏说："我听说《山书》上写道：'大地东西方向为纬，南北方向为经；山是德行积累的表象，河是刑罚积累的表象；居高象征着生，处下象征着死；丘陵代表着牡，溪谷代表着牝，蚌蛤、龟珠随日月的变化有时丰满，有时虚空。'因此在坚硬土地上生长的人刚强，在松软土地上生长的人柔弱，在丘陵土地上生长的人高大，在沙质土地上生长的人瘦小，在肥沃土地上生长的人漂亮，在疏薄土地上生长的人丑陋。以水为食的动物擅长游泳又禁得住寒冷，以泥土为食的动物没有心脏也不需要呼吸，以树木为食的动物力气很大但也难以驯服，以草为食的动物善于奔跑但也本性愚笨，以桑叶为食的动物能够吐丝并能变成飞蛾，食肉动物勇猛坚毅但也性情凶悍，食用元气的动物神明而且长寿，吃粮食的动物充满智慧并且灵巧，不吃东西的动物长生不老而且神灵。所以说，长有羽翼的动物三百六十种，而凤凰居于首位；长有皮毛的动物三百六十种，而麒麟居于首位；长有甲壳的动物三百六十种，而龟居于首位；长有鳞片的动物三百六十种，而龙居于首位；不长羽毛鳞甲的动物三百六十种，而人居于首位。这是天地的精妙所在，也是产生不同形貌、不同类别事物的理数所在。君王行动时要顺应天道来行动，守静时也必须顺应天道以守静，一定要顺从天理、遵循天地的特性，不妨害它们所主象的事物，这叫作仁圣。"

子夏说完就出去了，子贡上前问："卜商说得怎么样？"孔子问："你觉得如何？"子贡回答："精妙倒是精妙，却不是治理社会所需要的。"孔子说："对，不过还是各自发挥自己的才能吧。"

本命解

第二十六

本篇名"本命解",讲"天之所命""人之所本"的问题。本篇由孔子论述"性命"关系开篇,谈论了男女职分差异、婚姻、丧礼等问题,展现了孔子的天道性命与伦理等观念。

在本篇开始,孔子讲"分于道,谓之命;形于一,谓之性",这便从根本上提出了"命"的天道根源与"性"的一致性。天道与人性相关联的思想在《中庸》《性自命出》《孟子》等篇目中多有继承,是儒家思想形上的根源。在本章的叙述中,我们可以了解到,人(命)的出现是由自然(道)产生的,本身就是自然(道)的一部分,在一开始的时候,人已经具备了某些特质(性),这些特质(性)与自然(道)是密不可分的。

古人认为,在事物形成与发展的过程中,始终存在一组相对相生、相辅相成的关系,天地人事变化皆是如此,阴阳被古人用来指代此种关系。在最初的生成过程里,阴阳的变化作用产生了我们的形体，我们的形体中也含有阴阳的变化。孔子认为，男女的差异实际正是阴阳的差异，人分男女象征了"一阳一阴""奇偶相配"，所以，人的"性命之端"与天地变化相同。因为男女各自代表阳与阴，所以男女的职分也有差等。孔子说"男子者，任天道而长万物者也"，女子"顺男子之教而长其理者也"，对男女德行提出了不同的要求。

男女相配是人之大伦，"圣人所以顺男女之际，重婚姻之始也"。本篇记载了孔子的婚姻观，提出了"五不取""七出""三不去"的婚姻原则。孔子指出圣人制定婚礼之数，既考虑男女年龄，合乎天地阴阳之道，同样也考虑现实生活的变化与人情世故。需要注意的是，孔子的婚姻观也带有时代局限性，阅读时应当对其中的思想加以辩证看待与吸收，把握其中的精髓。

在本篇最后，孔子谈及丧礼的问题。这一部分有许多重要的儒家观念。如孔子谈到"门内之治恩掩义，门外之治义掩恩"的问题，可与《论语》中"亲亲相隐"的故事相互参照，启迪我们思考中华法系原则在当今社会中的意义；孔子还谈到"资于事父以事君而敬同""资于事父以事母而爱同"，爱与敬是儒家思想中的重要观念，通过孝悌来培养人的爱与敬之心，这是伦理社会中重要的教化内容和方法。

总而言之，本篇是关于孔子天道性命、男女婚姻和丧礼观点的重要文献，尤其是一开始关于性命天道的论述，弥足珍贵。《论语·公冶长》记子贡说："夫子之言性与天道，不可得而闻也。"实际上，这里子贡的话是赞叹之语，"闻"不是听到，而是理解。把本篇孔子关于这一方面的论述与相关早期儒家文献进行对比参证，对于我们研究孔子的天道思想具有重要价值。

鲁哀公问于孔子曰："人之命与性何谓也？"孔子对曰："分于道，谓之命①；形于一，谓之性②；化于阴阳，象形而发③，谓之生；化穷数尽④，谓之死。故命者，性之始也；死者，生之终也。有始，则必有终矣。人始生而有不具⑤者五焉：目无见，不能食，不能行，不能言，不能化。及生三月而微煦⑥，然后有见；八月生齿，然后能食；三年腮⑦合，然后能言；十有六而精通，然后能化。阴穷反阳⑧，故阴以阳变；阳穷反阴，故阳以阴化。是以男子八月生齿，八岁而龀⑨；女子七月生齿，七岁而龀，十有四而化。一阳一阴，奇偶相配，然后道合化成⑩。性命之端⑪，形⑫于此也。"

◎**注释** ①〔分于道，谓之命〕分，制，决定。道，天地自然之理。②〔形于一，谓之性〕形，形成。一，最初，开始。性，人天生具有的生理、心理机能。③〔化于阴阳，象形而发〕化，变化，化育。象形，依据形体。发，产生。④〔化穷数尽〕穷，穷尽。《说文解字·穴部》曰："穷，极也。"数，天命之数。⑤〔具〕全，具备。⑥〔微煦〕眼睛微微转动。王肃注："煦，睛转也。"相同的用法见于《白虎通》："人生三月，目煦，亦能笑。"⑦〔腮〕即腮颊。⑧〔阴穷反阳〕穷，极点。反，同"返"，即返归。⑨〔龀（chèn）〕换牙，乳齿脱掉，恒齿长出。《说文解字·齿部》曰："龀，毁齿也。"⑩〔道合化成〕道，天地之道。成，成功。⑪〔端〕开始。⑫〔形〕形成。

◎**大意** 鲁哀公问孔子说："人的命与性各指什么呢？"孔子回答："天道决定赋予人的，称命；人生来就有的，称性；通过阴阳变化，根据它们的形体而产生的，称生；变化和天数穷尽，称死。所以命是性的开始，死是生的终止。有开始，则必然有终止。人刚生下来而身体尚不具备的有五个方面：眼睛看不见，不能吃饭，不能行走，不能说话，不能生育。到了出生三个月后眼睛能微微转动，然后就能看见东西了；八个月后生出牙齿，然后能吃饭；三年后腮颊长合，然后能说话；十六岁精气畅通，然后能生育。阴到了穷尽便返归到阳，所以阴因阳而变化；阳到了穷尽便返归到阴，所以阳因阴而变化。因此男子长到八个月生出牙齿，八岁的时候换牙；女子长到七个月的时候生出牙齿，七岁的时候换牙，十四岁能生育。一阳一阴，奇数和偶数相配，然后天地之道相合，化育自然成功。性命的开端，就是从这里形成的。"

公曰："男子十六精通，女子十四而化，是则可以生民矣。而礼，男子三十而有室①，女子二十而有夫也，岂不晚哉？"孔子曰："夫礼言其极②，不是过③也。男子二十而冠④，有为人父之端；女子十五许嫁，有适人⑤之道。于此而往⑥，则自婚⑦矣。群生⑧闭藏乎阴⑨，而为化育之始。故圣人因时以合偶男女⑩，穷天数之极⑪。霜降而妇功成，嫁娶者行焉⑫；冰泮而农桑起，婚礼而杀于此⑬。男子者，任天道而长万物者也⑭。知可为，知不可为；知可言，知不可言；知可行，知不可行者。是故审其伦而明其别，谓之知，所以效匹夫之听也⑮。女子者，顺男子之教而长其理者也⑯。是故无专制之义，而有三从之道⑰：幼从父兄，既嫁从夫，夫死从子。言无再醮⑱之端，教令不出于闺门，事在供酒食而已。无阃外之非仪也，不越境而奔丧⑲。事无擅为，行无独成，参知而后动，可验而后言，昼不游庭，夜行以火，所以效匹妇之德也⑳。"

◎**注释** ①〔室〕家室，妻子。②〔极〕极点，极限。③〔不是过〕否定前置，即"不过是"，不超过这个极限。④〔冠〕举行冠礼。⑤〔适人〕嫁人。⑥〔往〕往上，向上。⑦〔自婚〕自主确定结婚年龄。⑧〔群生〕群，各种，众多。生，生物。⑨〔闭藏乎阴〕闭藏，潜藏。阴，冬天。王肃注："阴为冬也，冬藏物而为化育始。"⑩〔因时以合偶男女〕因，依据，根据。时，时节。合偶男女，使男女成婚。女，原作"子"，误。⑪〔天数之极〕即十月，从一到十，十为数之极。之，原作"也"，误。⑫〔霜降而妇功成，嫁娶者行焉〕霜降，二十四节气之一，在阳历十月二十三日或二十四日。妇功，即女功，中国古代社会妇女所做的家务及纺织等事情。成，完成。行，行动。⑬〔冰泮而农桑起，婚礼而杀于此〕冰雪消融后农桑之事开始，婚娶的事情到此就结束了。泮，消融。农桑，农桑之事。起，开始。

杀，结束。⑭〔男子者，任天道而长万物者也〕任，承担，担任。长，长养，抚育培养。⑮〔是故审其伦而明其别，谓之知，所以效匹夫之听也〕审，详究，明察。明，明白。别，区别，分别。知，智慧。效，显示。听，指品德。⑯〔女子者，顺男子之教而长其理者也〕顺，顺从。教，教导。长，增益。⑰〔是故无专制之义，而有三从之道〕专制，专断。从，听从。道，道德准则。⑱〔醮（jiào）〕醮礼，周代一种礼仪，在冠、婚礼时举行的一种简单仪式，尊者对卑者酌酒，卑者接受敬酒后饮尽，无须回敬。⑲〔无阃（kǔn）外之非仪也，不越境而奔丧〕阃，原意指门槛，此处指闺门，即妇女的居处。非仪，容止不符合礼仪。越境，越过边境。⑳〔事无擅为……所以效匹妇之德也〕此句承上句讲妇女美德的表现。擅为，擅自做主。独成，独自行动。参知，参验确认。动，行动。可验，可以验证。昼，白天。游庭，在庭院游走。以火，用火照明。

◎**大意** 鲁哀公问："男子十六岁精气通畅，女子十四岁可以生育，这样就可以生育后代了。而依据礼的规定，男子三十岁而娶妻室，女子二十岁而嫁丈夫，难道不是太晚了吗？"孔子回答："礼说的是极限，不超过就可以了。男子二十岁举行冠礼，这是做人父的开端；女子十五岁许嫁，这是懂了嫁人的道理。从这向上，就可以自主确定结婚的年龄了。各种生物在冬天潜藏，这是孕育新生命的开始。所以圣人依据时令使男女成婚，是为了不超过天数的极限。霜降的时候妇人的工作结束了，嫁娶的人行动起来；冰雪消融后农桑之事开始，婚娶的事情到此就结束了。男子担任天道，长养万物。男子知道什么事情可以做，什么事情不可以做；知道什么话可以说，什么话不可以说；知道什么道理可行，什么道理不可行。所以男子详察人伦而明白其中的区别，这可谓智慧，用以显示他们的美德。女子顺从男子的教令，增益其中的道理。所以女子没有专断的道理，而有三从的道德准则：年幼的时候听从父兄，嫁人后听从丈夫，丈夫死后听从儿子。这是说没有再嫁的道理，教令不传出闺门之外，做的事情在于供奉酒食。在闺门之外容止没有不符合礼仪的地方，不越过边境而奔赴丧事。事情不擅自做主，外行不独自一人，事情参证了解而后行动，可以验证而后说话，白天不游走于庭院，夜间行走用火照明，以此来显示一般妇女的美德。"

孔子遂①言曰："女有五不取②：逆家子者，乱家子者，世有刑人子者，有恶疾子者，丧父长子者③。妇有七出、三不去④。七出者：不顺父母者，无子者，淫僻者，嫉妒者，恶疾者，多口舌者，窃盗者。三不去者：谓有所取无所归⑤，与共更⑥三年之丧，先贫贱后富贵。凡此，圣人所以顺男女之际⑦，重婚姻之始⑧也。"

◎**注释** ①〔遂〕于是。②〔取〕同"娶"。③〔逆家子者，乱家子者，世有刑人子者，有恶疾子者，丧父长子者〕逆家，逆德于家。乱家，乱伦。刑人，受过刑罚的人。恶疾，难以治好的恶病。丧父长子，失去父亲的长女。④〔妇有七出、三不去〕出，遗弃（妻子）。去，抛弃（妻子）。⑤〔归〕指出嫁的女儿返回娘家。⑥〔更〕经历。⑦〔圣人所以顺男女之际〕顺，和顺，顺理。际，会合。⑧〔始〕开始。

◎**大意** 孔子接着说："有五种女子不能娶：家有逆德之人的女子，家中淫乱的女子，家中前几代受过刑罚的女子，患有恶疾的女子，父亲去世而自己又是长女的女子。妻子有七种情况应该休掉，有三种情况不能抛弃。以下七种情况应休掉妻子：不孝顺父母者，不能生儿子者，淫乱邪僻者，嫉妒狭心者，患有恶疾者，多口舌挑拨是非者，盗窃者。以下三种情况不能抛弃妻子：妻子有人娶而无娘家可归，与丈夫共守三年之丧，丈夫原来贫贱后来富贵。这些都是圣人为了理顺男女关系，重视婚姻这一人伦的开始而制定的。"

孔子曰："礼之所以象五行也，其义四时也①，故丧礼有举焉，有恩有义，有节有权②。其恩厚者其服重，故为父母斩衰三年，以恩制者也③。门内之治恩掩义，门外之治义掩恩④。资于事父以事君而敬同⑤。尊尊贵贵，义之大也。故为君亦服衰⑥三年，以义制者也。三日而食，三月而沐，期练，毁不灭性，不以死伤生⑦；丧不过三年，齐衰不补，坟墓不修⑧；除服之日鼓素琴，示民有终也⑨。凡此以节制者也。资于事父以事母而爱⑩同。天无二日，国无二君，家无二尊，以治之。故父在为母齐衰期者，见⑪无二尊也。百官备，百物具，不言而事行者，扶而起；言而后事行者，杖而起；身自执事行者，面垢而已。此以权制者也。亲始死，三日不怠，三月不懈，期悲号，三年忧，哀之杀也⑫。圣人因杀以制节⑬也。"

◎**注释** ①〔礼之所以象五行也，其义四时也〕所，道理。象，效法。五行，仁、义、礼、智、信。四时，四季。②〔故丧礼有举焉，有恩有义，有节有权〕举，举行。义，道义。恩，恩情。节，节制。权，权变，变通。③〔其恩厚者其服重，故为父母斩衰三年，以恩制者也〕此句讲为父母服斩缞三年的原因。服，穿丧服。衰，同"缞"。斩衰，古代居丧，丧服有五个等级，称为"五服"。斩用粗麻布做成，左右和下边不缝，是"五服"中最重的一种丧服，服期三年。制，规定。④〔门内之治恩掩义，门外之治义掩恩〕在家庭之内恩情大于道义，在家庭之外道义大于恩情。门内，在家族之内。掩，掩盖。门外，在家族之外。⑤〔资于事父以事君而敬同〕资，按照。事，侍奉。敬，恭敬，敬爱。⑥〔服衰〕服斩缞。⑦〔三日而食，三月而沐，期练，毁不灭性，不以死伤生〕此句讲父母去世后对子女行为的要求。沐，洗发。期，周年。练，在练祀时穿的练冠和练衣，用白色的布帛制成。毁，十分哀伤。灭性，伤害生命。死，死去的人。伤，伤害。生，生命，活着的人。⑧〔丧不过三年，齐衰不补，坟墓不修〕此句讲在父母丧期不超过三年的情况下对子女行为的要求。齐衰，即"齐缞"，丧礼五服的一种，在斩缞之下。用粗麻布制成，因其辑边缝齐，故称齐缞。补，修补。修，修葺。⑨〔除服之日鼓素琴，示民有终也〕此句讲在除掉丧服之日对子女行为的要求。除服，去掉丧服。鼓，鼓弹。素琴，没有装饰的琴。示，显示。终，结束。⑩〔爱〕敬爱。⑪〔见〕同"现"，显示。⑫〔亲始死，三日不怠，三月不懈，期悲号，三年忧，哀之杀也〕此句讲父母去世后，随着时间的变化，子女的悲伤哀思的变化。亲，父母。始死，刚去世。怠，懈怠。懈，松懈。期悲号，父母周年时痛哭悲号。三年忧，三年丧服除后仍忧怀父母。哀之杀，哀痛逐渐减弱。⑬〔制节〕制定丧礼的节限。

◎**大意** 孔子说："礼的道理，在于效仿五行、合乎四季之义，所以举行丧礼，要有恩情的制约，有道义的制约，有礼节的制约，有通变的必要。对恩情深厚的人丧服也要重，所以为父母服斩缞三年，这是根据恩情制定。在家庭之内恩情大于道义，在家庭之外道义大于恩情。按照侍奉父亲的原则来侍奉国君，而且敬爱之心是相同的。尊崇位尊者，尊重高贵者，这是道义最重要的原则。所以为国君亦服斩缞三年，这些是根据道义制定的。父母去世三天后可以吃饭，三个月后可以沐浴，一周年时举行练祭，心情哀痛但不毁坏身体，不因为死去的人而伤害活着的人的生命；丧期不超过三年，齐缞之服不缝补，坟墓也不修茸；除掉丧服的那天弹没有装饰的琴，是向百姓显示三年之丧的结束。这些都是根据丧礼的节限制定。按照侍奉父亲的原则侍奉母亲，而且敬爱之心是相同的。天上没有两个太阳，国中没有两个君主，家里没有两个尊长者进行管理。所以父亲在的时候只为母亲服齐缞一年，是为了显示没有两位尊长。治理丧事的百官齐备，治理丧事的各种物品齐全，不用发话丧事就可以办好的人，如天子诸侯，要哀痛到自己站不起来而被别人搀扶站起来才行；需要说话丧事才可以办好的人，如卿、大夫、士，要哀痛到只有挂着丧杖才能站起为止；亲自办理丧事才能办好的人，如庶民百姓，只需要蓬头垢面非常悲伤就可以了。这些都是根据变通制定的。父母去世，三天痛哭不懈怠，三个月不废怠，周年时还痛哭悲伤，三年之丧后经常忧怀父母，哀痛逐渐减弱了。圣人们依据失去父母哀痛逐渐减弱的过程来制定丧礼的节限。"

论礼

第二十七

本篇由两部分构成，第一部分记孔子与弟子关于礼的谈话，第二部分是孔子与子夏讨论"民之父母"的问题。这两部分虽然各有侧重，但都涉及对"礼"的理解与解读，又因开篇有"论及于礼"的句子，故以"论礼"名篇。

第一部分记载孔子与子张、子贡、言游几人关于礼的对话。在这一部分中，孔子弟子有三问，即什么是礼、礼如何治理坏的保存好的、如何才能做到礼；而孔子有三答，即礼制中所以周流、礼的分类与用途、礼与诗乐的关系。可以说，这三问三答较为系统地阐述了礼的内容、作用、本质。而在孔子论述之后，"三子者既得闻此论于夫子也，焕若发蒙焉"，更可见孔子此番论述的价值与意义。

在这部分中，有许多关键性的语句值得仔细琢磨，如"夫礼，所以制中也"。文化有表层、中层、深层之别，表层的文化是物质文化，中层的文化是制度文化，深层的文化是思想文化、哲学文化。认识到"礼"与"中"是表与里的关系，便能认识到儒家文化的深刻性，对于把握中国文化也有着重要意义。又如孔子说："夫礼者，理也；乐者，节也。无礼不动，无节不作。不能诗，于礼谬；不能乐，于礼素；薄于德，于礼虚。"这是对礼、乐、诗三者关系的精辟论述。中国古代文明是礼乐文明，礼乐相配才能既合于人心，又合于秩序，偏于一者，则可能走向单调、虚浮、谬论的错误境地。

本篇第二部分记载子夏向孔子请教"民之父母"的问题，进而引发孔子关于君子修德治国的论说。"民之父母"的表述多次出现在儒家典籍中，孟子、荀子等都对此有所阐发。孔子把官员称为"民之父母"，是取"圣人无私而故能成其私"的含义，也就是这里所说的"天无私覆，地无私载，日月无私照"的"三无私"。古代家庭中有多个孩子，为人父母要做到公平，公平就是"无私"，这种"无私"反而成就了父母希望每个孩子都能够健康成长的"私心"。

而要做到"三无私"，"五至三无"是基础，孔子言，"致五至而行三无"，"五至"又是"三无"的基础，从立志到诗礼学习，再到乐哀情感的培养，在此过程中君子内在的人格逐渐建立起来。进而，儒家精神化作自然而然的行动，"无声之乐，无体之礼，无服之丧"便由此而来。

孔子闲居，子张、子贡、言游侍，论及于礼。孔子曰："居！汝三人者，吾语汝，以礼周流①，无不遍也。"子贡越席而对曰："敢问如何？"子曰："敬而不中礼，谓之野；恭而不中礼，谓之给②；勇而不中礼，谓之逆。"子曰："给夺慈仁③。"子贡曰："敢问将何以为此中礼者？"子曰："礼乎！夫礼，所以制中也。"子贡退。

◎**注释** ①〔周流〕普遍流传。②〔给〕讨好逢迎的样子。③〔给夺慈仁〕谄媚容易混淆仁慈。夺，乱。

◎**大意** 孔子在家闲居，子张、子贡、言游在旁边侍奉，谈到礼。孔子说："你们三个坐下，我告诉你们有关礼周转流行，无所不及的情况。"子贡离席问道："请问该怎么样呢？"孔子说："表达敬意而不符合礼，叫作粗野；恭顺而不符合礼，叫作谄媚；好逞勇武而不符合礼，叫作逆乱。"孔子又说："谄媚容易混淆仁慈。"子贡说："请问怎样才能符合礼？"孔子说："礼啊！礼可以使一切恰到好处。"子贡退下。

言游进曰："敢问礼也，领①恶而全好者与？"子曰："然。"子贡问："何也？"子曰："郊社之礼②，所以仁鬼神也；禘尝之礼③，所以仁昭穆也；馈奠之礼④，所以仁死丧也；射飨之礼⑤，所以仁乡党⑥也；食飨之礼⑦，所以仁宾客也。明乎郊社之义、禘尝之礼，治国其如指诸掌而已。是故，居家有礼，故长幼辨；以之闺门有礼，故三族⑧和；以之朝廷有礼，故官爵序；以之田猎有礼，故戎事闲⑨；以之军旅有礼，故武功成。是以宫室得其度，鼎俎得其象，物得其时，乐得其节，车得其轼，鬼神得其享，丧纪得其哀，辩说得其党⑩，百官得其体⑪，政事得其施。加于身而措于前，凡众之动，得其宜也。"言游退。

◎**注释** ①〔领〕治理。②〔郊社之礼〕祭天地之礼。周代在冬至日祭天于南郊称为"郊"，夏至日祭地于北郊称为"社"，合称"郊社"。③〔禘尝之礼〕指禘礼和尝礼。《礼记·王制》："天子诸侯宗庙之祭，春曰礿，夏曰禘，秋曰尝，冬曰烝。"泛指天子、诸侯每年祭祖的大典。④〔馈奠之礼〕指人死至葬前的馈食之祭。⑤〔射飨之礼〕指乡射礼和乡饮酒礼。飨，用酒食招待人。⑥〔乡党〕《周礼·大司徒》："令五家为比，使之相保；五比为闾，使之相受；四闾为族，使之相葬；五族为党，使之相救；五党为州，使之相赒，五州为乡，使之相宾。"正因为

"五族为党""五州为乡"，所以后来乡党泛指同乡，乡亲。⑦〔食飨之礼〕指食礼和飨礼。⑧〔三族〕指父、子、孙三代。⑨〔闲〕通"娴"，熟悉，熟练。⑩〔党〕王肃注："党，类。"⑪〔体〕原误作"礼"，据四库本、备要本及下文改。

◎**大意** 言游上前问："请问礼是治理坏的而保全好的吗？"孔子说："是的。"子贡问："为什么呢？"孔子说："郊祭、社祭是为了对鬼神表达仁爱；禘礼和尝礼是为了对祖先表达仁爱；馈礼和奠礼是为了对死者表达仁爱；乡射礼和乡饮酒礼是为了对同乡表达仁爱；食礼和飨礼是为了对宾客表达仁爱。明白了郊社的意义、禘尝等礼仪，治理国家就像在手掌上指划一样容易了。因此，居家有礼，长幼关系就分辨清楚了；内室有礼，父、子、孙三代就和睦了；朝廷上有礼，官职爵位尊卑就井然有序了；田猎时有礼，在战事上就娴熟；军队里有礼，作战时就能取得胜利。因此，公室的规模符合一定的制度，鼎、俎等礼器大小符合一定的形制，万物能适时生长，音乐符合节奏，车辆符合规格，鬼神得到供享，丧葬中能表达哀思，辩论中有拥护者，官吏们做事得体，政事就能够顺利施行。把礼施加于自身并放在最前面，各种行为都能恰到好处。"言游退到一旁。

　　子张进曰："敢问礼何谓也？"子曰："礼者，即事之治也，君子有其事，必有其治。治国而无礼，譬犹瞽之无相①，伥伥②乎何所之？譬犹终夜有求于幽室之中，非烛何以见？故无礼则手足无所措，耳目无所加，进退揖让无所制。是故，以其居处，长幼失其别，闺门三族失其和，朝廷官爵失其序，田猎戎事失其策，军旅武功失其势，宫室失其度，鼎俎失其象，物失其时，乐失其节，车失其轼，鬼神失其享，丧纪失其哀，辩说失其党，百官失其体，政事失其施。加于身而措于前，凡动之众失其宜。如此，则无以祖洽四海③。"

◎**注释** ①〔相〕辅助、辅佐的人。②〔伥（chāng）伥〕《释文》曰："无见貌。"指无所适从、迷茫不知所措的样子。③〔祖洽四海〕祖，始也。洽，合。无礼则无以为众法，无以合聚众。

◎**大意** 子张上前问道："请问什么是礼？"孔子说："礼就是处理事情的方法。

君子做事，一定要有自己的方法。治理国家没有礼，就如同盲人没有了扶助之人，迷茫而不知向何处去。就像整夜在黑暗的屋子里求索，没有烛光能看见什么呢？因此，没有了礼，手脚都不知道放在什么地方，耳和眼也不知听到什么、看到什么，进退揖让都没有了尺度。这样，居家处理日常事务，就会长辈、晚辈没有分别，家庭里父、子、孙三代不能和睦相处，朝廷上的官职爵位失去了秩序，田猎和战事缺少谋策，军队作战失去控制，公室规模不合制度，鼎、俎等礼器不合制式，万物生长错过合适的时节，音乐不符合节奏，车辆不符合规格，鬼神得不到供享，丧葬不能表达哀思，辩说没有应和之人，官吏们做事不得体，政事不能顺利施行。不能把礼施加于自身并放在最前面，各种行为都不合时宜。这样就无法聚合天下的民众了。"

子曰："慎听之，汝三人者！吾语汝，礼犹有九焉，大飨有四焉^①。苟知此矣，虽在畎亩^②之中，事之，圣人矣。两君相见，揖让而入门，入门而悬兴^③；揖让而升堂，升堂而乐阕^④；下管《象》舞，《夏》龠序兴^⑤；陈其荐俎^⑥，序其礼乐，备其百官。如此而后，君子知仁焉。行中规^⑦，旋^⑧中矩^⑨，銮和中《采荠》^⑩，客出以《雍》^⑪，彻以《振羽》^⑫。是故，君子无物而不在于礼焉，入门而金^⑬作，示情也；升歌《清庙》^⑭，示德也；下管《象》舞，示事^⑮也。是故，古之君子，不必亲相与言也，以礼乐相示而已。夫礼者，理也；乐者，节也。无礼不动，无节不作。不能诗，于礼谬；不能乐，于礼素；薄于德，于礼虚。"

◎**注释** ①〔礼犹有九焉，大飨有四焉〕大飨，礼名。飨礼有多种，而以两君相飨之礼为大，故名大飨。②〔畎（quǎn）亩〕土地，田间。③〔悬兴〕悬，悬挂的钟磬等乐器。兴，作乐。④〔阕（què）〕停止，结束。⑤〔下管《象》舞，《夏》龠（yuè）序兴〕下管，堂下吹管。《象》，武舞也。《夏》，文舞也。龠，古代管乐器。⑥〔荐俎〕进献祭品。俎，祭祀时盛牛、羊等祭品的木制漆器。⑦〔规〕

画圆形的工具，即圆规，表示法度，规则。⑧〔旋〕表示与各方来往或来往于各方之间，周旋。⑨〔矩〕画直角和矩形的工具，即曲尺，表示规矩。⑩〔銮和中《采荠》〕《采荠》，乐曲名，所以为和銮之节。銮和，车上的铃铛。挂在车前横木上的称和，挂在套在牲口脖子上的曲木或车架上的称銮。⑪〔《雍》〕乐曲名。⑫〔彻以《振羽》〕彻，尽，完。《振羽》，乐曲名。⑬〔金〕指乐器钲，其声始终如一，故用以示情。⑭〔升歌《清庙》〕升，登上。《清庙》，乐曲名所以颂文王之德也。⑮〔事〕事业。

◎**大意** 孔子说："你们三个仔细听着！我告诉你们，礼还有九项，其中大飨就有四项。如果知道这些，即使是田里种田的农夫，只要按礼而行，也能成为圣人。两国国君相见，互行揖礼谦让而进入大门，进门时悬挂的钟磬开始演奏。互相拱手谦让着登上大堂，升堂后钟磬之声停止。堂下奏起管乐，跳起《象》这样的武舞，《夏》这样的文舞也伴随着龠声按照顺序出场。陈列进献的贡品，礼乐依次进行，官员安排齐备。这样一来，君子就能懂得仁爱。行动周旋合乎规矩，迎宾时，车上的铃声和着《采荠》之乐；宾客离开时奏《雍》；撤宴席时奏《振羽》。因此，君子没有一件事情不符合礼：进门时敲击乐器，表达彼此的友情；升堂时演唱《清庙》，以昭示德行；堂下奏管乐，跳武舞，为的是表现祖先的事功。所以，古代君子不必亲口交谈，用礼乐就可以相互传达情意。礼，就是道理；乐，就是节制。不合礼的事不做，不合节的事不做。不懂得诗，礼节上就会出错；不懂得乐，行礼时就显得单调；德行寡薄，行礼就变得虚伪。"

子贡作而问曰："然则夔其穷与①？"子曰："古之人与！上古之人也，达于礼而不达于乐，谓之素；达②于乐而不达于礼，谓之偏。夫夔达于乐而不达于礼，是以传于此名也。古之人也。凡制度在礼，文③为在礼，行之其在人乎！"三子者既得闻此论于夫子也，焕若发蒙④焉。

◎**注释** ①〔夔其穷与〕夔，舜时的乐官。穷，尽。②〔达〕通达。③〔文〕指礼乐制度。④〔焕若发蒙〕好像眼睛一下子明亮起来。焕，明。发，开启，启发。蒙，眼失明。

◎**大意** 子贡站起来问道:"这么说,夔精通乐却不通礼吗?"孔子说:"夔是古代的人啊!对于上古的人来说,精通礼而不通晓乐,叫作素;精通乐而不通晓礼,叫作偏。夔精通乐却不通晓礼,所以流传此名。他是古代的人呀!各种制度都存在于礼的规定之中,行为修饰在礼的规定之中,具体实行起来还是靠人自己吧!"三个弟子听到孔子这番话后,豁然开朗。

　　子夏侍坐于孔子,曰:"敢问《诗》云'恺悌君子,民之父母'①,何如斯可谓民之父母?"孔子曰:"夫民之父母,必达于礼乐之源,以致五至而行三无,以横于天下。四方有败②,必先知之。此之谓民之父母。"

　　子夏曰:"敢问何谓五至?"孔子曰:"志之所至,诗亦至焉;诗之所至,礼亦至焉;礼之所至,乐亦至焉;乐之所至,哀亦至焉。诗礼相成,哀乐相生,是以正明目③而视之,不可得而见;倾耳④而听之,不可得而闻。志气塞于天地,行之充于四海。此之谓五至矣。"

◎**注释** ①〔恺悌君子,民之父母〕语出《诗经·大雅·泂酌》。恺悌,原来作"岂弟",平易近人,性情随和。②〔败〕灾祸。③〔正明目〕正面睁大眼睛。④〔倾耳〕侧着耳朵静心地听。

◎**大意** 子夏陪坐在孔子身边,说:"请问《诗》说:'平易近人的君子,他是百姓的父母',怎么样才能称得上是百姓的父母呢?"孔子说:"百姓的父母,必须通晓礼乐的来源,以达到五至而实行三无,并用以施行到全天下。任何地方发生了灾祸,必然首先知道,这样才能称得上是百姓的父母。"

　　子夏说:"请问什么叫五至?"孔子说:"有忧民之心,诗也会有所反映;诗要表达的,礼也会有所体现;礼要表达的,乐也会有所表现;乐所表现的,哀也会随之体现。诗与礼相辅相成,哀与乐交相产生,因此,五至睁大眼睛看也看不见,竖起耳朵听也听不见。然而这种志气充塞于天地之间,实行起来又遍及天下,这就叫五至。"

子夏曰："敢问何谓三无？"孔子曰："无声之乐，无体之礼，无服之丧，此之谓三无。"子夏曰："敢问三无何诗近之？"孔子曰："'夙夜基命宥密'①，无声之乐也；'威仪逮逮，不可选也'②，无体之礼也；'凡民有丧，扶伏救之'③，无服之丧也。"

子夏曰："言则美矣大矣！言尽于此而已乎？"孔子曰："何谓其然？吾语汝，其义犹有五起④焉。"子夏曰："何如？"孔子曰："无声之乐，气志不违；无体之礼，威仪迟迟⑤；无服之丧，内恕⑥孔⑦悲。无声之乐，所愿必从；无体之礼，上下和同；无服之丧，施及万邦。既然，而又奉之以三无私而劳天下，此之谓五起。"

子夏曰："何谓三无私？"孔子曰："天无私覆，地无私载，日月无私照。其在《诗》曰：'帝命不违，至于汤齐。汤降不迟，圣敬日跻。昭假迟迟，上帝是祗，帝命式于九围。'⑧是汤之德也。"子夏蹶然⑨而起，负墙而立，曰："弟子敢不志⑩之！"

◎**注释**　①〔夙夜基命宥密〕语出《诗经·周颂·昊天有成命》。夙夜，日夜，朝夕。基命，承接使命。宥，宽大。密，宁静亲密。②〔威仪逮（dì）逮，不可选也〕语出《诗经·邶风·柏舟》。威仪，态度容貌。逮逮，娴雅的样子。选，遴选，量才授官。③〔凡民有丧，扶伏救之〕语出《诗经·邶风·谷风》。扶伏，今本《毛诗》作"匍匐"，尽力，意为爬行，说明急切的情形。④〔起〕阐发。⑤〔迟迟〕从容不迫貌。⑥〔恕〕用自己的心推想别人的心。⑦〔孔〕大，非常。⑧〔帝命不违……帝命式于九围〕语出《诗经·商颂·长发》。齐，当"济"。跻，升。昭假，祷告祈福。迟迟，久久不息。祗，敬。式，效法。九围，几个区域，泛指九州。⑨〔蹶然〕疾起的样子。⑩〔志〕通"识"，记录，记住。

◎**大意**　子夏说："请问什么叫三无？"孔子说："没有声音的音乐，没有仪式的礼节，没有丧服的丧事，就叫三无。"子夏说："请问什么诗句与三无的意思最接近呢？"孔子说："'早晚恭敬，宽以待民，民得安宁'，这是无声之乐；'仪表庄严，雍容闲雅，不可胜数'，这是没有仪式的礼；'凡是百姓有丧亡，急急忙忙去帮助’，这是没有丧服的丧事。”

子夏说："您的话真是太美妙太伟大了，您就言尽于此了吗？"孔子说："怎么能这样说呢？我告诉你，它的意义还有五个方面呢。"子夏说："怎么样呢？"孔子说："没有声音的音乐，心志不违民心；没有仪式的礼仪，态度从容不迫；没有丧服的丧事，推己及人，非常伤心。没有声音的音乐，心想事成；没有仪式的礼仪，上下融洽；没有丧服的丧事，将德行施于天下。如此，再遵照三无私的精神来治理天下，就叫五起。"

子夏说："什么叫三无私呢？"孔子说："天无私地覆盖大地，地无私地承载万物，日月无私地照耀天下，这种精神体现在《诗》里说：'天帝之命不可违抗，到了商汤兴起，天心齐一。商汤疾行天下之道，其圣敬谨德的名声日大。商汤威德遍照天下，化行宽舒，上帝敬佩其德行，命其治理九州。'这是商汤的德行。"子夏猛然站起来，靠墙立着，说："弟子怎敢不牢记这番教诲呢？"

卷七

观乡射

第二十八

本篇由三部分组成，第一部分记孔子观射礼后，退而与弟子演习；第二部分是孔子对乡饮酒礼的论述；第三部分则是孔子与子贡所言蜡祭之意。此三者所论虽非一事，但都是孔子观礼后对礼内涵的阐发，故而收录为一篇。在本篇中，孔子谈论乡射礼、乡饮酒礼与蜡祭，体现了孔子的政治思想和王道主张。

礼是为修正自身、弘扬正道而存的。射礼对射者的要求相当高，《礼记·射义》云："射者，仁之道也。射求正诸己，己正而后发，发而不中则不怨胜己者，反求诸己而已矣。孔子曰：'君子无所争，必也射乎！揖让而升，下而饮，其争也君子。'"此节子路、公罔之裘、序点等对"奔军之将""亡国之大夫""与为人后者"的态度，都体现了这一点。射礼可以培养君子人格和仁德之心。孔子在演习乡射礼时的做法，正是《周礼》所谓的"以乡射之礼五物询众庶"，正己而后能正人，才能"不令而行"。

在第二部分，孔子从乡饮酒礼的外在形式中，体会到了王道理念。孔子认为乡饮酒礼的礼节中蕴涵着五条礼义，这五条礼义与王道理想相配，"贵贱既明，降（隆）杀既辨"，是尊尊贵贤；"和乐而不流，弟长而无遗，安燕而不乱"，是讲信修睦、人心安宁。从此篇我们可以看出，孔子的王道理想并非空想，实现王道的路径，应在具体的礼仪实践之中。

而在最后一部分，孔子则叙说了"一张一弛，文武之道也"的先王治政理念。

除此之外，本篇所选取的乡射礼、乡饮酒礼、蜡礼分别是君子士大夫、乡绅、百姓释放性情的礼仪。这显示出《孔子家语》一书的作者在汇编材料时进行了编排，旨在说明处于不同地位的人们应当如何陶冶性情、修正自身的问题。

孔子观于乡射①，喟然叹曰："射之以礼乐也，何以射？何以听②？循声而发③，而不失正鹄④者，其唯贤者乎？若夫不肖之人，则将安能以求饮⑤？《诗》云：'发彼有的，以祈尔爵⑥。'祈，求也。求所中，以辞爵。酒者，所以养老，所以养病⑦也。求中以辞爵，辞其养也。是故士使之射而弗能，则辞以病，悬弧⑧之义。"

于是退而与门人习射于矍相之圃⑨，盖观者如墙堵焉。试射至于司马，使子路执弓矢，出列延⑩，谓射之者曰："奔军之将⑪，亡国⑫之大夫，与为人后者，不得入，其余皆入。"盖去者半。

又使公罔之裘、序点⑬扬觯⑭而语曰："幼壮孝悌，耆老⑮好礼，不从流俗⑯，修身以俟死者，在此位。"盖去者半。

序点又扬觯而语曰："好学不倦，好礼不变，耄期称道而不乱者⑰，则在此位。"盖仅有存焉。

射既阕⑱，子路进曰："由与二三子者之为司马，何如？"孔子曰："能用命⑲矣。"

◎**注释**　①〔乡射〕古代的射礼之一。其制有二：一为州长于春秋两季在州序（即州之学校）以礼会民；一为乡大夫三年大比，献贤能之士于君，行乡射之礼。射礼前先行饮酒礼。而《仪礼·乡射礼》贾公彦疏引郑玄《三礼目录》云："州长春秋以礼会民而射于州序之礼。谓之乡者，州，乡之属，乡大夫在焉，不改其礼。"是以其制一也，可备一说。②〔听〕聆听音乐的节奏。古时行射礼时皆配以音乐。③〔循声而发〕原作"修身而发"。"循声而发"指射箭时依循音乐节奏而发射。④〔而不失正鹄（gǔ）〕正鹄，即箭靶的中心。箭靶名为"侯"，以布为之，其侧饰以虎豹熊麋之皮。侯中谓之鹄，鹄中谓之正，正中谓之质，质亦称的。射者以射中靶心为胜。⑤〔求饮〕祈求射中。饮，没也，即箭深入所射之物。⑥〔发彼有的，以祈尔爵〕语出《诗经·小雅·宾之初筵》。发，发射，射箭。彼，那。有，语助词，无实义。的，靶心。祈，求。爵，古酒器。⑦〔所以养老，所以养病〕养，奉养。老，老人。病，病人。⑧〔悬弧〕古代习俗尚武，生男孩时在门左首挂弓。后来称生男为悬弧。弧，弓。⑨〔矍（jué）相之圃〕矍相，古地名。在今山东曲阜市内阙里西。后借指学官中习射的场所。圃，种植瓜果蔬菜的园地，周围常无垣篱。⑩〔试射至于司马，使子路执弓矢，出列延〕试，演习，练习。司马，此处非官职之称，乃乡射礼时监督礼仪之人。多由大夫、士之吏充担，射礼之前，为司正，行酒事；将射之时，改任司马，行射事。延，邀请。⑪〔奔军之将〕败军之将。奔，与贲、偾（fèn）通。⑫〔亡国〕被灭的诸侯国。⑬〔公罔之裘、序点〕似皆为孔子弟子，然皆不见于其他记载。⑭〔扬觯（zhì）〕扬，举。觯，酒器。王肃注："先行射，乡饮酒，故二人扬觯。"⑮〔耆老〕年老。耆，古代六十岁为耆。⑯〔流俗〕指当时流行而不符合礼的风俗。⑰〔耄期称道而不乱者〕耄，九十岁。期，一百岁。称，称述，颂扬。道，王道。乱，不合礼仪。见《荀子·不苟》："非礼义之谓乱也。"一说乱为惑乱，亦可通。王肃注："八十九十曰耄。言虽老而不称，解道而不乱也。"⑱〔阕〕终，止。⑲〔用命〕服从命令，效命。这里有胜任的意思。

◎**大意** 孔子观看了乡射礼后，长叹道："射箭要合于礼仪和音乐。射箭者怎么射？怎么听？和着音乐的节奏将箭射出，而又能射中靶心的，恐怕只有贤能的人吧！如果是不肖之人，那又怎能射中呢？《诗》说：'射箭对准那个靶心，祈求罚你将酒饮。'祈，就是祈求。祈求射中目标，就是为了使自己免于罚酒。酒，是用来奉养老人和病人的。祈求射中而免于罚酒，就是辞谢别人的奉养。所以，让士射箭而他不会，那就要以疾病为由去推辞。因为男子生来就是应该会射箭的，这就是在家门口悬挂弓的意义。"

于是，孔子回来与弟子们在瞿相之圃演习乡射礼，围观的人围得跟一堵墙似的。射礼行至司正转为司马时，孔子让子路拿着弓箭出列来邀请射箭的人，说道："败军之将、亡国的大夫和甘愿做别人后嗣的人，不准入内。其余的人都可以进来。"围观的人听后走了一半。

孔子又让公罔之裘和序点举起酒杯说道："小时候和二三十岁时能孝顺父母、尊敬兄长，六七十岁时仍能爱好礼仪，不盲从流俗，修养身心直至老死，这样的人才有资格在射位。"围观的人又走了一半。

序点又举起酒杯说道："爱好学习而不厌倦，爱好礼仪永不改变，八九十岁乃至百岁仍能称述王道而合乎礼仪的人，才有资格留在射位。"结果围观的人已经所剩无几了。

射礼结束后，子路上前问孔子说："我和他们几位担任司马，怎么样？"孔子说道："你们能够胜任。"

　　孔子曰："吾观于乡①，而知王道之易易②也。主人亲速宾及介③，而众宾④从之，至于正门之外，主人拜宾及介，而众宾自入，贵贱之义别矣。三揖⑤至于阶，三让，以宾升⑥。拜至⑦，献，酬⑧，辞让之节繁。及介升，则省矣。至于众宾，升而受爵，坐祭，立饮，不酢而降，隆杀之义辨矣⑨。工入，升歌三终，主人献宾⑩。笙入三终，主人又献之。间⑪歌三终，合乐三阕，工告乐备而遂出。一人扬觯，乃立司正，焉知其能和乐而不流也⑫。宾酬主人，主人酬介，介酬众宾，宾少长以齿，终于沃洗者⑬，焉知其能弟长而无遗矣。降，脱屦，升坐，修爵无算⑭。饮酒之节，旰不废朝，暮不废夕⑮。宾出，主人拜送，节文终遂，焉知其能安燕而不乱也⑯。贵贱既明，降杀⑰既辨，和乐而不流，弟长而无遗，安燕而不乱。此五者，足以正身安国矣，彼国安而天下安矣。故曰：'吾观于乡，而知王道之易易也。'"

◎**注释**　①〔乡〕乡饮酒礼。乡射时乡大夫、州长党正等于将射前行饮酒礼。②〔易易〕甚易。③〔主人亲速宾及介〕速，敦促，敦请。宾，主宾，正宾。介，宾的副手。④〔众宾〕从宾，地位低于主宾与副宾。⑤〔揖〕古代宾主相见的礼节。⑥〔三让，以宾升〕升，上堂。让，谦让。⑦〔拜至〕拜谢宾客的到来。⑧〔献、酬〕献，主人进酒于宾。酬，主人先自饮，劝宾饮酒。⑨〔升而受爵，坐祭，立饮，不酢而降，隆杀（shài）之义辨矣〕指众宾登上西阶接受主人献酒。众宾在西阶坐下用酒行祭礼，站着饮酒而不必酌酒回敬主人。而礼节的隆重与减等就分得很清楚了。祭，指祭酒，古时饮酒之前必先以酒敬神。酢，客以酒回敬主人。隆，隆重之义。杀，减，降。⑩〔工入，升歌三终，主人献宾〕乐正领着乐工进来，在堂上演唱三首歌，主人向宾客献酒。工，乐正。⑪〔间〕相间代，指堂上堂下，一歌一笙，相代而作。⑫〔一人扬觯，乃立司正，焉知其能和乐而不流也〕这时主人的一个下属举起酒杯以示大家可以饮酒了，大家便推举一人为司正监礼。觯，古代饮酒用的器皿。青铜制，形似尊而小，或有盖。中国古代传统礼器中的一种，作盛酒用，流行于商朝晚期和西周早期。焉，于是。和，和谐。乐，欢乐。流，放肆，不节制而失正。⑬〔沃洗者〕负责浇水供主人和宾洗手、洗觯的人。⑭〔修爵无算〕修爵，即互相劝酒。无算，指不记杯数。⑮〔旰（gàn）不废朝，暮不废夕〕旰，早上，朝，早朝。暮，傍晚。夕，傍晚朝见君王。⑯〔节文终遂，焉知其能安燕而不乱也〕节文，指礼仪。终遂，结束。遂，终也。安，安闲。燕，亦是安义。不乱，不因此扰乱事务。⑰〔降杀〕降，应作"隆"。

◎**大意**　孔子说："我看了乡饮酒礼，就知道王道是很容易推行的。行礼之前，主人亲往主宾和副宾的家里邀请，而其他从宾则跟随而来。到了主人家的正门外，主人拜迎主宾和副宾，然后揖请从宾入内。这样尊贵和卑贱就区别开了。主人和主宾彼此三揖而至堂阶前；相互三让，然后主人先升东阶，主宾升自西阶；主人又在堂上拜迎主宾的到来，主宾答拜；主人酌酒献给主宾，主宾饮毕，酌酒回敬主人；然后主人先自饮，再酌酒劝主宾饮用，彼此谦让的礼节相当繁缛。及至主人与副宾相互揖让升堂，礼节就减省了很多。至于从宾，只是登阶接受主人的献酒，坐着祭酒，站着喝酒，而不必酌酒回敬主人。礼节的隆重与减等就分得很清楚了。乐正领着乐工进来，在堂上演唱三首歌，主人向宾客献酒；吹笙的乐工在堂下演奏三首乐曲，主人再次向宾客献酒；然后歌唱和吹笙交替进行，唱三支歌，吹三支曲，最后，乐正报告音乐已经齐备，就带领乐工退下堂去。这时主人的一个下属举起酒杯以示大家可以饮酒了，大家便推举一人为司正监礼。由此可知，乡饮酒礼能使人和谐欢乐而不放肆。主宾先自饮，然后劝主人饮酒，主人先饮以劝副宾饮，副宾自饮来劝从宾饮，从宾则按年龄大小依次饮酒，直至负责盥洗的人为止，都有酒喝。由此可知，乡饮酒礼时不论年龄大小都不会遗漏。接着，大家都走下堂来，脱掉鞋子，然后再登堂就座，彼此敬酒，不计杯数。饮酒的限度是早上不至耽误早朝，晚上不至耽误晚朝。饮酒结束，宾客离去，主人要拜送，至此礼仪就全部完成了。由此可知，乡饮酒礼能够使大家安乐而不失礼。地位的尊贵和卑贱分明了，礼节的隆重和减省区别了，和谐欢乐而有节制，老少都不遗漏，安乐而不扰乱正常事务。有了这五个方面，就足以修正身心而安定国家了，国家安定，天下也就安定了。因此我说：'我观看了乡饮酒礼，就知道王道的推行是很容易的。'"

　　子贡观于蜡①。孔子曰："赐也，乐乎？"对曰："一国之人皆若狂②，赐未知其为乐也。"孔子曰："百日之劳，一日之乐，一日之泽，非尔所知也。张而不弛③，文武④弗能；弛而不张，文武弗为。一张一弛，文武之道也。"

◎**注释**　①〔蜡（zhà）〕祭祀名称，周代每年十二月举行，祭百神。《礼记·郊特牲》："蜡也者，索也，岁十二月，合聚万物而索飨之也。"又《周礼·地官·党正》记载："国索鬼神而祭祀，则以礼属民而饮酒于序。"王肃注："蜡，索也。岁十有二月，索群神而祀之，今之腊也。"应该是，在十二月求索并会聚各种鬼神来一起祭祀，谓之蜡祭，行蜡祭时还应聚集民众于学校以行饮酒礼。②〔狂〕醉乱。③〔弛〕放松弓弦。引申为缓和，松弛。④〔文武〕指周文王、周武王。

◎**大意** 　子贡观看年终的蜡祭。孔子问道："端木赐啊，你觉得有乐趣吗？"子贡答道："全国的人都像发了疯似的，我不理解这有什么乐趣。"孔子说："他们辛苦了一年，才享受这一天的快乐，得到一天的恩泽，这不是你所能理解的。总是紧张而不放松，即使周文王、周武王都做不到；总是放松而不紧张，那又是周文王、周武王所不愿做的。既紧张又放松，这才是周文王、周武王治理天下之道啊！"

郊问

第二十九

　　本篇记载了孔子与鲁定公关于郊礼的问答，主要内容是孔子对郊祭的意义、功用及具体礼仪的论述，故以"郊问"为名。

　　鲁定公与孔子首先谈论了郊祀为何"其祖以配天"。郊天之礼是祭祀天与上帝的礼仪，当政者代表所有人对天地表达敬畏，是一种极为重要的礼仪。郊礼关乎天地与祖先，鲁定公所问实际涉及如何看待礼的意义、礼的本质是什么等关键问题。在儒家文献《荀子》和《大戴礼记》中记载了"礼有三本"之说，"天地者，生之本也；先祖者，类之本也；君师者，治之本也"，我们从中可以发现，儒家言礼既考虑到现实生活的需要，又解决了人的心灵问题。孔子认为"万物本于天，人本乎祖"，用祖先来配上帝，展现的是报本反始的情怀与人道效法天道的治世理念。两相印证下，礼构建天人和谐局面的功用便一目了然。

　　孔子与鲁定公谈论的第二个问题是关于郊礼的分类。在这里，孔子详述了冬至圜丘祭昊天和启蛰南郊祭上帝祈谷两者的差异。他说，周代的祭祀因目的不同分为三类，即"祭有祈焉，有报焉，有由辟焉"。郊天之礼分为两类：冬至日郊天应属于报祭，启蛰月郊天应属于祈祭。

　　在这一部分中，孔子提到了鲁国作为周代的诸侯国，礼仪上应该"降杀于天子"，并没有冬至日郊天之礼。这反映了孔子一以贯之的尊王主张。孔子认为，郊天之礼最能体现统治秩序，无论是总体规格，还是具体所用的牲器、服饰、禁忌、仪式，都明显高于其他祭祀，蕴含着强烈的等级观念，能够起到"示民严上"的教化作用。

　　本篇最后谈论的问题是郊礼的步骤。在这一部分，孔子具体描述了郊礼的步骤，这也是研究中国礼制史的重要资料。如果说《观乡射》注重的是"礼义"，本篇则把重点放在了礼的外在形式上。外在仪式在社会生活、个人成长中同样具有重要意义。如果有些固定的仪式出现了错误，在一些人的心中，难免会产生异样的想法；如果有些仪式、程序不去举行，就不能彰显其意义，人心因此就会懈怠。表里如一、庄重尊敬正是儒家礼文化的重要内涵。

　　定公①问于孔子曰："古之帝王，必郊祀②其祖以配天③，何也？"孔子对曰："万物本于天，人本乎祖。郊之祭也，大报本④反始⑤也，故以配上帝⑥。天垂象⑦，圣人则⑧之，郊所以明⑨天道⑩也。"

◎**注释**　①〔定公〕鲁国国君，名宋，襄公之子，昭公之弟，在位15年（前509—

前495）。②〔郊祀〕古代祭礼，在郊外祭天或祭地。祭天之礼，最尊者为冬至圆丘祭昊天和启蛰南郊祭上帝祈谷。祭地之礼，最尊者为夏至方丘之祭，其次为北郊祭地。③〔配天〕祭祀时以先祖配享祭天。④〔大报本〕大规模地报答根本。大，大规模的。报，报答。⑤〔反始〕回返本源，反思由来。反，同"返"。⑥〔上帝〕朱熹《诗集传》卷十一《小雅·正月》注曰："上帝，天之神也。程子曰：'以其形体谓之天，以其主宰谓之帝。'"现代许多学者多认为"上帝"与"天"有同一性也有相异性：就同一性而言，天与上帝可以说是二位一体的；就相异性来说，在人格化方面、权限方面二者差别很大。⑦〔垂象〕悬垂天象。垂，悬垂，垂下。象，天象。指天文、气象等方面的现象或表现。⑧〔则〕效法。⑨〔明〕显明，表明。⑩〔天道〕与"人道"相对。原指日、月、星辰等天体运行现象和过程。在古代，一般认为这是神的意志的体现。

◎**大意**　鲁定公向孔子询问："古时的帝王一定要郊祭祖先，以让他们配享上天。这是为什么？"孔子回答："万物来源于上天，人来源于祖先。郊祭就是盛大地报答根本、回顾本源的活动，所以要用祖先配享上帝。天上悬垂着日月等天象，各有运行法则，圣人就效法这些天象，郊祭就是为了显明天道的。"

公曰："寡人闻郊而莫同，何也？"

孔子曰："郊之祭也，迎长日①之至也。大报天而主日②，配以月③，故周之始郊，其月以日至④，其日用上辛⑤；至于启蛰⑥之月，则又祈谷⑦于上帝。此二者，天子之礼也。鲁无冬至大郊之事，降杀⑧于天子，是以不同也。"

◎**注释**　①〔长日〕指冬至日。②〔主日〕把日作为祭祀的主神。③〔配以月〕把月作为祭祀的配享者。④〔日至〕指冬至日这一天。⑤〔上辛〕农历每月上旬的辛日。辛，天干的第八位。⑥〔启蛰〕节气名，今称惊蛰。⑦〔祈谷〕祈，求。谷，丰收。⑧〔降杀〕指鲁国为周代诸侯国，礼节上不能和周天子相同，应有所减损。降，降低。

◎**大意**　定公问："我听说郊外祭天有不同的形式，这是为什么呢？"

　　孔子回答："郊外祭天，是为了迎接长日的到来。这是盛大地回报上天恩赐的祭祀，因而以日为受祭的主神，以月为配享者。所以周代开始郊祭时，选择了冬至日所在的月份，把日期定在这月上旬的辛日。到了启蛰所在的月份，又祭祀上帝以祈求谷物丰收。这两种祭天都是天子的礼仪。鲁国没有冬至日盛大的郊外祭天礼仪，作为周代诸侯国，鲁国礼仪与周天子相比应该有所减损，所以出现了不同。"

　　公曰："其言郊，何也？"孔子曰："兆丘于南，所以就阳位也①，于郊，故谓之郊焉。"

　　曰："其牲器②何如？"孔子曰："上帝之牛角茧栗③，必在涤④三月，后稷之牛唯具⑤，所以别事天神与人鬼也。牲用骍⑥，尚⑦赤也；用犊，贵诚也。扫地而祭，贵其质也。器用陶匏⑧，以象天地之性也。万物无可称⑨之者，故因其自然之体⑩也。"

◎**注释**　①〔兆丘于南，所以就阳位也〕兆，祀神祭坛的界域。此处作动词用，划定区域设坛祭祀。丘，小山，土堆。南，南面的郊区。就，靠近。②〔牲器〕祭祀用的牺牲和器具。③〔茧栗〕谓小牛的角初生时状如蚕茧和栗子。茧栗之牛是祭祀昊天上帝用牲的标准。④〔涤〕古指养祭牲之室。⑤〔后稷之牛唯具〕后稷，周人的始祖，名弃。舜任命"汝后稷，播时百谷"。具，完备。此处指祭祀后稷的牛形体、毛色完备。⑥〔骍〕赤色马。即今之红栗毛和金栗毛马。⑦〔尚〕崇尚。⑧〔陶匏（páo）〕陶器和匏瓜做成的器皿。⑨〔称〕适合，相符。⑩〔自然之体〕自然的本性、天性。

◎**大意**　定公问："把它称作郊祭，这是为什么呢？"孔子回答："在国都南郊界定区域设坛祭天，这是为了接近阳位，在郊外举行，所以称为郊祭。"

　　定公又问："南郊祭天时用的牺牲和器具又是怎样的？"孔子回答："祭祀上帝的牛很小，牛角像蚕茧和栗子一样，必须在清洁的牛棚里饲养三个月。祭祀后稷的牛只要形体、毛色完备就可以了，这是为了区别祭祀天神和人鬼的不同。牺牲用赤色牛，这是因为周代崇尚赤色；用牛犊，这是因为珍惜它的纯洁诚信。

打扫干净一块地面来举行祭祀，是因为崇尚质朴。器具用陶制的或匏瓜做成的器皿，以符合天地纯朴的自然本性。万物没有什么可以与此相称的了，所以要依循它们质朴的自然本性。"

公曰："天子之郊，其礼仪可得闻乎？"

孔子对曰："臣闻天子卜郊①，则受命②于祖庙，而作龟③于祢宫④，尊祖亲考之义也。卜之日，王亲立于泽宫，以听誓命，受教谏之义也⑤。既卜，献命库门⑥之内，所以诚百官也。将郊，则天子皮弁以听报⑦，示民严上⑧也。郊之日，丧者不敢哭，凶服者⑨不敢入国门⑩，汜扫⑪清路，行者必止，弗命而民听，敬之至也。天子大裘⑫以黼之，被裘象天，乘素车⑬，贵其质也。旂⑭十有二旒⑮，龙章⑯而设以日月，所以法天也。既至泰坛⑰，王脱裘矣，服衮以临燔柴⑱，戴冕，璪⑲十有二旒，则天数也。臣闻之，诵《诗》三百，不足以一献⑳；一献之礼，不足以大飨㉑；大飨之礼，不足以大旅㉒；大旅具矣，不足以飨帝。是以君子无敢轻议于礼者也。"

◎**注释**　①〔卜郊〕用占卜的方式确定郊祭的具体时间。卜，古人用火灼龟甲取兆，据以推测吉凶。后来也指用其他方法预测吉凶。②〔受命〕接受命令或任务。也就是说得到父祖的同意。③〔作龟〕用火灼龟甲，依据裂纹，以卜吉凶。④〔祢（nǐ）宫〕父庙也。受祭天之命于祖，而作龟于父庙。祢，为亡父在宗庙中立主之称。⑤〔王亲立于泽宫，以听誓命，受教谏之义也〕王，周王，周天子。亲，亲自。泽宫，古习射选士之所。教谏，教导劝谏。⑥〔库门〕以王周城而言，有五门，库门为第三门。以官门而言，则库门为外门，入库门则至庙门外。⑦〔天子皮弁以听报〕皮弁，古代贵族的一种帽子，以白鹿皮为之，较华丽。皮弁服包括白鹿皮制作的皮弁和白色的丝制衣裳。皮弁服是天子的朝服。听，听取有关祭祀的汇报。⑧〔示民严上〕示民，告示民众。严上，严格听从天子的命令。⑨〔凶服者〕指穿戴丧服的人。⑩〔国门〕国都的城门。⑪〔汜（sì）扫〕洒水打扫。⑫〔大裘〕天子祭天所服之皮裘。黑羔皮为之。⑬〔素车〕王所乘丧车，五乘之一。车身涂白土，以麻编成车蔽，犬皮覆于车笭上，用素缯作边缘。⑭〔旂（qí）〕古代旗帜的一种，旗上画有龙形，竿头系有铜铃。⑮〔旒〕旌旗下面悬垂的饰物。⑯〔龙章〕指旌旗上绘有龙形的图案。⑰〔泰坛〕古时祭天之坛，在都城南郊。⑱〔燔柴〕古时祭祀仪式之一，把玉帛、牺牲同置于积柴之上，焚之以祭天。⑲〔璪（zǎo）〕古代冕旒用以贯玉的彩色丝绦，言其如水藻之文。⑳〔献〕用酒敬天。㉑〔飨〕通"享"，祭献。㉒〔旅〕祭名，祭五也。

◎ **大意**　定公问："天子郊外祭天的礼仪，可以说来听听吗？"

孔子回答："我听说天子用卜龟以确定郊天的具体时间，先到太祖庙里接受命令，在太祖同意以后，再到父庙里去灼龟甲问卜。这样做就是尊重太祖而亲近先父的意思。占卜的这天，天子亲自站在用来习射选士的泽宫，选择可以参加祭礼的人，又使有司向他们告诫祭天礼规，天子也亲自倾听告诫之辞，这表示接受教导劝谏的意思。占卜结束以后，把将郊天的命令在宫室的最外门——库门宣读，这是为了告诫百官要抓紧时间准备。临近郊天日期，天子身穿白色的朝服——皮弁服听取官员汇报有关郊祭的准备情况，这样做是为了教导百姓要严格遵守上面吩咐的命令。郊祭的那天，有丧事的人家不敢哭泣，身穿丧服的人不敢进入国都的城门。各处普遍进行打扫，路面上铺平新土，禁止行人通行，以上种种规定，不等上面的命令而百姓已经自觉去执行。这是因为天子祀天极敬，而百姓受之影响，也恭敬到极点了。天子穿着绣有黑白相次作斧形花纹的大裘衣，穿着裘衣以象征上天的形象；乘坐没有华丽装饰的木车，这是珍视此车的质朴；打着悬垂着十二条飘带的旗帜，上面绘有龙形图案，还有日月的形象，这也是效法天的形象。到泰坛以后，天子脱去大裘衣，穿着衮服靠近祭坛主持燔柴仪式，也就是把玉帛、牺牲同置于积柴之上，焚之以祭天。天子头戴冕冠，上面悬垂着以五彩丝绦贯穿的十二条玉串。这是效法天的大数，寓意天时可分为十二个月。我听说，如果没有学过礼，即使能够诵读整部《诗》，也不能圆满地完成仅仅用一献的小祀；而仅学了一献之礼，还是不能胜任宗庙祫祭中的大飨之礼；学了大飨之礼，还是不足以承担祭五帝的大旅之礼；已经精通大旅之礼，还是不足以承担祭昊天上帝的郊天之礼。所以君子不敢轻率地评论礼制的短长。"

五刑解

第三十

本篇记孔子与弟子冉有谈论有关五刑的问题，故以"五刑"名篇。本篇大致可分三个部分，第一部分记孔子阐释三皇、五帝是如何达到"制五刑而不用"的"至治"的，材料略见于《大戴礼记·盛德》；第二部分记孔子论述五种大罪，内容亦见于《大戴礼记·本命》；第三部分主要记孔子对"刑不上于大夫，礼不下于庶人"真正内涵的解释，《汉书·贾谊传》中有值得参考的相关记载。

孔子曾说："听讼，吾犹人也，必也使无讼乎？"孔子认为应"豫塞其源"，即让人们不会犯罪，才是治理国家的最高境界。要预防犯罪，为政者需要陈礼度、修五教，让老百姓知其所止。当然，孔子在强调德、礼的同时，认为刑罚是必不可少的。孔子还提到，如果"礼度既陈，五教毕修，而民犹或未化"，就一定要"明其法典，以申固之"。

知止才能不犯罪，而知止建立在知耻的基础上，再辅之以价值观的教育。在关于"大罪有五"的论述中，孔子将杀人定为最轻的大罪。他认为，杀人罪固然不可饶恕，后果不过是只及一人或数人之命，而"逆天地""诬文武""逆人伦""谋鬼神"却会对整个社会的风俗都产生恶性影响，乃至几代人都无法消除。

价值观的教育，往往是一个人影响一批人，一批人再影响另一批人。为政者要对整个国家进行礼仪教化，就一定需要士人、君子去具体实践。管理这样一群要替你贯彻礼教的人，当然重在"御其心"，要让其明于"廉耻之节"。因而，犯了罪的大夫十分清楚自己的罪责所在。为了保持尊严，大夫就会自己请罪，按礼法、刑罚规定惩处自己。所以，尽管为政者不惩处大夫，大夫也会"不失其罪"，孔子认为，这才是先王"刑不上大夫"的内涵。而百姓素养能否提高、淳美风俗能否形成，最主要的因素还是为政者的引导和榜样作用。如果为政者能够率行正道，百姓一定会从之而正。那么，百姓精求礼仪细节的意义就显得没有那么大。因而，当百姓由于忙于劳作，没有时间，也没有条件充分学习礼仪时，也无须对其有所苛责。所谓"礼不下庶人者"，是不责求百姓礼仪完备而已。所以，"刑不上于大夫，礼不下于庶人"，并不是一般人所理解的大夫有特权、百姓受歧视。

本篇各部分内容之间都有相通之处，都是对德治与刑罚关系的讨论，核心观点认为，德与刑一定要相互配合，德如衔勒，刑同辔策，这样才能达到"至治"的理想社会。

冉有①问于孔子曰："古者三皇、五帝②不用五刑③，信④乎？"孔子曰："圣人之设防，贵其不犯也⑤；制五刑而不用，所以为至治也。

"凡民之为奸邪、窃盗、靡法⑥、妄行者，生于不足，不足生于无度。无度则小者偷盗，大者侈靡，各不知节⑦。是以上有制度，则民知所止，民知所止则不犯。故虽有奸邪、贼盗、靡法、妄行之狱，而无陷刑之民⑧。

"不孝者，生于不仁。不仁者，生于丧祭之无礼也。明丧祭之礼，所以教仁爱也。能教仁爱，则服丧思慕，祭祀不解⑨，人子馈养之道⑩。丧祭之礼明，则民孝矣。故虽有不孝之狱，而无陷刑之民。

"杀⑪上者，生于不义。义，所以别贵贱、明尊卑也。贵贱有别、尊卑有序，则民莫不尊上而敬长。朝聘之礼⑫者，所以明义也。义必明，则民不犯。故虽有杀上之狱，而无陷刑之民。

"斗变者生于相陵⑬，相陵者，生于长幼无序而遗⑭敬让。乡饮酒之礼⑮者，所以明长幼之序，而崇敬让也。长幼必序，民怀敬让，故虽有斗变之狱，而无陷刑之民。

"淫乱者，生于男女无别。男女无别，则夫妇失义。礼聘享⑯者，所以别男女、明夫妇之义也。男女既别，夫妇既明，故虽有淫乱之狱，而无陷刑之民。

"此五者，刑罚之所以生，各有源焉。不豫⑰塞其源，而辄绳之以刑，是谓为民设阱而陷之。刑罚之源，生于嗜欲不节。夫礼度者，所以御民之嗜欲，而明好恶，顺天之道。礼度既陈，五教⑱毕修，而民犹或未化，尚必明其法典，以申固之。其犯奸邪、靡法、妄行之狱者，则饬制量之度；有犯不孝之狱者，则饬丧祭之礼；有犯杀上之狱者，则饬朝觐之礼；有犯斗变之狱者，则饬乡饮酒之礼；有犯淫乱之狱者，则饬婚聘之礼。三皇五帝之所化民者如此，虽有五刑之用，不亦可乎？"

◎**注释** ①〔冉有〕孔子弟子。姓冉，名求，字子有，鲁国人。"孔门四科"中政事科代表，多才艺，曾为鲁国贵族季孙氏的家臣。②〔三皇、五帝〕我国上古时期的帝王。具体指哪些人，说法不一，据《史记》记载，三皇指天皇、地皇、泰皇，五帝指黄帝、颛顼、帝喾、唐尧、虞舜。③〔五刑〕我国古代五种主要刑罚的概括。各个朝代都有所变化，早期五刑指墨（在犯人的额头上刺字后，染上黑色）、劓（yì，割掉犯人的鼻子）、剕（fèi，又称刖，斩去犯人的足部）、宫（男子割去生殖器，女子幽闭宫中）、大辟（死刑）。④〔信〕信实，真实。⑤〔圣人之设防，贵其不犯也〕圣人设置刑罚，最根本的目的是让人们都不犯法。⑥〔靡法〕无法，非法。靡，无。⑦〔节〕节度。⑧〔虽有奸邪、贼盗、靡法、妄行之狱，而无陷刑之民〕尽管设有奸邪、盗窃、非法、妄为的罪名及其惩罚，但没有犯这些罪而受到惩罚的百姓。⑨〔解〕通"懈"，松懈。⑩〔人子馈养之道〕（这是）为人子女者的尽孝之道。⑪〔杀〕贬抑、减损、不尊重，与"尊"相对。⑫〔朝聘之礼〕古代诸侯定期朝见天子的礼仪。春秋时诸侯自相朝见也叫朝聘。《礼记·王制》："诸侯之于天子也，比年一小聘，三年一大聘，五年一朝。"⑬〔斗变者生于相陵〕发生争斗是由于互相欺侮造成的。变，突然发生的非常事件。陵，欺侮。⑭〔遗〕忘。⑮〔乡饮酒之礼〕乡人以时聚会宴饮的礼仪，其意义在于序长幼，别贵贱，以敦养风俗，达到德治教化的目的。《礼记》中有《乡饮酒义》一篇专门介绍这项礼仪活动。⑯〔礼聘享〕婚聘宴享的礼仪。⑰〔豫〕通"预"，预先。⑱〔五教〕五常之教。指父义、母慈、兄友、弟恭、子孝五种伦理道德的教育。

◎**大意** 冉有问孔子："古代的三皇五帝都不曾使用五种刑罚，确实这样吗？"

孔子回答："圣人设置刑罚，最根本的目的是让人们都不犯法；制定五种刑罚而不曾使用，是达到天下大治的表现。

"凡出现奸邪、盗窃、非法、妄为的现象，是由于贪心不足造成的，贪心不足是由于没有限度造成的。没有限度，那么轻则偷盗，重则奢侈浪费，都不知道要有所节制。因此上有制度，百姓就懂得有所节制；百姓懂得有所节制，就不会触犯法度。所以，尽管设有奸邪、盗窃、非法、妄为的罪名及其惩罚，但没有犯这些罪而受到惩罚的百姓。

"不孝敬父母是由于缺少仁爱造成的，缺少仁爱是由于不讲丧祭之礼造成的。彰显丧祭之礼是为了教化百姓仁爱。教化百姓仁爱，那么亲人去世就渴望祭祀，如同双亲在世时对他们恪尽奉养的义务一样，毫不懈怠。丧祭之礼修明，百姓就懂得孝了。所以，虽然有不孝的罪名，但是不会有遭此刑罚的百姓。

"不忠于君上是由于不讲道义造成的。道义，是用来区分贵贱、辨明尊卑的。贵贱有所区别，尊卑井然有序，那么百姓就没有不尊敬在上者和长者的。朝拜聘问之礼是用来彰显道义的，通晓道义了，百姓就不会犯上。所以，虽然设有不忠的罪名，但是不会有遭此刑罚的百姓。

"发生争斗是由于互相欺侮造成的，相互欺侮是由于长幼失序而忘记了崇敬、谦让造成的。乡饮酒礼是用来明确长幼次序而推崇礼敬、谦让的。长幼、上下次序井然，百姓就会怀有礼敬、谦让之心。所以，虽然设有斗变的罪名，但是不会有遭此刑罚的百姓。

"淫乱是由于男女之间没有区别造成的。男女没有区别，那么夫妇之间就失去了恩义。婚聘、宴享的礼仪是用来区分男女、明确夫妇恩义的。男女之间有所区别，夫妇恩义就会得到彰显。所以，虽然设有淫乱的罪名，但是不会有遭此刑罚的百姓。

"这五个方面，是刑罚得以产生的因素，其中各有根源。不预先堵塞其产生的根源，动不动就用刑罚来纠正，这可以说是设置圈套来陷害百姓。刑罚产生的根源，在于人们的嗜好和欲望无所节制。礼仪法度就是用来控制百姓的嗜好和欲望的，使他们能够分清好坏，顺应上天的运行规律。礼仪法度都制定而且宣传了，五种教化也都推行了，如果有的百姓还顽固不化，也一定要向他们重申，以阐明法典的实质，加以强化。有犯奸邪、非法、妄行罪行的，就告诫其制度标准方面的规定；有犯不孝罪行的，就告诫其丧葬祭祀的礼仪；有犯不忠于君上罪行的，就告诫其朝见君上的礼仪；有犯斗殴罪行的，就告诫其乡饮酒礼的礼仪；有犯淫乱罪行的，就告诫其婚聘、宴享的礼仪。三皇五帝这样教化百姓，即使使用了五刑，不也是可以的吗？"

孔子曰："大罪有五，而杀人为下。逆天地①者罪及②五世，诬文武③者罪及四世，逆人伦者罪及三世，谋鬼神④者罪及二世，手杀人者罪及其身。故曰大罪有五，而杀人为下矣。"

◎**注释**　①〔逆天地〕违背天经地义之理。逆，违反。②〔及〕牵连。③〔诬文武〕歪曲诽谤周文王、周武王（这样的圣人）。④〔谋鬼神〕毁谤不尊鬼神。

◎**大意** 孔子说：“重大的罪行有五种，杀人是最轻的。违背天地之道的罪行牵连五代，诬蔑周文王、周武王的罪行牵连四代，违背人伦之道的罪行牵连三代，图谋鬼神的罪行牵连两代，亲手杀人的罪行只牵涉自身。所以说，重大的罪行有五种，而杀人是最轻的。”

冉有问于孔子曰：“先王制法，使刑不上于大夫，礼不下于庶人。然则大夫犯罪，不可以加刑；庶人之行事，不可以治于礼乎？”孔子曰：“不然。凡治君子，以礼御其心，所以属①之以廉耻之节也。故古之大夫，其有坐②不廉污秽而退放③之者，不谓之不廉污秽而退放，则曰‘簠簋不饬’④；有坐淫乱男女无别者，不谓之淫乱男女无别，则曰‘帷幕⑤不修’也；有坐罔上不忠者，不谓之罔上不忠，则曰‘臣节未著’⑥；有坐罢软⑦不胜任者，不谓之罢软不胜任，则曰‘下官不职’⑧；有坐干⑨国之纪者，不谓之干国之纪，则曰‘行事不请’⑩。此五者，大夫既自定有罪名矣，而犹不忍斥然正以呼之⑪也。既而为之讳，所以愧耻之。是故大夫之罪，其在五刑之域者，闻而谴发⑫，则白冠厘缨⑬，盘水加剑⑭，造乎阙而自请罪⑮，君不使有司执缚牵掣而加之⑯也；其有大罪者，闻命则北面再拜，跪而自裁，君不使人捽引⑰而刑杀之也，曰：‘子大夫自取之耳，吾遇子有礼矣。’以刑不上大夫，而大夫亦不失其罪者，教使然也。所谓礼不下庶人者，以庶人遽其事而不能充礼，故不责之以备礼也。”

冉有跪然免席⑱，曰：“言则美矣！求未之闻。”退而记之。

◎**注释** ①〔属〕通“嘱”，告诫。②〔坐〕犯罪。③〔不廉污秽而退放〕因不廉洁、贪污而被放逐。污秽，指贪赃。④〔簠簋（fǔ guǐ）不饬〕祭祀所用的簠簋礼器未陈设整齐，是弹劾贪官的一种委婉说法。⑤〔帷幕〕起间隔、遮蔽作用的帐幕。⑥〔臣节未著〕做臣子没有完美地尽到臣子的责任。著，显明。⑦〔罢软〕软弱无能。罢，通"疲"。⑧〔下官不职〕下属官吏不称职。⑨〔干〕违反。⑩〔行事不请〕没有请示而擅自行动。⑪〔斥然正以呼之〕公然斥责，直呼罪名。⑫〔谴发〕罪行暴露。谴，罪过。⑬〔白冠厘缨〕用兽毛作缨的白帽子。古代大夫触犯五刑，则戴之，以示自己有罪。⑭〔盘水加剑〕置剑于加水之盘上。剑以自刎，而于盘中加水，则因水性平，以示自己罪有应得。⑮〔造乎阙而自请罪〕亲自来到宫阙向君王请罪。造，到，去。⑯〔君不使有司执缚牵掣而加之〕君王不让官吏捆绑拉扯而凌辱他们。司，有管理之义。有司，官吏之称。⑰〔捽（zuó）引〕这里是揪、扭的意思，与上文"执缚牵掣"类似。捽，揪头发。⑱〔跪然免席〕崇敬地起身离席。跪然，崇敬的样子。免席，离开座席，古代表达恭敬的一种举止。

◎ **大意**　　冉有问孔子："先王制定法令，使刑罚不对上施行于大夫，礼仪不对下施行于平民。既然这样，那么大夫犯了罪就不能处以刑罚，平民为人处世就不用遵行礼仪了吗？"孔子说："不是这样的。凡是治理君子，用礼仪驾驭他们的思想，是为了把懂得礼义廉耻的节操观点灌输给他们。所以古代的大夫，其中有犯了不够廉洁、行为污秽罪而被放逐的，不说他们因不够廉洁、行为污秽而被放逐，而说'祭祀所用的簠簋未陈设整齐'；有犯了淫乱、男女无别罪行的，不说他们淫乱或男女关系暧昧，而说'帐幕没整理好'；有犯了欺骗君上、心不忠诚罪行的，不说他们欺骗君上、心不忠诚，而说'做臣子没有完美地尽到臣子的责任'；有犯了软弱无能、不胜任工作罪行的，不说他们软弱无能、不胜任工作，而说'下属官吏不称职'；有犯了违反国家纲纪罪行的，不说他们违反了国家纲纪，而说'没有请示而擅自行动'。这五个方面，大夫自己已经确定了罪名，但不忍心从正面称呼这些罪名，进而为他们避讳，是为了使他们感到羞愧和耻辱。因此大夫所犯罪行，属于五刑范围内的，如果听说罪行暴露，他们便戴着用兽毛作缨的白帽子，托盘盛水，上面放上剑，亲自前往宫阙向君王请罪，君主也不让官吏捆绑牵引而凌辱他们；其中有犯了重罪的，接受君命便向北面跪拜两次，然后自杀，君主也不派人揪按而加以刑杀，只是说：'大夫你是自取其罪，我待你也算是有礼了。'刑罚不对上施于大夫，大夫也逃脱不了罪责，这是教化的结果。所说的礼仪不对下施行于平民，是由于平民忙于劳作，不能充分地遵行礼仪，所以不要求他们礼仪完备。"

　　冉有听了这番话，崇敬地起身离席，说："先生讲得真好啊！我从来没有听说过。"回去后便把孔子的这番话记了下来。

刑政

第三十一

本篇记述了孔子与弟子仲弓之间的对话，部分略见于《礼记·王制》，因主题为刑罚与政教问题，故以"刑政"名篇。

本篇主要谈论德治礼教与刑罚的关系。孔子主张："太上以德教民，而以礼齐之；其次以政焉导民，以刑禁之，刑不刑也。化之弗变，导之弗从，伤义以败俗，于是乎用刑矣。"简单说，孔子主张"德主刑辅"，他虽然强调德政的重要性，但也不排斥刑罚，认为"为政以德"是政治的根本，而刑罚是德政的必要补充，是以反面例子来告诉人们怎么做才是正确的，因而也要给予充分的重视。

本篇基本上可分为三部分。第一部分，孔子先介绍了古代审理案件的原则：要考量作案动机、情节轻重、嫌疑人的品行善恶、整个案件的前因后果、案件审理结果对社会的影响等。这些审案原则，非常明显地体现出古代定罪判刑时的人性化特征和公正严明。其中孔子所说的"疑则赦之"的定刑原则，更是引人注目。我国当代司法实践中也有“疑罪从无”的原则，它反映了刑事司法中关注人权的审慎态度。

第二部分是对审案程序的介绍，古代最终定刑要经过五道程序，狱吏、狱正、大司寇、三公卿士乃至天子都参与其中。狱吏、狱正对案件的具体情况有着更清晰的了解，大司寇对法令规章了然于心，三公卿士及天子对于要通过刑罚树立何种“型”尤为明确，有这些人的参与，才能让刑更好地起到教的作用，而不仅仅是一种惩罚。

第三部分，孔子对四种无须复杂审理过程可直接定罪的大禁及十四种不能赦免的罪过进行了说明。通过了解，我们会发现，古代最重要的禁令中并没有杀人放火、贪污偷盗等罪行；其所禁止的，在今天看来，似乎都是不可能入刑，或者不好判刑的行为，如售卖非本季的水果、制造奇巧的器物引诱国君穷奢极欲、售卖现成的衣服饮食等。

通过孔子的这些介绍，我们得以窥见古代刑罚运用的相关情况，对于孔子所阐释的古代圣王“刑政相参”以治理国家的情况会有更深刻的了解。

仲弓①问于孔子曰：“雍闻至刑无所用政②，至政③无所用刑。至刑无所用政，桀、纣之世是也；至政无所用刑，成、康之世是也。信乎？”孔子曰：“圣人之治化④也，必刑政相参⑤焉。太上⑥以德教民，而以礼齐之；其次以政焉导民，以刑禁之，刑不刑⑦也。化之弗变，导之弗从，伤义以败俗，于是乎用刑矣。颛五刑必即天伦⑧。行刑罚则轻无赦。刑，侀⑨也；侀，成也，壹⑩成而不可更，故君子尽心焉。”

◎ **注释** ①〔仲弓〕孔子弟子。姓冉，名雍。鲁国人，以德行著称。②〔至刑无所用政〕一味施行严刑酷法，政教就无法推行。③〔至政〕最成功的政治教化。④〔治化〕治理国家，教化百姓。⑤〔相参〕相互配合使用。⑥〔太上〕最高的境界。⑦〔刑不刑〕惩治那些不遵守刑法的人。⑧〔颛五刑必即天伦〕专擅刑罚也必须顺依天道。颛，通"专"，专擅。即，接近。⑨〔侀〕通"型"，原为已定型之物，引申为成事不可改变的意思。⑩〔壹〕一旦。

◎ **大意** 仲弓向孔子请教"至刑无所用政，至政无所用刑"是否真有其事。孔子向其说明了圣人治理国家的方法是刑政相参。最高明的方法是以德行教化百姓，以礼统一人们的行为；差一点的是用政令引导百姓，然后用刑罚震慑百姓，使其不做不该做的事情。只有在人屡教不改、不追随政令的引导，并且做了伤害道义、败坏风俗的事情之后，才会对其用刑。刑罚虽然由人所定，但一定要符合天地至理。在施行刑罚的时候，一定要严格根据规定，才能保证刑罚的权威性。因为刑罚是通过反面案例告诉人们应该做什么与不应该做什么、应该如何做与不应该如何做。并且这样的信息一旦传递出去，就很难再修改了。所以，对待刑罚，君子一定要非常重视。

仲弓曰："古之听讼^①，尤罚丽于事，不以其心^②。可得闻乎？"孔子曰："凡听五刑之讼，必原^③父子之情，立君臣之义，以权之；意论^④轻重之序，慎测浅深之量^⑤，以别之；悉其聪明^⑥，正其忠爱，以尽之。大司寇正刑明辟^⑦以察狱，狱必三讯^⑧焉。有指无简^⑨，则不听也；附从轻，赦从重^⑩；疑狱则泛与众共之，疑则赦之^⑪，皆以小大之比成也^⑫。是故爵人^⑬必于朝，与众共之也；刑人必于市，与众弃之也。古者公家^⑭不畜刑人，大夫弗养也，士遇之涂，以弗与之言，屏^⑮诸四方，唯其所之，不及与政，弗欲生之也。"

◎ **注释** ①〔听讼〕审理案件。②〔尤罚丽于事，不以其心〕以既成事实来判刑而不依据作案意图。王肃注："尤，过也。丽，附也。"③〔原〕推究，考虑。④〔意论〕思索考虑。⑤〔慎测浅深之量〕《礼记·王制》孔颖达正义："慎测浅深者，谓分别善恶，使不相乱。"⑥〔悉其聪明〕充分发挥其聪明才智。悉，尽其力之谓。其，指听讼之人。⑦〔正刑明辟〕正定刑法、明辨罪责。⑧〔三讯〕向三类人征询意见。王肃注："一曰讯群臣，二曰讯群吏，三曰讯万民也。"⑨〔有指无简〕有犯罪意图，但没有犯罪事实。指，意也。简，诚也，实也，指犯罪事实。⑩〔附从轻，赦从重〕如所犯之罪可轻可重，则从轻定罪；如赦人罪责，则先赦原判较重者。附，施刑也。⑪〔疑则赦之〕没有确凿证据证明其有罪，则判定其无罪，即当今的疑罪从无原则。⑫〔皆以小大之比成也〕审案时要参考以往大小案例来定罪。比，已行故事。成，定案。⑬〔爵人〕授予人爵位。⑭〔公家〕指公卿之家。⑮〔屏〕通"摒"，摒弃。

◎**大意** 仲弓向孔子询问古代审理案件时重犯罪事实，而不以犯罪意图为依据判刑的具体情况。孔子向其介绍了古代审案判刑的几大原则：一定要从体谅父子亲情、确立并弘扬君臣大义的角度，来权衡如何判刑；仔细考虑、慎重分析其犯罪情节的轻重与其心中善恶之念的分量，以区别判刑；要充分发挥自己的聪明才智，以一颗忠恕仁爱之心，来穷究案情。大司寇正定刑法、公正严明地审查案件之后，还要征求各方意见。如果只有犯罪意图，却没有犯罪事实，就不予判刑；如所犯之罪可轻可重，则从轻定罪；如赦人罪责，则先赦原判较重者。对于有疑点的案件，一定要多方征求意见，不能确定确实有罪的话，则应予以赦免。在如此判刑原则下，还被确定有罪的人，就真的罪无可恕了。所以，颁发爵位，一定要在朝堂之上，这是为了让人们都褒奖他；对人施刑，一定要在街市上进行，这是为了让人们都知道他的罪责而唾弃他。所以，古代的公侯之家不收留受过刑罚的人；大夫不会帮助这样的人；士人如果在路上遇到了他们，不会和他们说话；各个地方都拒绝接待他们，不管他们到哪儿，都不允许他们过问政治，这是要让他们痛不欲生，从而给人们一个警醒，也让这些人能痛改前非。

仲弓曰："听狱，狱之成，成何官？"孔子曰："成狱成于吏，吏以狱成告于正①。正既听之，乃告大司寇。听之，乃奉于王。王命三公卿士参听棘木之下②，然后乃以狱之成疑③于王。王三宥④之，以听命而制刑焉，所以重之也。"

◎**注释** ①〔正〕狱官之长。②〔王命三公卿士参听棘木之下〕王让三公卿士在外朝参与审理、协助定案。棘木，王肃注："外朝法：左九棘，孤卿大夫位焉。右九棘，公侯伯子男位焉。面三槐，三公位。"据《周礼·朝士》说，外朝左（东）边种有九棵棘树，是孤卿大夫之位；右（西）边种有九棵棘树，是公侯伯子男之位；南边种有三棵槐树，是三公之位。因外朝主要用棘树标位，故曰"听棘木之下"。③〔疑〕通"凝"，汇集。④〔三宥〕根据可减刑的三种情况，减轻处罚。可减刑的三种情况分别是：一无知而犯罪，二过失而犯罪，三精神错乱而犯罪。

◎**大意** 孔子向仲弓介绍古代判决定案的五道程序：案件先由狱吏负责，狱吏把判决结果报告给狱正；狱正审理了以后，把结果报告给大司寇；大司寇再审理一遍，把结果报告给天子；天子命令三公、卿士参与审理，协助断案，然后再把最后的审理结果汇总到天子那里；天子再参照可以减刑的三种犯罪情况，议减其刑，最后综合各种审理意见，判定其相应的罪刑。

仲弓曰："其禁何禁？"孔子曰："巧言破律，遁名改作①，执左道②与乱政者，杀；作淫声③，造异服，设伎④奇器，以荡⑤上心者，杀；行伪而坚，言诈而辩，学非而博，顺非而泽，以惑众者，杀；假于鬼神、时日、卜筮，以疑众⑥者，杀。此四诛者，不以听。"

◎**注释** ①〔巧言破律，遁名改作〕花言巧语，曲解法律，假借名目，擅改法度。遁，通"循"。②〔左道〕歪道，邪术。③〔淫声〕即惑乱人的靡靡之音。④〔伎〕通"技"，技巧。⑤〔荡〕扰乱。⑥〔疑众〕迷惑众人。

◎**大意** 孔子向仲弓介绍了四种国家迫切需要禁止的罪行：第一种，花言巧语地钻法律与制度的空子，曲解法律与制度，总是用一些旁门左道扰乱国家政治的；第二种，创作靡靡之音，设计奇装异服，制造奇特器械，惑乱君王的；第三种，行为诡诈却顽固不改，蛮不讲理却巧言善辩、强词夺理，学习了歪门邪道却还知识广博，教人不走正道还广施恩惠，从而蛊惑民心的；第四种，假托鬼神、时日、卜筮来言吉凶祸福，从而迷惑百姓的。孔子认为这四种罪行直接对国家管理产生严重的消极影响，所以一旦认定人们犯了这些罪，就无须再审理，可直接判处死刑。

仲弓曰："其禁尽于此而已？"孔子曰："此其急者，其余禁者十有四焉：命服命车^①，不粥^②于市；珪璋璧琮^③，不粥于市；宗庙之器，不粥于市；兵车旌旗^④，不粥于市；牺牲秬鬯^⑤，不粥于市；戎器兵甲，不粥于市；用器不中^⑥度，不粥于市；布帛精粗不中数，广狭不中量，不粥于市；奸色^⑦乱正色，不粥于市；文锦^⑧珠玉之器，雕饰靡丽，不粥于市；衣服饮食^⑨，不粥于市；果实不时，不粥于市；五木不中伐，不粥于市；鸟兽鱼鳖不中杀，不粥于市。凡执此禁以齐众者，不赦过也。"

◎**注释** ①〔命服命车〕天子按官职等级赏赐的衣服和车子。②〔粥〕通"鬻"，卖。③〔珪璋璧琮（cóng）〕四种尊贵的玉器名称，常用作朝聘、祭祀等的礼器。④〔旌（jīng）旗〕旗子的总称。旌，同"旌"。⑤〔牺牲秬鬯〕古代祭祀用的牲畜与酒。秬鬯，以黑黍和香草酿造的酒，用于祭祀降神。⑥〔中〕适合，恰好对上。⑦〔奸色〕色不正者。古代以青、黄、赤、白、黑为正色，其余则为奸色。⑧〔文锦〕绣有花纹的彩色丝织品。⑨〔衣服饮食〕现成的衣服与食物。王肃注："卖成衣服，非侈必伪，故禁之。禁卖熟食，所以厉取也。"

◎**大意** 仲弓问法令禁止的是否只有这四条。孔子又为其介绍了其他十四条相对来说不是那么紧急的禁令：天子颁赐的衣服、车子，不得在市场出售；圭、璋、璧、琮等贵重的玉质礼器，不得在市场出售；宗庙祭祀用的祭器，不得在市场出售；军车旌旗，不得在市场出售；祭祀用的牺牲、祭酒，不得在市场出售；兵器铠甲，不得在市场出售；日用器具，不符合规格，不得在市场出售；布帛之类，如果精粗、长宽达不到标准，不得在市场出售；易混淆正色的杂色东西，不得在市场出售；有文采的织锦和珠宝玉器之类，雕琢修饰得华丽的，不得在市场出售；现成的衣服和饮食，不得在市场出售；果实未到成熟的季节，不得在市场出售；取火用的五类树木，未到砍伐的时候，不得在市场出售；鸟、兽、鱼、鳖未到宰杀的时候，不得在市场出售。这些禁令是为了整治国人的行为举止，改善整个社会风气，为了达到预期效果，犯这些禁令的人都不能被赦免。

礼运

第三十二

　　本篇出于孔子与弟子言偃的一番对话，孔子向其讲述了礼的起源、制礼的依据和原则、礼的运行法则等问题，因重点讲礼的运用，故名"礼运"。

　　本篇内容又见于《礼记·礼运》，但具体内容有所不同，尤其是两篇文献中关于大同社会的记载出入较大。在《礼记·礼运》中，孔子将人类历史划分为"大道之行"和"大道既隐"两大阶段，"大道之行"时期的社会，是完美的大同社会；而"大道既隐"之后，人人充满私心，只是在禹、汤、文、武、成王、周公"六君子"的治理下，曾出现过相对安定有序的小康社会。根据《礼记》的这些记载，孔子的"大道"就成了"原始共产主义"，孔子的理想社会就只在原始社会时期才存在，因此就给人造成了这样的印象：孔子主张复古倒退，回到没有"私"概念的原始社会时期。实际上，这绝对是对孔子思想的误读。从本篇内容来看，孔子极言礼的重要性，认为"圣人以礼示之，则天下国家可得以礼正矣"。由于对人情、人义、人利、人患的充分了解，圣王能根据天道，以礼对人心加以引导，最终使大道流行，形成国民素养普遍提高的公正、公平、文明、和谐的大同社会。因而，孔子关于"大道之行"与"大道既隐"的划分并不是对历史发展阶段的解读，而是对国家治理状况的定性判断。其所阐述的大同社会，应当是指夏、商、周三代"圣王"时期；而"大道既隐"的时期，则是圣王之治不再的时期，并非人们一般认为的家天下时代。

　　本篇内容看似繁杂无序，实际上逻辑清晰，主题鲜明。通篇主要围绕如何运用礼来治理国家展开论述。开头部分孔子通过对大道之行与大道既隐社会状况的对比，强调了以礼治国的重要性。紧接着，孔子就开始论述政令措施对贯彻礼制的反作用，"政不正"最终会引起"礼无别"，因而国君政令措施的制定一定要"本之天"，符合天道自然。这就对管理者提出了更高的要求——必须要懂得人心人性，从而对症下药。人生活于天地之间，摆脱不了五行、四气、十二月这些生活环境，也离不开五声、六律、十二管，五味、六和、十二食，五色、六章、十二衣这些生活物质。这些生活环境与生活物质，一方面是人心人性的体现，另一方面也在塑造着人。为实现有效管理，圣王制定法则时就会参考这些相关因素。同时，圣王也会通过郊社、宗庙、山川、五祀等礼仪活动，积极推广礼制中所包含的教化原则。礼来源于自然天理，说到底是保护人的，但无礼不可并不是对礼的片面强调。礼作为仁义道德的一种表现形式和培养方法，绝不可丢弃其精神内涵。运用礼治理国家，就要做到"本于义""讲于学""合之以仁""安之以乐""达于顺"，真正将礼内化为人们自然而然的习惯，这才是以礼治国的最高境界。而将礼内化，要注意一个问题——礼是手段而不是目的。礼的最主要作用是引导人们做恰当的事和恰到好处地做事，这就要求人们能因时、因地、因人、因事等制宜，这才是"顺"的真正内涵。

值得注意的是，本篇关于礼的起源等论述，多次提到"阴阳""四时""五行"等概念，相较于儒家其他学说，确实稍显神秘与晦涩。孔子与儒家虽然不像阴阳家那样动辄谈天，但"阴阳""四时""五行"等观念由来已久，在孔子时代，早就是人所公认的常识，孔子在这里谈及，并不反常，反而更可说明中华文化的源远流长、博大精深。

孔子为鲁司寇，与于蜡①。既宾②事毕，乃出游于观③之上，喟然而叹。言偃④侍，曰："夫子何叹也？"孔子曰："昔大道之行⑤，与三代之英⑥，吾未之逮也，而有记焉。大道之行，天下为公，选贤与能⑦，讲信修睦⑧。故人不独亲其亲，不独子其子，老有所终，壮有所用，矜寡孤疾⑨，皆有所养。货恶其弃于地，不必藏于己。力恶其不出于身，不必为人⑩。是以奸谋闭而不兴，盗窃乱贼不作。故外户而不闭，谓之大同。

"今大道既隐⑪，天下为家，各亲其亲，各子其子，货则为己，力则为人。大人世及以为常⑫，城郭沟池以为固。禹、汤、文、武、成王、周公由此而选⑬，未有不谨于礼。礼之所兴，与天地并，如有不由礼而在位者，则以为殃。"

◎**注释** ①〔与（yù）于蜡〕主持蜡祭活动。与，参与。蜡，周朝每年十二月举行的祭祀百神活动。②〔宾〕通"傧"，相礼。③〔观〕宫殿或宗庙门前的大观楼，也称魏阙。④〔言偃〕春秋末吴国（一说鲁国）人，孔子弟子。姓言，名偃，字子游，长于文学。⑤〔大道之行〕指夏、商、周三代圣王是依据大道，即天道而治理国家的。⑥〔与（yù）三代之英〕说的是夏、商、周三代的圣王。三代之英，指禹、汤、文、武、成王、周公。英，杰出人物。与，"说的是"之义。一般认为"大道之行"是指五帝时期，和"三代之英"是两个概念，但从孔子对三代圣王的推崇，以及本篇后文对礼的强调来看，孔子所说的大同之世，应该是三代圣王"由礼而在位"所营造出来的盛世。⑦〔选贤与能〕选举贤能的人。与，通"举"，选拔。⑧〔讲信修睦〕人与人之间，国与国之间，讲究信用，谋求和睦。王肃注："讲，习也；修，行也；睦，亲也。"⑨〔矜寡孤疾〕矜，通"鳏"，老而无妻者。寡，老而无夫者。孤，幼而无父者。疾，废病之人。⑩〔为人〕为别人效命，让别人感恩戴德。王肃注："言力恶其不出于身，不以为德惠也。"《礼记·礼运》中作"为己"。⑪〔今大道既隐〕大道既隐之后。泛指三代末世，既指夏、商末世，亦包含有指孔子所处的时代的意思。今，王引之《经传释词》卷五："今，指事之词也。"⑫〔大人世及以为常〕诸侯世袭成为常法。大人，指诸侯。父子相承曰世，兄弟相继曰及。⑬〔由此而选〕以礼义治国而为三代之出众者。由，用也。选，高出之义。

◎**大意**　孔子担任鲁国的司寇时，曾主持蜡祭活动。相礼完毕以后，他出来在门阙上游览，不禁发出了叹息声。言偃正在旁边陪侍，遂询问原因。孔子说："大道实行的时代，也就是夏、商、周几位贤明之人当政的时代，我都没能目睹，但通过相关的记载可以略窥一二。大道实行的时代，天下是所有人的天下，贤能之人被选举出来管理政事，人与人坦诚相待、和睦相处。所以人们不只亲爱自己的双亲，也会尊敬其他年长者，不只爱护自己的子女，也会爱护其他年幼者，老年人能安享晚年，壮年人有用武之地，不论是鳏夫、寡妇还是孤儿、残疾人都会得到供养。人们痛恨财物被丢弃在地上，被糟蹋浪费，但更不愿意拾路之遗，有损自己的品行；人们痛恨自己没出上力气，但并不一定是为了别人效命而让人对自己感恩戴德。因此阴谋诡计被遏制而不能施展，劫掠偷盗、叛逆犯上的事也不会发生，所以外出也不用关门闭户。这就是'大同'社会。

"'圣王之治'结束以后，天下被视为一家一姓的私有财产，人们只亲爱自己的双亲，只爱护自己的子女，希望财物都归自己所有，出力气是为了从别人那儿得到回报，将诸侯世袭定为不可变更的法度，以城郭沟池作为保护自己利益的屏障。夏禹、商汤、周文王、周武王、周成王、周公以礼治国而成为杰出的人物，他们没有不严肃认真遵守礼制的。礼符合天地正理，落实、弘扬礼制是天经地义的。所以，如果有人不遵守礼制而取得了尊位，就会给人们带来祸患。"

言偃复问曰："如此乎，礼之急也？"孔子曰："夫礼，先王所以承天之道，以治人之情，列其鬼神①，达于丧祭、乡射、冠昏、朝聘②。故圣人以礼示之，则天下国家可得以礼正矣。"

◎**注释** ①〔列其鬼神〕取法于鬼神。列，取法。《礼记·祭义》："众生必死，死必归土，此之谓鬼。"《说文解字》："神，天神引出万物者也。"②〔达于丧祭、乡射、冠昏、朝聘〕具体表现为丧礼、祭礼、射礼、冠礼、婚礼、诸侯定期朝见天子之礼。达，有表露之意。昏，通"婚"。

◎**大意** 言偃又问："礼制如此重要而又急需吗？"孔子回答："礼制是先代圣王用来承续天道，陶冶人们性情的，它取法于鬼神，具体体现在丧祭、乡射、冠婚、朝聘等礼仪当中。所以圣人如果用礼来教化百姓、进行治理，那么就能够通过礼实现天下太平、国泰民安了。"

言偃曰："今之在位，莫知由礼，何也？"孔子曰："呜呼哀哉！我观周道，幽厉伤也①，吾舍鲁何适②？夫鲁之郊及禘皆非礼③，周公其已衰矣④。杞之郊也禹⑤，宋之郊也契，是天子之事守⑥也，天子以杞、宋二王之后，周公摄政致太平，而与天子同是礼也。诸侯祭社稷宗庙，上下皆奉其典，而祝嘏⑦莫敢易其常法，是谓大嘉⑧。

"今使祝嘏辞说，徒藏于宗祝巫史⑨，非礼也，是谓幽国⑩；盏斚及尸君，非礼也⑪，是谓僭君；冕弁兵车，藏于私家⑫，非礼也，是谓胁君；大夫具官⑬，祭器不假⑭，声乐皆具，非礼也，是谓乱国；故仕于公曰臣，仕于家曰仆⑮。三年之丧，与新有婚者，期⑯不使也。以衰裳入朝⑰，与家仆杂居齐齿⑱，非礼也，是谓臣与君共国；天子有田以处其子孙，诸侯有国以处其子孙，大夫有采⑲以处其子孙，是谓制度；天子适诸侯，必舍其宗庙，而不礼籍入⑳，是谓天子坏法乱纪；诸侯非问疾吊丧，而入诸臣之家，是谓君臣为谑㉑。夫礼者，君之柄㉒，所以别嫌㉓明微，傧㉔鬼神，考㉕制度，列仁义，立政教，安君臣上下也。故政不正则君位危，君位危则大臣倍、小臣窃㉖，刑肃而俗弊则法无常㉗，法无常则礼无别㉘，礼无别则士不仕、民不归㉙，是谓疵㉚国。

◎**注释** ①〔幽厉伤也〕在周幽王、周厉王时就已经被破坏了。②〔吾舍鲁何适〕除了鲁国我还能去哪儿。适，到。所谓"周礼尽在鲁矣"，孔子要追寻周礼，当时最好的地方就是鲁国。③〔鲁之郊及禘皆非礼〕鲁国的郊祭与禘祭都不合礼制。郊，冬至日于南郊举行的祭天之典。禘，在始祖庙里举行的祭祀先祖之礼。郊与禘，只有天子才有资格举行。④〔周公其已衰矣〕周公制定的礼制，基本上已经衰微了。其，大概。⑤〔杞之郊也禹〕杞国有资格举行郊祭是因为禹的遗泽。杞国为大禹后代的封国。⑥〔事守〕应当遵循的法度。⑦〔祝嘏（gǔ）〕祝，祭祀时司告鬼神的人。嘏，福，这里指替人向鬼神祈福的人。⑧〔嘉〕美，吉祥。⑨〔今使祝嘏辞说，徒藏于宗祝巫史〕假如仅仅只将祝祷和祈福的言辞，由宗祝巫史保存而不用。宗，宗伯，掌管宗庙祭祀之官。巫，古代从事祈祷、卜筮等工作的人。史，随王左右，担任祭祀、星历、卜筮、记事等职。⑩〔幽国〕使国家幽暗不明，指使国人不明于礼。⑪〔盏斝（jiǎ）及尸君，非礼也〕据说盏是夏代的酒杯，斝是商代的酒杯，只有夏、商的后代即杞、宋二国的国君祭祀时，才能用以献尸，其他的诸侯国君（天子舞六代之乐，而鲁国因周公得用天子之礼乐，所以，周天子及鲁国国君应该可以用盏斝）不得用，用之则不合礼仪。尸，古时祭祀时代死者受祭的人，尸君指代先世的君王受祭的人。⑫〔冕弁兵车，藏于私家〕朝廷之尊服冕弁与保卫国家用的兵器、马车被私藏于大夫之家。冕，衮冕。弁，皮弁。私家，大夫以下称私家，古者诸侯有国，卿大夫有家。⑬〔大夫具官〕大夫家中各种执事官员都很齐备。古代大夫常兼数职，不得备置各种执事之官。⑭〔祭器不假〕（没有田禄的大夫）祭祀所用器物不用向宗子假借。《礼记注疏·礼运》："凡大夫无地则不得造祭器，有地虽造而不得具足，并须假借，若不假者，唯公孤以上得备造。"⑮〔仕于公曰臣，仕于家曰仆〕在诸侯处任职自称为臣，在大夫家任职自称为仆。臣与仆均为谦称。⑯〔期〕一周年。⑰〔以衰裳入朝〕穿着丧服入朝。古代认为有丧者应居丧在家，而穿着丧服入朝，则无异于是将朝廷视为己家，故后文说这是不符合礼制的。⑱〔杂居齐齿〕指没上没下、尊卑不分。齿，并列。⑲〔采〕采邑，古代卿大夫的封地称采邑。⑳〔不以礼籍入〕不根据典章礼簿上的规定进入诸侯祖庙。礼籍，太史所执掌的典章礼簿，上面记载其国忌讳恶。㉑〔君臣为谑〕君臣相互戏谑。谑，戏谑，开玩笑。㉒〔柄〕根本，这里指用来治国理政的最重要的工具。《礼记·礼运》："柄，所操以治事。"㉓〔嫌〕疑也。㉔〔傧〕通"宾"，尊敬。㉕〔考〕成也，即制定。㉖〔窃〕指窃权行私。㉗〔刑肃而俗弊则法无常〕在风俗浇漓的情况下，刑罚如果过于严苛，法令就一定会（因无法责众、得不到落实而）经常变更。㉘〔法无常则礼无别〕法令朝令夕改，那礼就发挥不出尊卑的区别作用。㉙〔礼无别则士不仕、民不归〕如果礼无法起到尊卑的作用，（就没有人能拥有威信）那士人就无法全心全意于政事，老百姓也不会愿意顺服。㉚〔疵〕损害。

◎ **大意**　言偃问："当今的君主，为什么不懂得通过礼制来治理国家呢？"孔子回答："唉，太可悲了啊！我考察周代的礼制，从周幽王、周厉王时就已经被破坏了。现在除了鲁国，我还能到哪里去追寻周礼的遗迹呢？然而鲁国的郊祭、禘祭都不合乎礼制，周公制定的礼制，基本上已经衰微了。郊祭是天子才能举行的祭祀，而杞国和宋国能有资格举行，是由于它们分别是先代圣王大禹和契的后代。由于周公在成王幼时摄理政事，实现了天下太平，功绩卓著，因而其后裔之封国鲁国也有资格举行郊祭。其他诸侯只可以祭祀社稷宗庙，上上下下都遵守这一永恒的法典，即使主持祭祀的祝嘏也不敢变动它们，这样做才是最好、最吉祥的。

"若只将祝祷和祈福的言辞尘封于宗祝巫史那里而不用，是不合礼制的，这样做会让整个国家的民众不明于礼；诸侯用先王所用的重器向尸献酒，是不合礼制的，这是对君王的僭越；大夫私藏冕弁和兵车，是不合礼制的，这是在胁迫君王；大夫配有完备的执事官吏、祭器以及各种乐器，是不合礼制的，这是在混乱国政；在国君那里任职的叫臣，在大夫那里任职的叫仆。要守丧三年者和新婚者，一年内不能派给他差事。如果穿着丧服入朝，或与家仆杂处并列，是不合礼制的，这称为君臣共享国家；天子广有土地来安置自己的子孙，诸侯有国家来安置自己的子孙，大夫有封邑来安置自己的子孙，这是制度。天子到诸侯国，必须下榻到诸侯的祖庙里，如果不根据典章礼簿上的规定进入诸侯国，这是天子在破坏法纪；诸侯如果不是探问疾病和吊唁丧事，而随意进入臣下家中，这是君臣相

287

互戏谑。所谓礼，是国君治理国家的根本，是用来辨别是非、洞察幽隐，敬事鬼神，制定制度，施行仁义，确立政教，使君臣上下都得到安宁的法门。因而不以正道管理政事，君位就会动摇；君位动摇，不论大臣小臣，都会背弃君王、窃取权柄。刑罚严峻而风俗败坏，法令就无法保持威严性而得以坚决执行；法令得不到贯彻，礼制就无法区分上下尊卑；礼制无法区分上下尊卑，士人就不会尽心于政事，百姓就不会归顺，这是在祸害国家。

"是故夫政者，君之所以藏身①也，必本之天，效以降命②。命，降于社之谓效地③，降于祖庙之谓仁义，降于山川之谓兴作④，降于五祀之谓制度⑤。此圣人所以藏身之固也。圣人参于天地，并⑥于鬼神，以治政也。处其所存，礼之序也；玩其所乐，民之治也⑦。天生时，地生财，人其父生而师教之，四者君以政用之，所以立于无过之地。

◎**注释** ①〔藏身〕安身立命。②〔效以降命〕取法天理自然来制定政令。③〔命，降于社之谓效地〕通过社让人们明白的本之于天的教令原则，就是别物之性从而生养之。社，古代指土地神和祭祀土地神的地方。④〔降于山川之谓兴作〕根据天理而制定的有关山川的政令，是利用山川而兴造建作。《礼记·礼运》郑玄注："山川有草木禽兽，可作器物、共国事。"⑤〔降于五祀之谓制度〕通过五祀确定的天命之政是规章制度。五祀，这里指五行之神，古代根据五行又设置了五行之官。⑥〔并〕比方，比照。⑦〔处其所存，礼之序也；玩其所乐，民之治也〕圣人能行其观察得知的天地至理，就能使礼仪秩序井井有条；圣人能爱民之所爱、乐民之所乐，老百姓就能安居乐业。存，观察。

◎**大意** "所以政教是君王安身立命的保证，君王必须以天为本，效法自然制定政令。通过社让人们明白的本之于天的教令原则，就是别物之性从而生养之；通过祖庙让人们明白的道理，就是要树立仁义之德；根据天理而制定的有关山川的政令，是利用山川而兴造建作；通过五祀确定的天命之政是规章制度。天产生四时，地滋生财富，人由父母生养，由老师传授知识。对于以上四个方面，君王通过政教加以正确的引导，才能立于没有过错的境地。

　　"君者，人所则^①，非则人者也；人所养，非养人者也；人所事，非事人者也。夫君者，则人则有过，养人则不足，事人则失位^②。故百姓则君以自治，养君以自安，事君以自显，是以礼达而分定^③。人皆爱其死，而患其生^④，是故用人之智去其诈，用人之勇去其怒，用人之仁去其贪。国有患，君死社稷为之义，大夫死宗庙为之变^⑤。凡圣人能以天下为一家，以中国为一人，非意之^⑥，必知其情，从于其义，明于其利，达于其患，然后为之。

◎**注释**　①〔则〕此即下文"则人者""百姓则君以自治"之"则"，宽永本等作"明"，据四库本、同文本等改。《礼记·礼运》作"明"，郑玄注说是"尊崇"的意思。但据后文"百姓则君以自治"一句，可知当为"则"字，指效法。②〔失位〕指没尽到为君的本分。③〔礼达而分定〕礼教得到贯彻，每个人的职分得以明确。④〔人皆爱其死，而患其生〕人们都羡慕能够为义献身，而不愿苟活于世。爱，吝惜，这里指羡慕。⑤〔变〕正义，正道。《礼记·礼运》郑玄注曰："当读为'辩'，声之误也。辩，犹正也。"⑥〔非意之〕不是凭空想象出来的。

◎**大意**　"君王，是被人仿效的榜样，而不是仿效别人；被人奉养，而不是奉养别人；被人辅佐，而不是辅佐别人。君王将精力用于仿效别人就会出现偏差，将精力用于奉养别人就会出现物资缺乏的情况，将精力用于辅佐别人就会失责。所以百姓效仿君王以管理好自己的事务，奉养君王以安定自己的生活，辅佐君王以显扬自己的身份，因而礼教得以推广普及，人们的职分得以明确。人人都羡慕能够为义而死，不愿苟且偷生，因此君王在运用人的聪明才智时要注意克制他的伪诈，运用人的勇敢时要注意克制他的暴怒，运用人的仁心时要注意克制他的贪欲。国家遇到危难，君王为社稷而死，叫大义；大夫为宗庙而死，也是正道。凡是圣明的君王，能让天下人团结如同一家，管理天下人如同管理一个人，这并不是臆想，必须了解人心人情，洞晓义理，知道百姓的利益所在，同时清楚他们的祸患是什么，才能达到这种境界。

　　"何谓人情？喜、怒、哀、惧、爱、恶、欲七者，弗学而能；

何谓人义？父慈、子孝、兄良、弟悌、夫义、妇听、长惠、幼顺、君仁、臣忠十者，谓之人义；讲信修睦，谓之人利；争夺相杀，谓之人患。圣人之所以治人七情，修十义，讲信修睦，尚辞让，去争夺，舍礼何以治之？饮食男女，人之大欲存焉；死亡贫苦，人之大恶存焉。欲、恶者，人之大端^①。人藏其心，不可测度，美、恶皆在其心，不见其色，欲一以穷之，舍礼何以哉？

◎**注释**　①〔人之大端〕人心的两大基本出发点。

◎**大意**　"什么是人情呢？喜、怒、哀、惧、爱、恶、欲，这七种情感，人们天生就有。什么是人义呢？父母慈爱、子女孝顺、兄姊良善、弟妹尊长、丈夫仁义、妻子温顺、年长者仁惠、年少者听话、君主仁厚、臣下忠诚，这十种伦理道德，是为人之义；坦诚相待、和睦相处，对人们都有益处；你争我夺，互相杀戮，会给人们带来祸患。圣人用来陶冶人的七情，培养人的十义，让人们讲求诚信、追求和睦，崇尚谦让，消除争夺的，除了礼还有什么办法呢？食、色是人们最基本的欲望；死亡和贫苦，是人们最憎恶的事情。竭力追求自己想要的，极力避免自己所厌恶的，是人做事的两个最重要的出发点。人的想法深藏心中，别人难以揣度。善恶又都隐匿于不可见的心思中，外表显现不出来，要想用一种方法来彻底地探究人心，除了礼，还能怎么样呢？

"故人者，天地之德^①，阴阳之交^②，鬼神之会^③，五行之秀^④。天秉阳，垂日星；地秉阴，载山川。播五行于四时，和四气而后月生^⑤。是以三五而盈，三五而缺，五行之动，共相竭也^⑥。五行、四气、十二月，还相为本^⑦；五声、六律、十二管，还相为宫^⑧；五味、六和、十二食，还相为质^⑨；五色、六章、十二衣，还相为主^⑩。故人者，天地之心，而五行之端^⑪，食味、别声、被色^⑫而生者。

◎**注释**　①〔天地之德〕孔颖达《礼记正义》："天以覆为德，地以载为德，人感覆载而生，是天地之德也。"②〔阴阳之交〕孔颖达《礼记正义》："阴阳，则天地也。据其气谓之阴阳，据其形谓之天地。独阳不生，独阴不成，二气相交乃生。"③〔鬼神之会〕孔颖达《礼记正义》："鬼谓形体，神谓精灵，《祭义》云：'气也者，神之盛也；魄也者，鬼之盛也。'必形体精灵相会，然后物生。"④〔五行之秀〕万物中的精华。五行，金、木、水、火、土，古人认为世间万物都由这五种元素组成。⑤〔播五行于四时，和四气而后月生〕五行分布于一年四季，四气和顺而后据此分一年为十二个月。王肃注："月生而后四时行焉。布五行，和四时、四气，而后月生焉。"四时，指春、夏、秋、冬四季。四时分别与五行相对应，春对应木，夏对应火，秋对应金，冬对应水，土辐射四季，对应每一季节的最后一个月。四气，指四时中的温、热、冷、寒之气，五日为"一候"，三候为"一气"，一气为三个五日。⑥〔五行之动，共相竭也〕五行的运转是循环往复、互为开始的。竭，举也，引申为更始。⑦〔还相为本〕交替运转，即周而复始。王肃注："用事者为本也。"用事，当权、当令，这里指正当运行。⑧〔五声、六律、十二管，还相为宫〕五声，指宫、商、角、徵、羽五个声高音阶，宫是第一音阶。六律，原作"五律"，据四库本、《礼记·礼运》改。即十二律，因十二律分阴阳两类，处于奇数位的六律叫阳律，处于偶数位的六律叫六吕，合称"律吕"，古书中常以"六律"包举阴阳各六的十二律。十二管，指十二律管。宫，指宫调，中国古代音乐中，以五声中的任何一声为主，均可构成一种调式，其中以宫声为主组成的就称为"宫"（即宫调式），而以其他声为主组成的就称为"调"，统称"宫调"。五声只有相对的音高，没有绝对的音高，它们的音高要靠十二律来确定。如用十二律中的黄钟律来定宫音的音高，这样的调式则为黄钟宫，十二律均可分别用于确定宫音的音高，故曰"还相为宫"。王肃注："五声者，宫、商、角、徵、羽也。管，十二月也。一月一管，阳律阴吕，其用事为宫也。"⑨〔五味、六和、十二食，还相为质〕五味、六和、十二食交替成为主流口味和饮食。五味，甜、酸、苦、辣、咸五种味道。六和，六种调味品，《周礼·天官·食医》："凡和，春多酸，夏多苦，秋多辛，冬多咸，调以滑、甘。"《礼记·礼运》孔颖达疏曰："酸、苦、辛、咸，加之以滑和甘，为六和也。"王肃注："十二食者，十二月之食。质，本也。"⑩〔五色、六章、十二衣，还相为主〕五色、六章、十二衣交替成为衣服之主色和主穿之服。五色，青、赤、黄、白、黑五种颜色。古代以此五者为正色，其余为奸色。在五色基础上，加天之玄色，是为六章。十二衣，即一年十二个月中所穿之衣。⑪〔人者，天地之心，而五行之端〕人是天地的核心，万物的领袖。端，首。⑫〔被色〕穿着彩色衣服。

◎**大意** "所以说，人感天地之德而生，是阴阳交合的产物，是鬼神精灵的荟萃，是万物中的英华。天秉承阳性，使太阳、星辰照临人间；地秉承阴性，负载着山陵河川。五行分布于一年四季，四季之气和顺而后据此分一年为十二个月。因此十五天月亮趋于盈满，又十五天月亮趋于亏缺。五行的运转，互为更始，循环往复。五行、四气、十二月，周而复始；五声、六律、十二管，轮换成为确定音高的宫调；五味、六和、十二食，交替作为本味；五色、六章、十二衣，轮流作为主色。因此，人是天地的核心，万物的领袖，是享受着美味、能区分五声、穿着各色的衣服而生存着的。

"圣人作则，必以天地为本，以阴阳为端①，以四时为柄②，以日星为纪③，月以为量④，鬼神以为徒⑤，五行以为质⑥，礼义以为器，人情以为田⑦，四灵以为畜⑧。以天地为本，故物可举⑨；以阴阳为端，故情可睹⑩；以四时为柄，故事可劝⑪；以日星为纪，故业可别⑫；月以为量，故功有艺⑬；鬼神以为徒，故事有守⑭；五行以为质，故事可复也⑮；礼义以为器，故事行有考⑯；人情以为田，故人以为奥⑰也；四灵以为畜，故饮食有由⑱。

◎**注释** ①〔以阴阳为端〕以阴阳观念为出发点。《礼记·礼运》孔颖达疏曰："赏以春夏，刑以秋冬，是法阴阳为端首也。"②〔以四时为柄〕以四季作为衡量标准。《礼记·礼运》孔颖达疏曰："春生、夏长、秋敛、冬藏，是法四时为柄也。"柄，权衡。③〔以日星为纪〕以太阳和星星的运行规律来纪时。纪，纲纪，标准。④〔月以为量〕一年十二个月，以月来计量事功。《礼记·月令》详述各月应实行的礼仪活动等事项。⑤〔鬼神以为徒〕以鬼神为依傍。徒，同类。《礼记训纂·礼运》引方性夫曰："鬼神不可度思，然屈伸往来，凡人动与之俱，故鬼神以为徒。"⑥〔五行以为质〕仿效五行循环往复、周而复始的特点制定典则。质，本体。⑦〔礼义以为器，人情以为田〕以礼义为器具，以人情为待耕种之田。这里指圣人作则针对的最主要问题就是人情，而所采取的方法则是礼义。⑧〔四灵以为畜〕以麟、凤、龟、龙四种动物为家畜。四灵为圣人降生、天下大治的征兆。因此把四灵作为家畜，意思就是把实现天下大治作为制定典则的目标。⑨〔物可举〕可以长养万物。举，养育使之兴盛。孔颖达《礼记正义》："天地生养万物，今本天地而为政教，故万物可举而兴也。"⑩〔情可睹〕可以洞察人情。古人认为阴阳为化生万物的二气，所以，明白阴阳，也就能洞悉人情。⑪〔以四时为柄，故事可劝〕以四时作为衡量标准，（生、长、收、藏等活动的时间确定了下来）老百姓（目标明确）自然会很努力工作。劝，勤勉。⑫〔业可别〕事情就可以安排有序。⑬〔功有艺〕应当完成的事功就有了时间标准。艺，准则。⑭〔事有守〕每件事情都有忠于职守的人处理。⑮〔事可复也〕事情就可以循环往复，永不衰竭。⑯〔事行有考〕事情就可以成功。考，成就。⑰〔人以为奥（yù）〕人们就会感觉到温暖。奥，通"燠"。一说认为该句意为人们就会对其心悦诚服，将其视为领袖。《礼记·礼运》郑玄注："奥，犹主也，田无主则荒。"⑱〔饮食有由〕饮食来源就有了保障。四灵为禽畜等之长，圣人以四灵为家畜，则禽畜必然会从其长而至，所以说"饮食有由"。

◎**大意**　"圣人制定法则，必然以天地的德行为根本，以阴阳观念为出发点，以四季作为标准衡量所当行的政令，以日、星的运行规律来纪时，以月来计量事功，以鬼神作为依傍，仿效五行循环往复、周而复始的特点制定典则，以礼义为器具，以人情为待耕种之田，以四灵为家畜。以天地的德行为根本，就可以长养万物；以阴阳观念为出发点，就可以洞察人情；以四时作为衡量标准，老百姓（目标明确）自然会很努力工作；以日、星的运行规律来纪时，事情就可以安排有序；以月来计量事功，应当完成的事功就有了时间标准；以鬼神作为依傍，每件事情就都会有忠于职守的人处理；仿效五行循环往复、周而复始的特点制定典则，事情就可以循环往复，永不衰竭；以礼义为器具，事情就能成功；以人情为待耕种之田，就可以使人感到温暖；以四灵为家畜，食物来源就有了保障。

　　"何谓四灵？麟、凤、龟、龙谓之四灵。故龙以为畜，而鱼鲔不淰①；凤以为畜，而鸟不狖②；麟以为畜，而兽不狘③；龟以为畜，而人情不失④。先王秉蓍龟，列祭祀，瘗缯⑤，宣祝嘏辞说，设制度，故国有礼，官有御⑥，事有职⑦，礼有序。

◎**注释** ①〔鱼鲔（wěi）不谂（shěn）〕鱼类就不会因害怕而潜藏。鱼鲔，泛指鱼类。谂，通"淰"，鱼惊走的样子。②〔鸟不狋〕鸟不会受惊而飞走。狋，同"翅"。③〔狋（xuè）〕惊跑的样子。④〔人情不失〕在人情上的判断就不会出错。《周易·系辞上》曰："定天下之吉凶，成天下之亹亹者，莫大乎蓍龟。"龟可用于占卜，能够确定人情真伪、判断善恶，故曰"人情不失"。⑤〔瘗缯（yì zēng）〕一种祭祀的方式，把写有祝词的布帛埋入地下，以求得神的福佑。瘗，埋，特指祭祀中的掩埋仪式。缯，祭祀中掩埋的布帛。⑥〔官有御〕官吏各有所管辖的事情。御，治理。⑦〔事有职〕事情各有分职。

◎**大意** "什么是四灵？麟、凤、龟、龙叫作四灵。所以，养龙作为家畜，鱼类就不会因害怕而潜藏；养凤作为家畜，鸟类就不会受惊而飞开；养麟作为家畜，兽类也不会受惊而跑掉；养龟作为家畜，在人情上的判断就不会出错。先代君王秉持卜筮用的蓍草和龟甲，安排依次进行各种祭祀，埋帛降神，宣读告神和祝福的文辞，制定各项制度，因而国家拥有礼仪制度，官吏各有所管辖的事情，事情各有分职，礼制井然有序。

　　"先王患礼之不达于下，故飨①帝于郊，所以定天位也；祀社于国，所以列地利也；禘祖庙，所以本仁也；旅山川，所以傧鬼神也；祭五祀，所以本事②也。故宗祝在庙，三公在朝，三老在学③，王前巫而后史，卜蓍瞽侑④，皆在左右，王中心无为也，以守至正。是以礼行于郊，而百神受职；礼行于社，而百货可极⑤；礼行于祖庙，而孝慈服焉⑥；礼行于五祀，而正法则焉。故郊社、宗庙、山川、五祀，义之修而礼之藏⑦。

◎**注释** ①〔飨〕祭祀。后文的"祀""禘""旅"等均为祭祀之意。②〔本事〕追溯事情的本源。③〔三公在朝，三老在学〕朝廷中有三公，学校中有三老。三公，共同负责军政的最高长官的统称，周代指司马、司徒、司空或太师、太傅、太保。三老，古时指上寿、中寿、下寿，凡指年纪大，后举年高且有修行的人为三老，掌教化。④〔瞽侑（yòu）〕乐官与谏官。瞽，瞎眼，因古时乐官常以瞽者担任，因此成为乐官的代称。侑，四辅，辅佐君王的谏官。⑤〔极〕尽，达到顶点，这里指物品充盈。⑥〔孝慈服焉〕孝顺慈爱的德行就会让天下人都信服归顺。⑦〔义之修而礼之藏〕义的修饰，礼的宝藏。即郊社、宗庙、五祀弘扬了礼、义。修，修饰。

◎**大意**　"先代君王担心礼制不能通达于天下，因此在郊外祭祀天帝，用以确定天至高无上的地位；在国都中祭祀社神，用以彰显大地孕育万物的功德；祭祀祖庙，用以体现仁爱为本的观念；祭祀山川，用以礼敬鬼神；祭祀五行之神，用来追溯事物的本源。因此祖庙中有宗祝，朝廷上有三公，太学中有三老，此外，君王前有巫，后有史，负责卜筮、音乐和劝谏的官员也陪侍左右，君王处于这些人之中，不需负责具体事务，只要坚守至正之道即可。因此在郊区行祭天之礼，众神就会各司职守；在社中行祭地之礼，各种财货就会用之不竭；在祖庙中行祭祖之礼，孝敬慈爱的德行就会让天下人都信服归顺；行祭祀五行之礼，各种法则就会得以端正。所以郊社、宗庙、五祀的祭祀之礼，对弘扬礼义起到了极为重要的作用。

　　"夫礼必本于太一①，分而为天地，转而为阴阳，变而为四时，列②而为鬼神。其降曰命，其官③于天也，协于分艺④，其居于人也曰养：所以讲信修睦，而固人之肌肤之会，筋骸之束者；所以养生送死，事鬼神之大端⑤；所以达天道，顺人情之大窦⑥。唯圣人为知礼之不可以已也，故破国、丧家、亡人，必先去其礼。

◎**注释**　①〔太一〕创造了天地万物的元气。孔颖达《礼记正义》："大一者，谓天地未分，混沌之元气也。"②〔列〕陈列，显现。③〔官〕效法。④〔协于分艺〕合乎按时行事的准则。⑤〔大端〕最主要原则。⑥〔大窦〕最重要通道。窦，孔，洞。

◎**大意**　"礼制确实本源于太一，太一分化而成天地，又衍生为矛盾统一的阴阳，演变出四时变化，陈列而显现为鬼神。显现于人事的太一便是君王的政教命令，根据天道而发布的政教命令，合乎按时行事的准则。对于人来说，政教命令可以养人身心：它使人们讲求诚信、追求和睦，同样也能让人身体康健；它是用来奉养生者、丧葬死者、祭祀鬼神的最基本的原则；是用来通达天道、顺应人情的重要通道。只有圣人了解礼不可以废止。所以要使一个国家破灭、一个家庭衰落、一个人消亡，一定要先让他们礼崩乐坏。

"礼之于人，犹酒之有蘖①也，君子以厚，小人以薄。圣人修义之柄，礼之序，以治人情。人情者，圣王之田也，修礼以耕之，陈义以种之，讲学以耨②之，本仁以聚之，播乐以安之。故礼者，义之实也，协诸义而协则礼③，虽先王未有，可以义起焉④；义者，艺之分，仁之节⑤。协于艺，讲于仁，得之者强，失之者丧；仁者，义之本，顺之体，得之者尊。故治国不以礼，犹无耜而耕；为礼而不本于义，犹耕之而弗种；为义而不讲于学，犹种而弗耨；讲之以学，而不合以仁，犹耨而不获；合之以仁，而不安之以乐，犹获而弗食；安之以乐，而不达于顺，犹食而不肥。四体既正，肤革充盈⑥，人之肥⑦也；父子笃，兄弟睦，夫妇和，家之肥也；大臣法⑧，小臣廉，官职相序⑨，君臣相正，国之肥也；天子以德为车，以乐为御，诸侯以礼相与⑩，大夫以法相序⑪，士以信相考⑫，百姓以睦相守，天下之肥也。是谓大顺。顺者，所以养生送死，事鬼神之常也。故事大积焉而不苑⑬，并行而不谬，细行而不失，深而通，茂而有间，连而不相及，动而不相害，此顺之至也。明于顺，然后乃能守危⑭。

◎**注释** ①〔蘖（niè）〕酒曲，酿酒用的发酵剂，这里比喻有礼能使人情醇厚。②〔耨（nòu）〕除草。③〔协诸义而协则礼〕与义相协调而取得了自身的和谐才是礼。④〔可以义起焉〕可以根据义来创制。⑤〔义者，艺之分，仁之节〕义是制定不同法则的标准，是施行仁道的节度。⑥〔四体既正，肤革充盈〕四肢健全，肌体丰满。革，皮。⑦〔肥〕指健康壮实。⑧〔法〕守法。⑨〔官职相序〕各种官职配合有序。⑩〔相与〕相互交往。⑪〔相序〕相互明确自己的位置次序。序，次也。⑫〔以信相考〕以诚信互勉。⑬〔故事大积焉而不苑〕所以事务繁忙也不会郁积阻滞。苑，通"蕴"，郁结。⑭〔守危〕居安思危。

◎**大意** "礼对于人来说，就像用来酿酒的酒曲，君子追求礼，因而更加醇厚，小人不讲礼，因而愈加浅薄。圣人研习义的本质内涵，礼的等差秩序，来陶冶人情。人情对于圣人而言，就像田地之于农夫，整修礼制好比是耕地，阐明道义好比是种植，施行教育好比是除草，以仁爱为本来凝聚人心，传播礼乐来安定百姓。所以礼，是义的实体，与义相协调而取得了自身的和谐才是礼，即使先王时期没有这样的礼，也可根据义的需求来制礼作乐；义是制定不同法则的标准，是施行仁道的节度。如果能以义协调法度、实行仁道，就会强盛，反之则会衰亡；仁是义的根本，顺的本体，有仁德就会尊贵。所以治国不依靠礼制，就好像去耕地却没有来耜；推行礼制而不以义为本，就好像耕了地而不播种；行义而不重视教育，就好像只播种不除草；重视教育而不合于仁，就好像只是除草不收获；合于仁而不以乐安定人心，就好像只收获粮食却不吃；用乐加以安定而不达到和顺，就好像光吃饭却并没有吸收营养而变得健壮。四肢健全，肌体丰满，这是身体健壮的表现；父子情深，兄弟和睦，夫妇和美，这是家庭兴旺的表现；大小臣子都守法廉洁，各种职官配合井然有序，君臣相互劝勉匡正，这是国家强盛的表现；天子以德、乐治理国家，诸侯之间往来以礼，大夫据法相交，士人以信互勉，百姓和睦相处，这是天下昌盛的表现。这就是大顺。顺是奉养生者，丧葬死者，祭祀鬼神的原则。所以即使事务繁忙也不会阻滞，各种事务并行却不会发生错乱，细小的事情也不会遗漏，复杂难办的事情依然能梳理清楚，事务繁多仍有条不紊，各种事情相互关联而不互相牵扯，各事项实行起来也不互相妨碍，这是顺的最高境界。因此了解了顺的目标，才能够做到居安思危。

"夫礼之不同，不丰不杀①，所以持情②而合危也。山者不使居川，渚者不使居原；用水、火、金、木，饮食必时；冬合男女，春颁爵位，必当年德③，皆所顺也，用民必顺。故无水旱昆虫之灾，民无凶饥妖孽之疾④。天不爱其道，地不爱其宝，人不爱其情，是以天降甘露，地出醴泉，山出器车⑤，河出马图⑥，凤凰麒麟，皆在郊棷⑦，龟龙在宫沼，其余鸟兽及卵胎，皆可俯而窥也。则是无故，先王能循礼以达义，体信以达顺，此顺之实也。"

◎**注释** ①〔夫礼之不同，不丰不杀〕礼制讲究等级差别，既不能让其更加庄重奢华，也不能让其愈加简单朴素。杀，减少。②〔持情〕维系人情。③〔必当年德〕一定要和人的年龄及德行相当。④〔民无凶饥妖孽之疾〕百姓不用忍受灾荒、饥饿和物候反常的痛苦。凶，谷物不收，年成坏。妖孽，古代称物类反常的现象。疾，痛苦，疾苦。⑤〔山出器车〕山中会自然出现器物与车辆。古人认为太平盛世，山林中会自然产生一种圆曲之木，可以制车，是福瑞的象征。⑥〔河出马图〕指传说中龙马负图从河而出的事情。⑦〔郊掫〕郊外的草泽地带。掫，字误，应为薮（sǒu），草泽。《礼记·礼运》郑玄注："薮，聚草也。"四库本、同文本作"近郊"。

◎**大意** "礼制讲究等级差别，既不能让其更加庄重奢华，也不能让其愈加简单朴素。礼是用以维系感情，进而做到居安思危的方法。居住山区的不会让他们迁移到河边，居住在小岛上的不让他们迁移到平原；使用金、木、水、火等生活资源，以及调节饮食，都要顺应时节；冬天使男女婚配，春天颁设爵位，都必须与当事人的年龄或德行相称，都要顺应其本来之理，治理百姓更应如此。（如能顺应万事万物的本来之理）那天下就不会有水、旱、昆虫等自然灾害，百姓就不用忍受灾荒、饥饿和物候反常的痛苦。天就会不吝惜自己的育民之道，地就会不吝惜自己的养民之宝，人就会不吝惜付出自己的感情，于是天上就会降下甘露，地上就会涌出甘泉，山中会自然出现器具和象车，黄河中就会有龙马背负图而跃出，凤凰、麒麟就会生活在郊外的草泽中，龟和龙就会被畜养在宫苑的池沼中，其他的鸟兽及其蛋卵和胎儿，也都会随处可见。出现这样的盛世景象，没有别的原因，只是因为先王能够做到遵循礼制而恰到好处，体察事物的本来面貌以顺应其固有规律。这就是顺应天理人情的结果。"

卷八

冠颂

第三十三

就主题来说，本篇承接上篇《礼运》，继续阐述礼制相关内容。孔子尤为强调统治者的素养对于国家治理的影响，而统治者是否具备了管理国家素养的一个标志，就是是否行冠礼。本篇记载了孟懿子和孔子关于冠礼问题的对话，大致可分为四部分，分别是：孔子对冠礼主要仪式流程内涵的解释，孔子对诸侯冠礼和天子冠礼起源的介绍，孔子对诸侯冠礼中一些仪式细节的说明，孔子对三代冠礼异同的简单对比。

礼仪活动能发挥教化作用，最主要原因在于其仪式性。在孔子看来，冠礼是中国古人生活中最重要的礼仪活动之一，它通过隆重的礼仪活动，将社会对其期待内化成人们对于自己的期待，让人充分认识到自己已然成年，需要更加精进、成熟，以担负起自己应当承担的责任。

本篇篇幅不长，但也有不少需要注意的地方。比如，孔子"天下无生而贵者故也"的说法，是孔子维护贵族特权说法的有力反证；孔子虽然强调冠礼意义重大，但也认为能治理天下国家大事的未成年君王，无须再举行冠礼，这说明孔子对于成人的定义不限于年龄，而更看重心智，也说明孔子不拘泥于礼；孔子对比三代冠礼，认为其一脉相承又有所不同，这与《论语·学而》中孔子所说的夏、商、周三代礼仪因革损益的观点一致，反映出孔子对历史连续性的认识和礼应适应时代发展的观点。总的来说，本篇不仅介绍了不少有关冠礼的知识，还向我们展现了孔子博学于文、约之以礼，又不刻板拘泥，灵活而富有权变的形象，有助于我们正确认识孔子及其思想。

邾隐公①既即位，将冠②，使大夫因孟懿子③问礼于孔子。子曰："其礼如世子④之冠。冠于阼者，以著代也⑤；醮于客位，加其有成⑥；三加弥尊，导喻其志⑦；冠而字之，敬其名也⑧。虽天子之元子⑨，犹士也，其礼无变，天下无生而贵者故也。行冠事必于祖庙，以裸享之礼以将之⑩，以金石之乐以节之。所以自卑而尊先祖，示不敢擅。"

◎**注释** ①〔邾隐公〕春秋时期邾国国君，姓曹，名益。②〔将冠〕准备举行冠礼。冠，指冠礼，即古代男子的成人礼。③〔因孟懿子〕通过孟懿子。因，依托、凭借。孟懿子，鲁国孟孙氏第九代宗主，孔子弟子。④〔世子〕帝王和诸侯的嫡长子。⑤〔冠于阼者，以著代也〕嫡子在东阶举行冠礼，以表明其将来会代替父亲成为一家之主。阼，阼阶，即东阶，古代东阶为主人之阶，西阶为客人之阶。著，使之显著，即表明。⑥〔醮于客位，加其有成〕宾（即冠礼主持者）在户西向冠者敬酒，是为了嘉勉其有所成就。客位，指户西的位置。加，通"嘉"。⑦〔三加弥尊，导喻其志〕冠礼中三次加冠，首加缁布冠，次加皮弁，三加爵弁，所加之冠一次比一次尊贵，是为了引导其进德修业，日渐精进。弥，更加。⑧〔冠而字之，敬其名也〕三加冠之后，宾为冠者取表字，是为了表达对其父母所取之名的尊重。
⑨〔元子〕嫡长子。⑩〔以裸（guàn）享之礼以将之〕以灌鬯祭祖之礼表示开始。
裸，古代酌酒灌地的祭祀仪式。享，供祭品奉祀祖先。

◎**大意**　邾隐公即位之后准备举行冠礼，让大夫通过孟懿子向孔子询问相关礼仪
问题。孔子告诉他按照世子的冠礼仪节进行即可，并解释了冠礼几道程序的内
涵，还说明一定要在祖庙中举行冠礼，是为了表达对先祖的尊崇。

　　懿子曰："天子未冠即位，长亦冠也？"孔子曰："古者王世子
虽幼，其即位则尊为人君。人君，治成人之事者，何冠之有？"懿子
曰："然则诸侯之冠异天子与？"孔子曰："君薨而世子主丧，是亦
冠也已。人君无所殊也①。"懿子曰："今邾君之冠非礼也？"孔子
曰："诸侯之有冠礼也，夏之末造也②，有自来矣③，今无讥焉。天子
冠者，武王崩，成王年十有三而嗣立。周公居冢宰，摄政以治天下。
明年④夏六月，既葬，冠成王而朝于祖，以见诸侯亦有君也⑤。周公命
祝雍作颂曰⑥：'祝王达而未幼⑦。'祝雍辞⑧曰：'使王近于民，远
于年⑨，啬于时⑩，惠于财，亲贤而任能。'其颂曰：'令月吉日⑪，
王始加元服⑫。去王幼志，服衮职⑬，钦若昊命⑭，六合是式⑮。率尔祖
考，永永无极⑯。'此周公之制也。"

◎**注释**　①〔人君无所殊也〕为人君者在这一点上是没什么区别的。王肃注："诸
侯亦人君，与天子无异。"②〔夏之末造也〕夏朝末年所作。造，作。③〔有自来
矣〕诸侯举行冠礼是有渊源来历的。④〔明年〕第二年。⑤〔以见诸侯亦有君也〕
向诸侯表示又有了新的国君。四库本"亦"作"示"，则当断句为"以见诸侯，示
有君也"。⑥〔祝雍作颂曰〕太祝、雍祝颂道。祝，祭祀时掌司礼仪的官。雍，
祝官名。颂，祝福。⑦〔达而未幼〕通达而渐渐长大。⑧〔辞〕作祝词。
⑨〔远于年〕指长寿。⑩〔啬于时〕注意不失农时。⑪〔令月吉日〕大吉大利
的日子。令，美好的。⑫〔元服〕指冠。颜师古注《汉书·昭帝纪》："元，首也。

冠者，首之所著，故曰元服。"⑬〔服衮职〕负责好君王应负的职责。衮，古代君王等的礼服。衮职，指帝王的职事。⑭〔钦若昊命〕敬顺天命。钦，敬。若，顺。昊命，天命。⑮〔六合是式〕天下都以之为榜样。六合，指整个天下。式，榜样。⑯〔率尔祖考，永永无极〕永永远远遵循，秉承祖先之德。率，遵循。

◎**大意**　孟懿子问孔子："天子未成年即位后，成年了是否也要举行冠礼？"孔子说："古代天子纵然年幼，但他能做成人做的事情，说明他已经是成人了，就没必要再行冠礼了。"孟懿子听后觉得奇怪：是不是诸侯的冠礼和天子的冠礼不一样？为什么天子成年后不用再行冠礼，而身为诸侯的邾隐公却要在即位后行冠礼？孔子解释道：诸侯的冠礼起自夏代末年，渊源有自，邾隐公也是可以行冠礼的。古代天子即位后举行冠礼的例子也有，比如周成王。周公为周成王举行冠礼，主要是通过这个仪式昭告四方诸侯周朝有新国君了，也是希望周成王能尽早成长起来，担负起天子应该承担的重任。

　　懿子曰："诸侯之冠，其所以为宾主，何也？"孔子曰："公冠则以卿为宾，无介①，公自为主，迎宾揖，升自阼，立于席北。其醴②也，则如士，飨之以三献之礼③。既醴，降自阼阶。诸侯非公而自为主者，其所以异，皆降自西阶，玄端与皮弁异④。朝服素毕⑤，公冠四，加玄冕⑥祭。其酬币于宾，则束帛乘马⑦。王太子、庶子之冠拟焉，皆天子自为主，其礼与士无变，飨食宾也皆同。"

◎**注释**　①〔介〕冠礼中协助完成仪式的赞礼者。②〔醴〕本义为甜酒，这里指冠礼中主人以甜酒敬客人的仪式。③〔飨之以三献之礼〕主人招待客人酒食的时候，用比较隆重的三献之礼。古代祭祀时献酒三次，即初献爵、亚献爵、终献爵，合称"三献"。一献的程序是：主人献醴于宾，称为"献"；宾回敬主人，称为"酢"；主人先自饮而后劝宾客饮，称为"酬"。据《仪礼·士冠礼》记载，士冠礼时行一献之礼，所以前文说"则如士"似非。④〔玄端与皮弁异〕公爵及以下者冠礼中所用的玄端服与皮弁也不一样。玄端，黑色礼服，因每幅布都是正方形，端直方正，故称端。玄端的下裳根据所用者的地位而定，上士以玄为裳，中士以黄为裳，下士以杂色为裳，天子诸侯以朱为裳。皮弁，据清黄以周《礼书通故》，"侯伯瑱饰七，子男瑱饰五，玉亦三采；孤瑱饰四，三命之卿瑱饰三，再命之大夫瑱饰二，玉亦二采；一命之大夫及士之会无结饰"，根据等级形制略异。⑤〔朝服素毕〕穿朝服时用白色的蔽膝。毕，通"韠"，蔽膝。玄端下裳为白色时为朝服。⑥〔玄冕〕黑色冠冕。冕，中国古代帝王及地位在大夫以上的官员们戴的礼帽。⑦〔其酬币于宾，则束帛乘马〕酬答宾的礼物是五匹帛，四匹马。束帛，捆在一起的五匹帛。

◎**大意**　孟懿子问："诸侯举行冠礼时，宾主应如何安排？"孔子首先介绍了公爵诸侯的宾主安排：公自己担任主人，以卿大夫为宾，无须副宾。举行冠礼时主人向宾客作揖表示欢迎，然后从阼阶上去，站于席左，以跟士一样的三献之礼飨宾。公应穿着朝服和白色护膝，先后四次加冠，最后一次是加黑色冠，着祭服。给客人的礼物是一束帛和四匹马。紧接着，孔子以公爵诸侯的冠礼为参照，说明了非公爵的其他诸侯冠礼的不同之处在于：玄冠和皮弁的样式以及所走阶梯的方位（其他诸侯要从西阶下来）。而王太子和庶子的冠礼比照诸侯冠礼，也是天子自己担任主人，其他仪式和士差不多，飨宾的礼节都一样。

　　懿子曰："始冠必加缁布之冠①，何也？"孔子曰："示不忘古。太古冠布，斋则缁之，其緌②也，吾未之闻。今则冠而敝之③可也。"

　　懿子曰："三王之冠，其异何也？"孔子曰："周弁，殷冔，夏收，一也④。三王共皮弁素緌。委貌⑤，周道也；章甫，殷道也；毋追，夏后氏之道也。"

◎**注释**　①〔缁布之冠〕黑色的布帽子。缁，黑色。②〔緌（ruí）〕古时帽带打结后下垂的部分。③〔冠而敝之〕冠礼结束后，缁布冠就可弃之不用了。敝，丢弃。④〔周弁，殷冔（xǔ），夏收，一也〕周代的祭祀之冠叫弁，商朝的叫冔，夏朝的叫收，其实都是一样的。⑤〔委貌〕与后文的章甫、毋追分别为周、商、夏的常用之冠。

◎**大意**　孟懿子问："为什么冠礼一开始要加缁布冠？"孔子告诉孟懿子这是由

于很久以前都是用布做的帽子，斋戒的时候就染成黑色，如今还加缁布冠，就是为了表示现今人们没有忘记以前的礼制。孟懿子又问："三代时期的帽子有什么区别？"孔子没有告诉孟懿子区别，却只说三代对帽子的称呼虽不一样，但基本样式都差不多。

庙制
第三十四

　　卫国将军文子准备在自己家中设立公庙，先派子羔征求孔子的意见，孔子并不赞成，并阐述了设立祭庙的制度，故本篇名为"庙制"。

　　中国自古以来就非常重视祭祀，《礼记·祭义》开篇就说："凡治人之道，莫急于礼。礼有五经，莫重于祭。""礼以教敬"，肃穆庄重的祭祀仪式最能培养人的敬畏之心，提醒人们要"追养继孝"、绍述前人的事业与志向。将本篇子羔引用"祭典"说明虞、夏、商、周四代祖、宗的设立情况，与《礼记》《国语》等其他材料相结合，可以看出，似乎四代时期就已经有关于祭祀的制度规定，这也从侧面说明了中华文化渊源已久。

　　本篇主要分为两部分，第一部分是孔子对尊卑上下立庙之制的介绍：天子立七庙、诸侯立五庙、大夫立三庙、士立一庙、庶人无庙而祭于寝。立庙制度等级严格，不仅在数量上有所差异，庙主身份与设庙之人身份也要严格对应，如公庙就绝对不可以设立于大夫之家。第二部分是孔子对虞、夏、商、周四代有些以不在同一朝代的人为祖为宗现象的解释，说明只要功德相仿，纵然朝代不同，也可以尊奉其庙。

关于孔子所论述的庙数制，《礼记·王制》《礼记·礼器》中亦有记载，内容基本一致；《礼记·祭法》中对士庙数的记载则有差异，说"適士二庙一坛，曰考庙，曰王考庙"，这应该是春秋时期士阶层分化的结果。总之，本篇所介绍的庙数制度似乎只是理论上的，而不是对实际情况的说明，这种制度应该也不是自古就有、一成不变的，在不同历史时期可能会稍有出入。此外，王肃在其著作《圣证论》中，认为二祧（tiāo）者为高祖之父，高祖之祖。加上大祖及四亲庙为七庙。文王、武王之庙在七庙之外。按王肃说，则天子总共应有九庙，又提供了庙数制的另一种看法。这些都是我们进一步了解中国古代的庙制、研究古代宗法观念和制度极具参考价值的材料。

卫将军文子①将立先君之庙②于其家③，使子羔访于孔子。子曰："公庙设于私家，非古礼之所及④，吾弗知。"

子羔曰："敢问尊卑上下立庙之制，可得而闻乎？"孔子曰："天下有王，分地建国，设祖宗⑤，乃为亲疏贵贱多少之数。是故天子立七庙，三昭三穆⑥，与太祖之庙七。太祖近庙⑦，皆月祭之。远庙为祧⑧，有二祧焉，享尝⑨乃止。诸侯立五庙，二昭二穆，与太祖之庙而五，曰祖考庙，享尝乃止。大夫立三庙，一昭一穆，与太庙而三，曰皇考庙，享尝乃止。士立一庙，曰考庙。王考无庙，合而享尝乃止。庶人无庙，四时祭于寝⑩。此自有虞以至于周之所不变也。凡四代帝王之所谓郊者，皆以配天⑪；其所谓禘者，皆五年大祭之所及也⑫。应为太祖者，则其庙不毁；不及太祖，虽在禘郊，其庙则毁矣。古者祖有功而宗有德，谓之祖宗者，其庙皆不毁⑬。"

◎ **注释**　①〔卫将军文子〕卫，国名。将军，担任职位。文子，死后谥号。卫灵公之孙，名弥牟。②〔先君之庙〕当指卫灵公之庙。③〔家〕指卿大夫的采地食邑。④〔公庙设于私家，非古礼之所及〕在卿大夫之家立诸侯国君之庙，这违反了古礼的规定。《仪礼·丧服》："诸侯之子称公子，公子不得称先君；公子之子称公孙，公孙不得祖诸侯……此自卑别与尊者也。"⑤〔设祖宗〕决定安排哪位先祖为祖，哪位为宗。《礼记·祭法》："有虞氏禘黄帝而郊喾，祖颛顼而宗尧；夏后氏亦禘黄帝而郊鲧，祖颛顼而宗禹，殷人禘喾而郊冥，祖契而宗汤；周人禘喾而郊稷，祖文王而宗武王。"⑥〔三昭三穆〕昭穆制度，定宗庙位次的标准，是中国古代宗法制度的内容之一。始祖庙居中，以下父子递为昭穆，左昭右穆。天子有七庙，故有三昭三穆。⑦〔太祖近庙〕太祖庙及关系最近的四座庙。近庙指考庙、王考庙、皇考庙、显考庙，即父庙、祖庙、曾祖庙与高祖庙。《礼记·祭法》："是故王立七庙，一坛一墠，曰考庙，曰王考庙，曰皇考庙，曰显考庙，曰祖考庙，皆月祭之。"孔颖达疏："曰考庙者，父庙曰考，考，成也。谓父有成德之美也。曰王考庙者，祖庙也，王，君也。君考者，言祖有君成之德也。祖尊于父，故加君名也。曰皇考庙者，曾祖也。皇，大也，君也。曾祖转尊，又加大君之称也。曰显考庙者，高祖也。显，明高祖居四庙最上，故以高祖目之。曰祖考庙者，祖，始也，此庙为王家之始，故云祖考也。"⑧〔远庙为祧〕远祖的庙称为祧。《礼记·祭法》："远庙为祧。"孙希旦《礼记集解》："盖谓高祖之父、高祖之祖之庙也。谓之远庙者，言其数远而将迁也。"⑨〔享尝〕四时以时食荐享祖先的祭祀。⑩〔寝〕内室。⑪〔凡四代帝王之所谓郊者，皆以配天〕但凡虞、夏、商、周四代所说的郊祭某先祖，都是祭祀这些先祖以配享上帝。郊，祭祀名，说法不一，这里当指帝王夏至祭上帝于南郊之礼。⑫〔其所谓禘者，皆五年大祭之所及也〕四代帝王所说的禘祭某先祖，都是在五年大祭时祭祀的。禘，祭祀名，其说不详，《礼记·大传》："王者禘其祖之所自出，以其祖配之。"一般认为古代帝王或诸侯在始祖庙里每五年举行一次的、遍祭先祖的一种盛大祭祀。⑬〔古者祖有功而宗有德，谓之祖宗者，其庙皆不毁〕古代确立祖宗的标准是有功者为祖、有德者为宗。被尊为祖和宗的先祖之庙，就算亲缘关系已经久远，也会被保留下来。

◎**大意** 卫将军文子准备在自己家中立卫国国君的庙，让子羔去征询孔子的意见。孔子断然否定了这样的做法。子羔于是向孔子请教庙制。孔子分别介绍了天子、诸侯、大夫、士人、庶人这几个不同等级的立庙及祭祀制度；还说明了四代帝王时所谓的郊祭，是指以先祖配天的祭祀，禘祭则是每五年一次大祭时以先祖配天的仪式。如果是太祖，他的庙不能损毁，但功德不如太祖的先祖，就算在郊祭和禘祭配天之列，也不留存其庙。只有有功德的祖、宗之庙才能被保存下来。

子羔问曰："祭典①云：'昔有虞氏祖颛顼而宗尧，夏后氏亦祖颛顼而宗禹，殷人祖契而宗汤，周人祖文王而宗武王。'此四祖四宗，或乃异代，或其考祖之有功德，其庙可也。若有虞宗尧，夏祖颛顼，皆异代之有功德者也，亦可以存其庙乎？"孔子曰："善，如汝所闻也。如殷周之祖宗，其庙可以不毁，其他祖宗者，功德不殊，虽在殊代，亦可以无疑矣。《诗》云：'蔽芾甘棠，勿翦勿伐'，'邵伯所憩'②。周人之于邵公也，爱其人，犹敬其所舍之树，况祖宗其功德而可以不尊奉其庙焉？"

◎**注释** ①〔祭典〕关于祭祀礼仪规范的书籍的合称。②〔"蔽芾（fèi）甘棠，勿翦勿伐"，"邵伯所憩"〕语出《诗经·召南·甘棠》。蔽芾，形容树高大的样子。邵伯，名虎，姬姓，周宣王时被封在召，伯爵。

◎**大意** 子羔问："祭典当中记载说：'以前有虞氏以颛顼为祖、以尧为宗，夏后氏以颛顼为祖、以禹为宗，殷人以契为祖、以汤为宗，周人以文王为祖、以武王为宗。'四代设立的这些祖、宗，有的是自己有功德的先祖，这可以理解；但有的却是以前朝代的人，比如有虞氏以尧为宗、夏朝以颛顼为祖，这也是可以的吗？"孔子告诉他：这些异代的祖、宗，功德也很大，所以尽管在不同朝代，仍然能够作为祖、宗被保留宗庙。如同《诗》中所描绘的那样，人们会因为爱戴、思念召公而不忍砍伐召公休息时靠过的甘棠树，那么要效仿学习先人的功德，怎能不遵奉他们的祭庙呢？

辩乐解

第三十五

本篇主要分为三部分，第一部分介绍了孔子从师襄子学琴的情况；第二部分记载了孔子因批评子路琴声而展开的关于君子之音的内容；第三部分记载了孔子与宾牟贾就《武》舞问题的讨论，主要是孔子对《武》舞各动作流程内涵的说明。因都与音乐有关，故名"辩乐解"。

音乐由人心而生，是人心、人情的直接产物，最能触动人心。因此，中国古代非常重视乐的社会教化功能，孔子也不例外。《礼记·乐记》中就说："礼以道其志，乐以和其声，政以一其行，刑以防其奸。礼乐刑政，其极一也。"音乐既然是教化人心的重要手段，对于音乐的学习就不能仅限于技巧的熟练。孔子在学琴时，就十分重视对音乐蕴含的思想内涵的理解，以及对作者思想感情的体会。

不过，在古人的语言系统中，音与乐的内涵是截然不同的，唯有德音才能称得上是乐。本篇中孔子对所谓的德音进行了说明：温柔居中的南音，可以让人心情平和、心性坚韧，这样的音乐才是君子之乐，才能起到修养身心、美化风俗的作用。反之，那些亢奋激烈而没有节制的北鄙之音，带着杀伐之气，只能让人沉醉于人欲之中，愈加荒淫暴乱，最终自食恶果。

周武王伐纣灭商后编排了《武》舞，以乐进行教化。所谓"王者功成作乐，治定制礼"，《武》舞既是对周武王功绩的歌颂，也反映了武王的治国理念。它与周武王的治国措施一起，彰显了武王的贤德，安抚了广大百姓，使"周道四达，礼乐交通"，呈现出治世盛景。

孔子学琴于师襄子①。襄子曰："吾虽以击磬为官，然能于琴。今子于琴已习②，可以益矣。"孔子曰："丘未得其数③也。"有间，曰："已习其数，可以益矣。"孔子曰："丘未得其志④也。"有间，曰："已习其志，可以益矣。"孔子曰："丘未得其为人⑤也。"有间，孔子有所缪然⑥思焉，有所睪然⑦高望而远眺，曰："丘迨⑧得其为人矣。黮⑨而黑，颀然长，旷如望羊⑩，奄有四方⑪，非文王其孰能为此？"师襄子避席叶拱⑫而对曰："君子圣人也，其传曰《文王操》。"

◎注释　①〔师襄子〕春秋时鲁国乐官。孔子从师襄子学琴事，又见于《韩诗外传》卷五与《史记·孔子世家》。②〔习〕熟知，通晓。③〔数〕技艺，技巧。④〔志〕思想情感。⑤〔为人〕指人在形貌或品性方面所表现的特征。⑥〔缪然〕深思的样子。缪，通"穆"。⑦〔睪然〕高远貌。睪，通"皋"。⑧〔迨〕将近，差不多。⑨〔黮（dàn）〕黑。⑩〔旷如望羊〕志向广大、胸襟豁达。旷，豁达。望羊，远视貌，《释名·释姿容》："望羊。羊，阳也。言阳气在上，望之然也。"⑪〔奄有四方〕拥有天下。奄，覆也，盖也。⑫〔叶拱〕行礼的一种形式。两手环拱靠近胸口。

◎**大意**　孔子跟随师襄子学琴。师襄子先后三次告诉孔子这一首曲子已经练得很好，可以学些别的曲子了。但孔子分别以没掌握其中技巧、没领会其中的思想内涵、没理解这首曲子所描述的人物为由，继续练习同一首曲子。又过了一段时间，孔子描绘出了曲中所写的人物形象，并成功判断出该人物是周文王，师襄子大为惊叹，直呼孔子是真圣人，因为这首曲子相传就叫《文王操》。

子路鼓琴，孔子闻之，谓冉有曰："甚矣！由之不才也。夫先王之制音也，奏中声以为节①，流入于南，不归于北②。夫南者，生育之乡；北者，杀伐之域。故君子之音温柔居中，以养生育之气。忧愁之感，不加于心也；暴厉之动，不在于体也③。夫然者，乃所谓治安之风④也。小人之音则不然，亢丽微末⑤，以象杀伐之气。中和之感，不载于心；温和之动，不存于体。夫然者，乃所以为乱之风。昔者舜弹五弦之琴，造《南风》之诗，其诗曰：'南风之熏兮，可以解吾民之愠兮；南风之时兮，可以阜吾民之财兮。⑥'唯修此化⑦，故其兴也勃⑧焉，德如泉流，至于今，王公大人述而弗忘。殷纣好为北鄙之声⑨，其废也忽焉，至于今，王公大人举⑩以为诫。夫舜起布衣，积德含和，而终以帝。纣为天子，荒淫暴乱，而终以亡，非各所修之致乎？由，今也匹夫之徒，曾无意于先王之制，而习亡国之声，岂能保其六七尺之体哉？"

冉有以告子路，子路惧而自悔，静思不食，以至骨立。夫子曰："过而能改，其进矣乎。"

◎**注释**　①〔奏中声以为节〕以中和之声为标准节制声音，使之不陷入偏激。《左传·昭公元年》："先王之乐，所以节百事也，故有五节，迟速本末以相及，中声以降，五降之后，不容弹矣。"②〔流入于南，不归于北〕风格属于南方，而不同于北方。据下文可知，南方的声音风格是温柔居中的，北方的声音则有暴厉杀伐之气。流，流派，风格。③〔暴厉之动，不在于体也〕不会出现暴躁粗鲁的举动。④〔治安之风〕使社会安定太平的音乐。风，声音，歌谣。⑤〔亢丽微末〕指声音激烈尖细。⑥〔南风之熏兮，可以解吾民之愠兮；南风之时兮，可以阜吾民之财兮〕南风温柔和煦，可以消解人们的怨怒之气；南风来得恰得其时，可以帮助人们增加财富。熏，暖和。阜，增加。⑦〔唯修此化〕只有推行这种教化。⑧〔勃〕突然，猛然。⑨〔北鄙之声〕殷纣时一种粗俗放荡的音乐。后世视为亡国之声。《史记·乐书》："纣为朝歌北鄙之音，身死国亡……夫朝歌者不时也，北者败也，鄙者陋也，纣乐好之，与万国殊心，诸侯不附，百姓不亲，天下畔之，故身死国亡。"⑩〔举〕全，都。

◎**大意**　子路的琴声带有杀伐之气，因而遭到了孔子的严厉批评。孔子说道：先王创制的君子之乐，是温柔中和的。南方那种温柔中和的音乐，可以培养君子的中正品质、长养生命。相反，北方那种激烈亢奋的音乐，则会引起人内心中的忧愁狂躁，是小人之乐。舜唱着中和的《南风》诗歌，从普通平民成了功德昭著的天子，而纣本为天子，却因喜好北鄙之声而不得善终。如今，子路身为一介平民，却学习纣王喜欢的那种杀伐之声，还能保全自己的生命吗？子路听说了孔子的这番话后，十分后悔，进行了深刻的反思，孔子对此十分赞赏，认为有错能改就是很大的进步。

　　周宾牟贾①侍坐于孔子。孔子与之言，及乐②，曰："夫《武》③之备诫之以久④，何也？"对曰："病疾不得其众⑤。"

　　"咏叹之，淫液之⑥，何也？"对曰："恐不逮事⑦。"

　　"发扬蹈厉之已蚤⑧，何也？"对曰："及时事⑨。"

　　"《武》坐致右而轩左⑩，何也？"对曰："非《武》坐。"

　　"声淫及商⑪，何也？"对曰："非《武》音也。"

　　孔子曰："若非《武》音，则何音也？"对曰："有司失其传也。"

　　孔子曰："唯⑫丘闻诸苌弘⑬，亦若吾子之言是也。若非有司失其传，则武王之志荒矣⑭。"

宾牟贾起，免席⑮而请曰："夫《武》之备诫之以久，则既闻命⑯矣。敢问迟矣而又久立于缀⑰，何也？"

子曰："居⑱，吾语尔。夫乐者，象成者也⑲。总干而山立⑳，武王之事也㉑。发扬蹈厉，太公之志也㉒。《武》乱皆坐㉓，周、邵之治也。且夫《武》，始成㉔而北出，再成而灭商，三成而南反㉕，四成而南国是疆㉖，五成而分陕，周公左、邵公右，六成而复缀㉗，以崇其天子焉。众夹振焉而四伐㉘，所以盛威于中国。分陕而进，所以事蚤济㉙。久立于缀，所以待诸侯之至也。

"今汝独未闻牧野之语㉚乎？武王克殷而反商之政㉛，未及下车，则封黄帝之后于蓟，封帝尧之后于祝，封帝舜之后于陈；下车又封夏后氏之后于杞，封殷之后于宋，封王子比干之墓，释箕子之囚，使人行商容之旧，以复其位㉜，庶民弛政㉝，庶士倍禄。既济河西㉞，马散之华山之阳而弗复乘，牛散之桃林㉟之野而弗复服，车甲则衅㊱之而藏诸府库以示弗复用。倒载㊲干戈而包之以虎皮，将率㊳之士使为诸侯，命之曰鞬橐㊴，然后天下知武王之不复用兵也。散军而修郊射㊵，左射以《狸首》，右射以《驺虞》㊶，而贯革之射息也㊷；裨冕搢笏㊸，而虎贲之士㊹脱剑；郊祀后稷，而民知尊父焉；配明堂㊺，而民知孝焉；朝觐，然后诸侯知所以臣；耕籍㊻，然后民知所以敬亲。六者，天下之大教也。食三老五更于太学㊼，天子袒而割牲，执酱而馈，执爵而酳㊽，冕而总干㊾，所以教诸侯之弟㊿也。如此，则周道四达，礼乐交通○51。夫《武》之迟久○52，不亦宜乎？"

◎**注释** ①〔宾牟贾〕孔子弟子，姓宾牟，名贾。②〔及乐〕话题谈到了音乐。③〔《武》〕表现武王伐纣的乐舞。④〔备诫之以久〕《武》舞开始前击鼓警众的时间持续得很长。备诫，鸣鼓以戒士众。⑤〔病疾不得其众〕担心不得士众之心。⑥〔淫液之〕声音绵延不绝。⑦〔恐不逮事〕担心诸侯还没来得及赶过来一起伐纣。逮，及，赶得上。⑧〔发扬蹈厉之已蚤〕舞蹈动作一开始就威武猛烈。《史记·乐书》："发扬蹈厉之已蚤，何也？"张守节正义："发，初也。扬，举袂也。蹈，顿足蹋地。厉，颜色勃然如战色也。"蚤，通"早"。⑨〔及时事〕把握伐纣的最佳时机。⑩〔《武》坐致右而轩左〕《武》舞跪地的姿势是右膝跪地，左膝抬起。坐，跪姿。致，轩，上举，扬起。⑪〔声淫及商〕《武》舞中杂有表示杀伐的商调。五声中的商，被称为"秋声"，是表达肃杀的哀思之音。⑫〔唯〕应答声。⑬〔苌弘〕春秋时周大夫，通晓天象历数之学，孔子曾向其学习雅乐。⑭〔武王之志荒矣〕武王的心智迷乱了。荒，放纵，迷乱。⑮〔免席〕犹避席。离开座位，以示恭敬。⑯〔既闻命〕已经听到您的教诲了。⑰〔迟矣而又久立于缀〕表演者久久站在位置上不动。迟，等待。缀，表演者所处的位置。⑱〔居〕坐下。⑲〔夫乐者，象成者也〕乐舞是用来表现事业的成功的。象，象征。⑳〔总干而山立〕拿着盾牌像山一样挺立。总，持。干，盾牌。㉑〔武王之事也〕象征武王准备进行伐纣事宜。㉒〔太公之志也〕象征姜太公伐纣灭商的雄心壮志。㉓〔《武》乱皆坐〕《武》舞终章，全体表演者均跪坐。㉔〔成〕一曲终了是为一成，一成即乐曲的一个段落。《尚书·益稷》："箫韶九成，凤凰来仪。"孔颖达疏："成犹终也，每曲一终，必变更奏。"㉕〔南反〕挥兵南下。㉖〔南国是疆〕以南方国家为疆界。意为将南方国家都收入了版图。㉗〔复缀〕回到乐舞开始的位置。㉘〔众夹振焉而四伐〕表演者们被摇动金铎的人包围着，并按照铎声节奏向四方刺击。夹振，《武》舞以二人振铎夹舞者，象征王与大将，其他舞者动作要按照振铎的节奏进行。伐，一刺一击为一伐。㉙〔分陕而进，所以事蚤济〕表演者分两列前进，象征分陕而治，表示伐纣事早已成功。㉚〔牧野之语〕关于武王伐纣事情的传说。牧野，殷都朝歌的郊外之地，周武王在此誓师，与商纣王军队展开大战。㉛〔反商之政〕可以理解为"返商之正"，意思是拨乱反正，改变了商纣王时期恶败的政治。㉜〔使人行商容之旧，以复其位〕派人去访察商容，想恢复商容的职位。商容，商纣王时期主掌礼乐的大臣，著名贤者，周武王灭商后，欲封其为三公，辞不受，武王遂表商容之闾以示对忠臣贤者的尊敬。行，巡视也，这里为寻找意。㉝〔庶民弛政〕指去除纣王时的苛政，让老百姓休养生息。㉞〔既济河西〕周武王伐纣后渡过黄河，西还镐京以后。济，渡河。㉟〔桃林〕古地区名，在今河南灵宝以西，陕西潼关以东地区。㊱〔衅〕血祭，杀生取血涂物以祭。㊲〔倒载〕倒过来放。㊳〔率〕通"帅"。㊴〔命之曰鞬櫜（jiān gāo）〕把这一系列的行动称之为鞬櫜。鞬櫜，本义为藏弓箭之器，这里指闭藏兵甲。㊵〔郊射〕于郊外学官学习射礼。㊶〔左射以《狸首》，右射以《驺虞》〕东学官按照《狸首》的节奏射箭，西学官按照《驺虞》的节奏射箭。《狸首》，逸诗篇名。《仪礼·大射》："乐正命大师奏《狸首》。"郑玄注："狸之言不来也。其诗有'射诸侯首不朝者'之言，因以名篇。"《驺虞》，《诗经·召南》中的一首诗，描述射箭打猎场景。㊷〔贯革之射息也〕强调要贯穿皮革盔甲的射法就停止了。㊸〔裨（pí）冕搢（jìn）笏〕裨冕，古代诸侯卿大夫朝觐或祭祀时所穿冕服的通称，与衮冕或上一等冕服相对而言，是稍微次一等的礼服。搢笏，插笏。古代君臣朝见时均执笏，用以记事备忘，不用时插于腰带上。㊹〔虎贲之士〕指勇士。虎贲，如虎一样快速奔走的兵士。㊺〔配明堂〕在明堂祭祀上帝而以先祖配享。明堂，王者之堂，是古代帝王宣明政教的地方。凡朝会、祭祀、庆赏、选士、养老、教学等大典，都在此举行。㊻〔耕籍〕古代时每年春耕前，天子、诸侯举行亲耕籍田仪式，种植供祭祀用的谷物，并以示劝农。历代皆有此制，称为耕籍礼或籍田礼。㊼〔食三老五更于太学〕在太学设宴款待三老五更。《礼记·文王世子》："适东序，释奠于先老，遂设三老、五更、群老之席位焉。"郑玄注："三老五更各一人也，皆年老更事致仕者也，天子以父兄养之，示天下之孝悌也。名以三五者，取象三辰五星，天所因以照明天下者。"食，拿东西给别人吃，引申为招待。㊽〔执爵而酳（yìn）〕端着酒杯向三老五更敬漱口酒。酳，吃东西后以酒漱口，古代宴会或祭祀时的一种礼节。㊾〔冕而总干〕天子亲自戴上帽子，手持盾牌而舞。㊿〔弟〕通"悌"。51〔交通〕通行天下。与"四达"同意。52〔迟久〕等待的时间很长。

◎**大意** 宾牟贾陪孔子坐着，谈话间聊到了乐的话题。宾牟贾便向孔子请教了《武》乐中一些动作安排的内涵，孔子一一做了解答。最后宾牟贾十分郑重地离席起身问道："为什么《武》舞开始后表演者久久站在原位不动呢？"

孔子让宾牟贾坐下后，解释道：乐是用来表现功绩的。手执盾牌、如山站立，是表现武王召集军队、准备伐纣的样子；猛然手舞足蹈，象征姜太公伐纣灭商的雄心壮志；《武》舞终章，表演者全体跪坐，象征周、召二公辅佐武王成功治理天下。《武》舞共分六章，前五章分别都对应着武王伐纣灭商、南面称天子的进程，最后一章时，所有的表演者都回到原来站立的位置，是为了表达对天子的尊崇。表演者们被摇动金铎的人包围着，并按照铎声节奏向四方刺击，是为了表现周的强大和威严。舞者分两拨前进，象征着周、召二公的分陕而治，表示伐纣之事早已成功。表演者久久站立于原位，表示等待诸侯前来朝觐周天子。伐纣灭商之后，周武王又是纠正商朝政治的偏颇之处，又是分封先代帝王后代和有功将帅，又是褒扬商纣王时期的贤臣，又是优待普通士人和减轻百姓负担，又是解散军队、封存战备，十分繁忙。当军士都开始修习郊射之礼时，逞勇斗狠的杀射就停止了；当官员们都依礼制穿戴好官服，将士们就都不再佩剑了；在南郊祭祀后稷，人们就都会懂得尊重父亲了；在明堂以先祖配享祭祀上帝，人们就都会懂得孝道了；实行朝觐制度，天下的诸侯就都知道该怎么做天子的臣子了；天子举行耕籍之礼，人们就都会知道如何尊敬父母了。这六项，在治理国家中尤为重要。天子在太学中宴请三老五更，亲自周旋其间，照顾进食并跳舞助兴，是为了教导诸侯尊敬兄长。如此一来，周朝就政教畅行四方、礼乐和合兴盛了。因此，《武》舞等待时间长，是理所当然的。

问玉

第三十六

本篇可以分为三个部分，因第一部分记子贡向孔子问玉的事情，故以"问玉"名篇。

珉与玉同样都是石头，两者的外形十分相似，君子却贵玉而贱珉，子贡对此十分不解。孔子解释说这是因为玉的很多品质都可象征美德。在这里，孔子向我们展现了当时的人对于美德的理解。按照孔子的解释，美德具有仁、智、义、礼、乐、忠、信、天、地、德、道十一个范畴，这十一个范畴层层深入，不断拔高，直到与天地互参，将道、德内化。

这样崇高的君子人格如何才能形成？唯有教化。本篇第二部分是孔子专论"六经"之教的内容。孔子首先通论"六经"之教，分别指出"六经"之教的益处与不足，认为只要趋益除弊，就能充分理解"六经"。这段材料对于研究孔子与"六经"的关系，研究孔子的"六经"之教思想有重要价值。除了"六经"这样汇聚了先圣先贤智慧的典籍，人们还可以从天地之教中获得启发。在"六经"之教后，孔子紧接着阐述了天地之教的含义，认为风霜雨露繁育万物实为天地之教化。圣人秉清明之德，与天地互参，犹如神助，是天下国家的支柱。

毋庸置疑，圣人的道德境界很高，但他们是如何教化百姓的呢？对于子张的这个疑问，孔子认为圣人只要施行自己精通的礼乐，不需要一丝不苟的礼仪程式，一切就可以自然而然实现，因为"言而可履，礼也；行而可乐，乐也"。孔子还以室有奥阼、席有上下、立有列序等事例形象地说明了礼制，即秩序的重要性。所谓"无规矩不成方圆"，社会安定和谐需要规矩，而规矩的形成需要每个人准确地自我定位，这就是古代礼制对等级、性别、年龄等进行区分的原因。今天人们一提到古代礼制的等级性等特点，就认为是落后腐朽的，这其实是一种误读。

子贡问于孔子曰："敢问君子贵玉而贱珉①，何也？为玉之寡而珉多欤？"孔子曰："非为玉之寡故贵之，珉之多故贱之。夫昔者君子比德于玉②：温润而泽，仁也③；缜密以栗，智也④；廉而不刿，义也⑤；垂之如坠，礼也⑥；叩之，其声清越而长，其终则诎然⑦，乐矣；瑕不掩瑜，瑜不掩瑕，忠也；孚尹旁达⑧，信也；气如白虹⑨，天也；精神见于山川⑩，地也；珪璋特达，德也⑪；天下莫不贵者，道也。《诗》⑫云：'言念君子，温其如玉。'故君子贵之也。"

◎**注释** ①〔珉（mín）〕石之似玉而美者。②〔比德于玉〕以玉的品质比拟人的美德。③〔温润而泽，仁也〕玉看起来柔和温润而有光泽，有如温厚仁者的形象。④〔缜密以栗，智也〕玉周密坚实，有如智者处理问题的那份缜密细致。栗，坚实。⑤〔廉而不刿，义也〕玉有棱角却不至于割伤别人，有如有义之士，讲原则但仍充满人情味，能随机制宜。廉，棱角。刿，割伤。⑥〔垂之如坠，礼也〕玉总是向下垂坠，就像有礼之人总是十分谦卑。⑦〔诎然〕戛然而止的样子。⑧〔孚尹旁达〕玉的色彩晶莹发亮，光彩外露而没有丝毫掩藏。孚，通"浮"。尹，通"筠"，本义为竹子的青皮。孚尹，指玉的色彩。旁达，通达于周旁。⑨〔气如白虹〕玉身有隐隐光气如白色长虹。⑩〔精神见于山川〕精气显露于山川之中。古人认为美玉都有一种精气光辉，是以陆机《文赋》里说："石韫玉而山辉，水怀珠而川媚。"⑪〔珪璋特达，德也〕行朝聘之礼时，珪璋可不加束帛，单独送达君王，就像有德者，不需假借他物，就可左右逢源。珪璋，玉制的礼器。⑫〔《诗》〕《诗经·秦风·小戎》。

◎ **大意** 子贡问孔子，君子更看重玉而不以珉为贵的原因。孔子否定了子贡玉少珉多的猜测，告诉子贡这是因为古代君子以玉的品质比拟人的仁、智、义、礼、乐、忠、信等美德，玉甚至还有天、地、德、道的某些特质，因而受到君子的珍视。

孔子曰："入其国，其教①可知也。其为人也，温柔敦厚，《诗》教也；疏通知远②，《书》教也；广博易良③，《乐》教也；洁静精微④，《易》教也；恭俭庄敬⑤，《礼》教也；属辞比事⑥，《春秋》教也。故《诗》之失，愚⑦；《书》之失，诬⑧；《乐》之失，奢；《易》之失，贼⑨；《礼》之失，烦⑩；《春秋》之失，乱。其为人也，温柔敦厚而不愚，则深于《诗》者矣；疏通知远而不诬，则深于《书》者矣；广博易良而不奢，则深于《乐》者矣；洁静精微而不贼，则深于《易》者矣；恭俭庄敬而不烦，则深于《礼》者矣；属辞比事而不乱，则深于《春秋》者矣。

"天有四时者，春夏秋冬，风雨霜露，无非教也。地载神气，吐纳雷霆，流形庶物⑪，无非教也。清明在躬，气志如神⑫，有物将至，其兆必先。是故，天地之教与圣人相参⑬。其在《诗》⑭曰：'嵩高惟

岳，峻极于天。惟岳降神，生甫及申。惟申及甫，惟周之翰⑮。四国于
蕃，四方于宣⑯。'此文、武之德。'矢其文德，协此四国⑰。'此文
王之德也。凡三代之王，必先其令问⑱。《诗》云：'明明天子，令问
不已⑲。'三代之德也。"

◎**注释** ①〔教〕教化。②〔疏通知远〕深入了解历史知识，并有远见。知远，了
解历史知识。③〔广博易良〕胸怀豁达，平易善良。④〔洁静精微〕清净正派而能
穷理尽性。精微，指对性理的精深微妙处颇有心得。⑤〔恭俭庄敬〕恭顺、节制、
庄重、敬慎。⑥〔属辞比事〕连缀文辞，排比史事。⑦〔《诗》之失，愚〕《诗》
学偏了，人就容易憨愚。⑧〔诬〕指所知历史失实。⑨〔贼〕荒诞不经，有悖于
正理。⑩〔烦〕繁文缛节让人烦扰。⑪〔流行庶物〕万物因受自然之滋育而运动
变化其形体。⑫〔清明在躬，气志如神〕心地光明正大，头脑清晰明辨，精神心志
有如神仙。躬，身也。⑬〔相参〕相互参验配合。⑭〔《诗》〕这里指《诗经·大
雅·崧高》。⑮〔翰〕原为筑墙时竖立两旁以障土之木柱，引申为骨干。⑯〔四国于
蕃，四方于宣〕王肃注："言能潘屏四国，宣王德化于天下也。"⑰〔矢其文德，
协此四国〕施行文治德政，和洽天下。矢，施也。⑱〔令问〕美好的声名。问，通
"闻"。⑲〔明明天子，令问不已〕见《诗经·大雅·江汉》。明明，勤勉之意。
问，今本《毛诗》《礼记》等均作"闻"。

◎**大意** 孔子说：进入一个国家就能看出这个国家的教化情况。《诗》能培养人
温柔敦厚的气质；《书》能让人历史知识丰富且有远见卓识；《乐》能让人胸
怀豁达，平易善良；《易》能净化内心，让人学会精察隐微、穷理尽性；《礼》
能让人们学会慎重节制，变得恭敬端庄；《春秋》能让人学会连缀文辞，排比史
事。不过，学习"六经"过程中也要注意不能学偏了，否则就会憨愚不知变通、
记错史实、奢侈浮华、流于荒诞、烦琐难当、不明白史书体例而造成混乱等。真
正深入接受了"六经"的教化之后，就会德行完备。德行完备，就会誉满天下。
而德行最高的圣人，可达到与天地之教相辅相成的境界。

子张问圣人之所以教。孔子曰："师乎，吾语汝。圣人明于礼

乐，举而措之①而已。”

子张又问。孔子曰："师，尔以为必布几筵②，揖让升降，酌献酬酢③，然后谓之礼乎？尔以为必行缀兆④，执羽龠，作钟鼓，然后谓之乐乎？言而可履⑤，礼也；行而可乐⑥，乐也。圣人力此二者，以躬己南面⑦。是故天下太平，万民顺伏，百官承事⑧，上下有礼也。夫礼之所以兴，众之所以治也；礼之所以废，众之所以乱也。目巧之室则有奥阼⑨，席则有上下，车则有左右，行则并随⑩，立则有列序，古之义也。室而无隩阼，则乱于堂室矣；席而无上下，则乱于席次矣；车而无左右，则乱于车上矣；行而无并随，则乱于阶涂⑪矣；列而无次序，则乱于著矣。昔者明王圣人，辩贵贱长幼，正男女内外，序亲疏远近，而莫敢相逾越者，皆由此涂出也。"

◎**注释**　①〔举而措之〕将礼乐应用施行。②〔几筵〕几，案几，小矮桌。筵，古人坐的席子。③〔酌献酬酢（zuò）〕泛指宴饮时的礼节动作。④〔缀兆〕缀，舞者的位置。兆，舞者表演时的进退范围。⑤〔言而可履〕说的话能被实行兑现。⑥〔行而可乐〕做的事情能让人们都高兴。⑦〔躬己南面〕端肃己身，治理天下。躬，通"恭"。南面，面朝南边，古代不同方位代表不同身份关系，无论是天子、诸侯还是卿大夫，当其以最高长官身份出现，都是面朝南的。⑧〔承事〕尽职治事。⑨〔目巧之室则有奥阼〕即使只凭目测构思建造的房屋，也有内外室与东西阶的区别。奥，室内西南角，引申为内室。⑩〔行则并随〕行走时有的情况是肩并肩走，有的情况是跟随其后走。⑪〔涂〕通"途"。

◎**大意**　子张问圣人是怎样施行教化的。孔子说圣人精于礼乐，然后推行礼乐罢了。子张表示不明白。孔子又继续解释：不是只有摆下案几、铺下筵席，作揖谦让、依礼上下台阶、相互敬酒酬答等才叫礼，不是只有舞者排列有序、手拿舞具、敲击乐器才叫乐。说的话能实行，就是礼；做的事情值得高兴，就是乐。圣人在这两方面下功夫，就能君临天下，治理好整个国家。礼、乐就是为了使人们明白尊卑长幼之序，从而实现社会有序。

屈节解

第三十七

　　前一篇《问玉》中提到了君子品格及其培养方式，即使君子品德再高尚、能力再出众，也有怀才不遇的时候。正如孔子所说的那样，"夫遇不遇者，时也，贤不肖者，才也。君子博学深谋而不遇时者，众矣"。贤君当世，政治清明的时候，君子自然能够尽情施展才能，但当昏君抑或暴君在位时，君子又当如何自处呢？

　　孔子曾经说"鸟则择木，木岂能择鸟"，显示了其不屈于权贵的气节和不妥协的品质。本书《儒行解》中，孔子所描绘的君子儒也是理想信念坚定、道德情操高尚、刚毅而有原则的。孔子认为："君子之行己，期于必达于己，可以屈则屈，可以伸则伸。故屈节者所以有待，求伸者所以及时。"孔子希望道行于世，追求道义的实现。为此，他认为能屈抑的时候可以屈抑，能够施展的时候就施展，屈抑志节是为了有所期待，谋求施展应当抓住时机，却不能损毁志节，实现理想不能违反道义。

本篇分为四部分，第一部分，孔子阐述了君子当与时屈伸以实现志向的观点；第二部分，记载了厌恶佞者的孔子为救母邦鲁国，派弟子子贡逞口才游说各国的故事；第三部分，介绍了孔子弟子宓子贱明明具有治世之才，却甘愿担任鲁国单父地方长官的故事；第四部分则记载了孔子甘心被戏谑，仍与放浪不羁的老相识原壤保持交往的故事。总的来说，这四部分内容都与委曲求全有关，故以"屈节解"名篇。

其实，屈节不代表孔子面对现实情况有所妥协，反之，更是其政治品格一贯性的表现。孔子曾对比伯夷、叔齐的不降其志、不辱其身，柳下惠、少连的降志辱身以及虞仲、夷逸的隐居放言，认为自己与这些先贤不同，自己无可无不可。所谓无可无不可，就是《周易》中强调的与时偕行，动静不失其时，这才是孔子思想的一贯性所在，也是孔子的圣人高度所在。

子路问于孔子曰："由闻丈夫居世①，富贵不能有益于物②，处贫贱之地而不能屈节以求伸③，则不足以论乎人之域④矣。"孔子曰："君子之行己⑤，期于必达于己⑥，可以屈则屈，可以伸则伸。故屈节者所以有待⑦，求伸者所以及时⑧。是以虽受屈而不毁其节⑨，志达而不犯于义⑩。"

◎**注释**　①〔居世〕活在世上。②〔富贵不能有益于物〕生活富裕、地位尊贵却没有对万物做出一点贡献。③〔屈节以求伸〕暂时放低姿态以求得伸展志向。屈节，降低身份以相从。④〔不足以论乎人之域〕不能算作人。⑤〔行己〕立身行事。⑥〔期于必达于己〕以通达为自我要求与期望。期，希望。⑦〔有待〕等待时机，有所期待。⑧〔及时〕抓住时机。⑨〔虽受屈而不毁其节〕纵然受到压抑也不会改变其气节操守。⑩〔志达而不犯于义〕得以一展宏图时也不会做出违背道义之事。

◎**大意**　子路向孔子请教："我听说大丈夫活在世上，富贵的话如果不能惠及其他，贫贱的话如果不能降低身段以求得通达，就不足以称为人了。"孔子说："君子立身行事，只求使自己越来越通达，需要放下身份的时候就放下身份，能伸展志向的时候就一展抱负。所以，君子放下身份，是因为有所期待，一展抱负是为了把握住好时机。因此，放下身份的时候，君子的气节仍然不受损毁，一展抱负的时候，君子也不会违背道义。"

孔子在卫，闻齐国田常①将欲为乱，而惮鲍、晏②，因欲移其兵以伐鲁。孔子会诸弟子而告之曰："鲁，父母之国，不可不救，不忍视其受敌。今吾欲屈节于田常以救鲁，二三子谁为使？"于是子路曰："请往齐。"孔子弗许。子张请往，又弗许。子石③请往，又弗许。三子退，谓子贡曰："今夫子欲屈节以救父母之国，吾三人请使而不获往。此则吾子用辩④之时也，吾子盍请行焉？"子贡请使，夫子许之。

遂如齐，说⑤田常曰："今子欲收功于鲁，实难，不若移兵于吴，则易。"田常不悦。子贡曰："夫忧在内者攻强，忧在外者攻弱。吾闻子三封而三不成⑥，是则大臣不听令。战胜以骄主，破国以尊臣，而子之功不与焉⑦，则交日疏于主⑧，而与大臣争。如此，则子之位危矣。"田常曰："善！然兵甲已加鲁矣，不可更，如何？"子贡曰："缓师，吾请于吴，令救鲁而伐齐，子因⑨以兵迎之。"田常许诺。

子贡遂南，说吴王曰："王者不灭国⑩，霸者无强敌。千钧之重，加铢两而移⑪。今以齐国而私⑫千乘之鲁，与吴争强，甚为王患之。且夫救鲁以显名，以抚泗上⑬诸侯，诛暴齐以服晋，利莫大焉。名存亡鲁，实困强齐，智者不疑。"吴王曰："善！然吴常困越，越王今苦身养士，有报⑭吴之心。子待我先越，然后乃可。"子贡曰："越之劲不过鲁，吴之强不过齐，而王置齐⑮而伐越，则齐必私鲁矣。王方以存亡继绝⑯之名，弃齐而伐小越，非勇也。勇者不避难，仁者不穷约⑰，智者不失时，义者不绝世。今存越，示天下以仁，救鲁伐齐，威加晋国，诸侯必相率而朝，霸业盛矣。且王必恶越，臣请见越君，令出兵以从，此则实害越而名从诸侯以伐齐。"吴王悦，乃遣子贡之越。

越王郊迎⑱，而自为子贡御⑲，曰："此蛮夷之国，大夫何足俨然⑳辱而临之㉑？"子贡曰："今者，吾说吴王以救鲁伐齐，其志欲之㉒，而心畏越，曰：'待我伐越而后可。'则破越必矣。且无报人之志而令人疑之，拙矣；有报人之意而使人知之，殆㉓矣；事未发而先闻者㉔，危矣。三者，举事之患㉕矣。"勾践顿首㉖曰："孤尝不料力而兴吴难㉗，受困会稽，痛于骨髓，日夜焦唇干舌，徒㉘欲与吴王接踵而死㉙，孤之愿也。今大夫幸告以利害。"子贡曰："吴王为人猛暴，群臣不堪，国家疲弊，百姓怨上，大臣内变，申胥㉚以谏死，大宰嚭㉛用事㉜，此则报吴之时也。王诚能发卒佐之，以邀射其志㉝，而重宝以悦其心，卑辞以尊其礼，则其伐齐必矣。此圣人所谓屈节求其达者也。彼战不胜，王之福；若胜，则必以兵临晋。臣还北请见晋君共攻之，其弱吴必矣。锐兵尽于齐，重甲困于晋，而王制其弊㉞焉。"越王顿首许诺。

子贡返五日，越使大夫文种㉟顿首言于吴王曰："越悉㊱境内之士三千人以事吴。"吴王告子贡曰："越王欲身从寡人㊲，可乎？"子贡曰："悉人之众，又从其君，非义也。"吴王乃受越王卒，谢㊳留勾践。遂自发国内之兵以伐齐，败之。子贡遂北见晋君，令承其弊㊴。吴、晋遂遇㊵于黄池㊶。越王袭吴之国，吴王归与越战，灭焉。

孔子曰："夫其乱齐存鲁，吾之始愿。若㊷能强晋以弊吴，使吴亡而越霸者，赐之说之也。美言伤信㊸，慎言哉！"

◎**注释** ①〔田常〕即田成子，又称陈成子，名恒，汉朝为汉文帝刘恒避讳，称为田常。公元前481年，田常杀死齐简公，拥立齐平公，尽杀鲍、晏诸族，扩大自己的封邑，从此齐国由田氏专权。②〔鲍、晏〕鲍氏、晏氏。齐国的两大家族。③〔子石〕公孙龙，孔子学生。④〔用辩〕施展口才。⑤〔说〕游说，劝说。⑥〔三封而三不成〕多次将要接受国君封赐，最后却都没有实行。封，君王以土地、爵位等赐人，这里指受封。⑦〔战胜以骄主，破国以尊臣，而子之功不与焉〕打胜仗、消灭了别国的话，只能让国君更加骄纵，带兵打仗的臣子因建立军功而更加尊贵，而您的功劳反而得不到任何肯定。⑧〔交日疏于主〕与国君的关系日渐疏离。⑨〔因〕趁机。⑩〔王者不灭国〕天子不会灭人之国，也不会看着某一诸侯国被人灭亡。⑪〔千钧之重，加铢两而移〕就算两边都有千钧之重，一边哪怕只多加了一铢一两的重量，都可以超过另一边。钧、两、铢，古代重量单位，二十四铢为一两，十六两为一斤，三十斤为一钧。⑫〔私〕指私自吞并。⑬〔泗上〕泛指泗水北岸地区。⑭〔报〕报复。⑮〔置齐〕不管齐国。⑯〔存亡继绝〕恢复灭亡了的国家，延续没落了的家族。古人认为"兴灭国，继绝世"是道义的行为。⑰〔仁者不穷约〕仁者不在困顿的时候窘迫无措。穷，窘迫。约，条件艰苦、环境恶劣。⑱〔郊迎〕在郊外迎接。古代出郊迎宾，以示隆重、尊敬。⑲〔自为子贡御〕亲自为子贡驾车。⑳〔俨然〕庄重肃穆的样子。㉑〔辱而临之〕屈尊到此。㉒〔其志欲之〕他有意向去解救鲁国讨伐齐国。㉓〔殆〕危险。㉔〔事未发而先闻者〕还没去攻打别人就已经被别人知道了。㉕〔举事之患〕做事情的大忌。㉖〔顿首〕即磕头，九拜礼之一。因行礼时，头至地稍顿即起，故名。顿首是拜礼中次重者，通常是古代地位相等或平辈之间互相表达敬意的礼节。㉗〔不料力而兴吴难〕不自量力而发兵攻打吴国。㉘〔徒〕只，仅仅。㉙〔接踵而死〕同归于尽。接踵，接触到前面人的脚后跟，引申为相继、相从、紧接着。㉚〔申胥〕即伍子胥，因被封于申，也称申胥。曾多次劝谏吴王夫差灭越杀勾践，后被夫差赐死。㉛〔大宰嚭〕即吴国太宰伯嚭，为人贪财好利。㉜〔用事〕执政当权。㉝〔邀射其志〕顺应并推动其好大喜功的想法。邀射，谋取。㉞〔制其弊〕在吴国疲敝的时候攻克它。制，克也。㉟〔文种〕越王勾践的谋臣，和范蠡一起为勾践最终打败吴王夫差立下赫赫功劳。㊱〔悉〕尽，穷尽。㊲〔越王欲身从寡人〕越王勾践想要亲自跟随我去打仗。㊳〔谢〕推辞，拒绝。㊴〔令承其弊〕让晋国趁机迎击疲困的吴国军队。㊵〔遇〕诸侯未及期相见曰遇。㊶〔黄池〕古地名，位于今河南封丘西南。㊷〔若〕至于。㊸〔美言伤信〕逞口才往往有损诚信。美言，美饰之言。

◎ **大意** 孔子在卫国时听闻齐国田常作乱，为防止鲍、晏二家族反对自己，遂准备伐鲁以转嫁国内矛盾。孔子召集弟子说明情况，希望有弟子能阻止齐国伐鲁。子路、子张、子石三人先后主动请缨却都不被孔子准许。最终孔子同意由子贡担此重任。

子贡首先来到齐国，劝说田常同意缓侵鲁之兵转而攻打吴国。接着子贡来到了吴国，一番巧舌之下，子贡说动吴王夫差救鲁伐齐。接着，子贡又根据越王勾践欲灭吴而后快的心理，劝说越王勾践暂且表面顺从吴国，跟随吴国一起伐齐。吴国打败齐国之后，子贡最后来到晋国，让晋国趁机攻吴。吴、晋两国军队在黄池地区展开斗争的同时，越王勾践也带兵侵袭吴国，吴王夫差回师，却没能成功抵挡越国军队，吴国最终被灭。

孔子弟子有宓子贱①者，仕于鲁，为单父宰②。恐鲁君听谗言，使己不得行其政，于是辞行，故请君之近史③二人，与之俱至官。宓子戒其邑吏，令二史书。方书辄掣其肘④，书不善则从而怒之，二史患之，辞请归鲁。宓子曰："子之书甚不善，子勉而归矣。"

二史归报于君曰："宓子使臣书而掣肘，书恶而又怒臣，邑吏皆笑之。此臣所以去之而来也。"鲁君以问孔子，子曰："宓不齐，君子也。其才任霸王之佐，屈节治单父，将以自试也。意者⑤以此为谏乎？"公寤⑥，太息而叹曰："此寡人之不肖。寡人乱宓子之政而责其善者，非矣。微⑦二史，寡人无以知其过；微夫子，寡人无以自寤。"遽⑧发所爱之使⑨，告宓子曰："自今已往，单父非吾有也，从子之制，有便于民者，子决为之。五年一言其要。"宓子敬奉诏，遂得行其政，于是单父治焉。躬敦厚，明亲亲，尚笃敬，施至仁，加恳诚，致忠信，百姓化之⑩。

齐人攻鲁，道由单父。单父之老请曰："麦已熟矣，今齐寇至，不及⑪人人自收其麦。请放民出，皆获傅郭之麦⑫，可以益粮，且不资于寇。"三请而宓子不听。俄而，齐寇逮于麦⑬。季孙闻之，怒，使人以让⑭宓子曰："民寒耕热耘，曾不得食，岂不哀哉？不知犹可，以告者而子不听，非所以为民也。"宓子蹴然⑮曰："今兹⑯无麦，明年可树⑰。若使不耕者获，是使民乐有寇。且得单父一岁之麦，于鲁不加强，丧之不加弱。若使民有自取⑱之心，其创必数世不息。"季孙闻之，赧然⑲而愧曰："地若可入，吾岂忍见⑳宓子哉！"

三年，孔子使巫马期㉑往观政焉。巫马期阴免衣，衣弊裘㉒，入单父界。见夜渔者，得鱼辄舍之。巫马期问焉，曰："凡渔者为得，何以得鱼即舍之？"渔者曰："鱼之大者名为鱥㉓，吾大夫爱㉔之；其小者名为鱦㉕，吾大夫欲长之。是以得二者，辄舍之。"巫马期返，以告孔子曰："宓子之德至，使民暗行若有严刑于旁㉖。敢问宓子何行而得于是？"孔子曰："吾尝与之言曰：'诚于此者刑乎彼㉗。'宓子行此术于单父也。"

◎**注释** ①〔宓子贱〕春秋时鲁国人。名不齐，字子贱，孔子弟子。②〔为单父宰〕担任单父的地方长官。单父，春秋鲁国邑名，位于今山东单县南。③〔君之近史〕国君左右的史官。④〔方书辄掣其肘〕刚开始写就拽着他们的胳膊。方，正在，正当。掣，拽，拉。掣肘，后表示从旁干扰。⑤〔意者〕表示推测。⑥〔寤〕通"悟"，理解，明白。⑦〔微〕无，没有。⑧〔遽（jù）〕速也，很快。⑨〔所爱之使〕指心腹之人。⑩〔百姓化之〕百姓都得到了教化。⑪〔不及〕来不及。⑫〔皆获傅郭之麦〕都去收割城郭旁的麦子。傅郭，靠近城郭。傅，靠近。⑬〔逮于麦〕收获了单父的麦子。⑭〔让〕责备。⑮〔蹴然〕恭敬的样子。⑯〔兹〕年。⑰〔树〕种植。⑱〔自取〕想拿就拿。⑲〔赧然〕羞愧脸红的样子。⑳〔岂忍见〕怎么好意思见。㉑〔巫马期〕孔子弟子。姓巫马，名施，字子期。㉒〔阴免衣，衣弊裘〕偷偷地用布把头缠起来，换上破旧的皮衣。㉓〔鱥（chóu）〕鱼之大者。㉔〔爱〕爱惜。㉕〔鱦（yìng）〕鱼之小者。㉖〔暗行若有严刑于旁〕私下行事都像有严刑在旁而不敢胡作非为。㉗〔诚于此者刑乎彼〕自己心诚，就一定能让别人效法。刑，通"型"，效法。

◎**大意**　孔子弟子宓子贱在鲁国担任单父地方长官。宓子贱临上任时请求国君派两名史官随同。赴任之后，宓子贱要求史官记录他告诫、教导官吏等事情。但当两名史官书写记录时，宓子贱又多方阻挠，抱怨史官写得不好。气得两名史官回到国都向鲁君告状。在孔子说明之后，鲁君恍然大悟，将单父全权交由宓子贱管理。在宓子贱管理之下的单父，民风日益淳朴善良，各项事务都井井有条。

一次，齐国攻打鲁国，马上就要打到单父这里了。此时正值麦收季节，单父的长者们便向宓子贱建议：既然局势紧张，来不及让每家每户去收割自己家的麦子，不如放百姓出城，就近收割城外的麦子。这样既可以增加单父的粮食储备，又不至于白白便宜了齐国军队。尽管长者们多次请求，但是宓子贱没有同意这个做法。不久，齐国的侵略军队果然收获了单父所种小麦。季孙氏听到这个消息，十分生气，便专门派人去责备宓子贱。宓子贱面对季孙氏使臣的批评，依然毕恭毕敬，解释道：今年没有麦子，明年可以再种。这个损失还是有限的。但人们要是习惯于收获不是自己耕种、原本不属于自己的东西，养成了投机取巧之心，必定贻害无穷。季孙氏听了宓子贱的解释后，才明白宓子贱考虑深远，十分羞愧。

三年之后，孔子让弟子巫马期前往单父考察宓子贱的为政情况。为了看到单父最真实的一面，巫马期换上了普通人的衣服。到单父之后，巫马期看到了一个夜间打鱼的人，他每次捕到鱼之后，又都放生。巫马期询问原因，捕鱼者这样说道：我们大夫怜爱大鱼，也爱惜小鱼，希望小鱼可以安全长大。因此，一旦捕到这一大一小两种鱼，我们就都会放生。听到这番话后，巫马期就明白了宓子贱的品德实在至高无上，能让百姓私下做事时也能自律守法，于是马上启程向孔子复命。见到孔子之后，巫马期向孔子请教宓子贱是如何做到化民成俗的。孔子回答："宓子贱是贯彻了我曾经对他说的'自己足够真诚恳切，就一定能感染影响他人。'"

　　孔子之旧曰原壤①，其母死，夫子将助之以沐椁②。子路曰："由也昔者闻诸夫子曰：'无友不如己者，过则勿惮改③。'夫子惮矣，姑已④若何？"孔子曰："'凡民有丧，匍匐救之⑤'。况故旧乎？非友也⑥。吾其往。"

及为椁，原壤登木⑦曰："久矣，予之不托于音⑧也。"遂歌曰："狸首之班然，执女手之卷然⑨。"夫子为之隐，佯不闻以过之。子路曰："夫子屈节而极于此，失其与矣⑩，岂未可以已乎？"孔子曰："吾闻之，亲者不失其为亲也，故者不失其为故也。"

◎**注释**　①〔原壤〕春秋时鲁国人，孔子的老相识。②〔沐椁〕整治棺材。沐，修整。③〔无友不如己者，过则勿惮改〕不要和不如自己的人做朋友，犯了过错就不要怕改正。④〔姑已〕姑且和原壤断交。已，停止。⑤〔凡民有丧，匍匐救之〕选自《诗经·邶风·谷风》，但凡老百姓有丧葬事宜，都会竭尽所能提供帮助。匍匐，在地上趴伏，指竭尽全力。⑥〔非友也〕我并不是把他当朋友才这样的。古代"同志曰朋，同学曰友"，志同道合的才称为朋友，而原壤对于孔子，并非朋友，只是老相识。⑦〔登木〕敲打棺木。⑧〔不托于音〕不以歌声寄托感情。⑨〔狸首之班然，执女手之卷然〕棺木的纹理清晰，握着斧斤的你的手如女子一样柔弱。狸首，有棺椁的意思。班然，清晰明显貌。女，通"汝"。卷然，柔弱的样子。⑩〔失其与矣〕失去了和其往来的理由了。

◎**大意**　孔子有个老相识叫原壤。原壤的母亲去世后，孔子准备帮他修整棺木。由于原壤放浪形骸、不遵礼法，子路便劝孔子不要再和原壤来往了。但孔子引用《诗》说明，普通百姓的丧葬事宜，尚且当施以援手，更不用说老相识了，仍然坚持去帮助原壤。

在修整棺木的时候，原壤边敲打棺木，边哼起歌来，歌词这样唱道："棺木的纹理清晰，握着斧斤的你的手如女子一样柔弱。"孔子假装没听到，准备就这样过去了。一旁的子路却愤愤不平："老师，您也太过委屈自己了，他都这样了，您还有必要和他保持交往吗？还不可以绝交吗？"孔子解释道："我听说，是亲人就不可能改变血缘关系，而老相识也永远都是老相识。"

卷九

七十二弟子解

第三十八

中国古代以"七十二"为天地阴阳五行之成数，同时，"七十二"也有数量众多的意思，因此，本篇虽或详或略地记述了76位孔门弟子的相关情况，却以"七十二弟子解"为名。与《弟子行》不同，本篇基本上是一份孔门弟子概况清单。但在这种流水账式的记载中，也透露出不少信息。

不少人印象中的孔子，往往是一个高喊道德口号，四处奔波倡导复古，却又不受各国国君待见的迂腐书生。实际上，尽管孔子的思想主张未能被时人采用，但他在世时已经是"声名洋溢乎中国"了。本篇记录的孔门弟子"国籍"纷杂，就是当时孔子社会声望高的证明。

孔子曾说"老而无以教，吾耻之"，把教育看作是自己的职责。诚然，孔子的教育成就卓著。孔子教学，以"六经"为教材，从"文、行、忠、信"四个方面着手，因材施教，循循善诱，优异者有七十多人。在这七十多位弟子当中，又有十位佼佼者：德行出众的颜渊、闵子骞、冉伯牛、仲弓；能说会道的宰我、子贡；精于政事的冉有、季路；通晓古典文献的子游、子夏。本篇开头就介绍了这十位弟子。

研究孔门弟子，《史记·仲尼弟子列传》也是一篇重要文献。与本篇相比，《史记·仲尼弟子列传》总共记载了77位孔门弟子。本篇所载孔门前35位弟子中，与《史记·仲尼弟子列传》所载前35位中相同的有31位。本篇中公良儒、秦商、颜刻、琴牢都不在《史记·仲尼弟子列传》前35位之列。而《史记·仲尼弟子列传》前35位弟子中，公伯缭、曹恤、伯虔、公孙龙都不在本篇所载前35位之列。本篇所载76位弟子中，琴牢、陈亢、悬亶三人在《史记·仲尼弟子列传》中不见记载，而《史记·仲尼弟子列传》所载的公伯缭、秦冉、颜何、鄡（qiāo）单，本篇也没有记载。这样，这两篇关于孔门弟子的资料所涉及的孔门弟子已经达到80位。综合这些记载，可以发现孔子门徒众多绝非虚言。《史记》与《孔子家语》相互参照研究，对认识《孔子家语》的成书问题有重要价值。

颜回，鲁人，字子渊，少孔子三十岁。年二十九而发白，三十一早死①。孔子曰："自吾有回，门人日益亲。"回以德行著名，孔子称其仁焉。

闵损，鲁人，字子骞，少孔子五十岁。以德行著名，孔子称其孝焉。

冉耕，鲁人，字伯牛。以德行著名。有恶疾②，孔子曰："命也夫！"

冉雍，字仲弓，伯牛之宗族。生于不肖之父③。以德行著名。

宰予，字子我，鲁人。有口才著名④。

端木赐，字子贡，卫人，少孔子三十一岁。有口才著名。孔子每诎⑤其辩。家富累千金，常⑥结驷连骑⑦以造⑧原宪。宪居蒿庐蓬户之中，与之言先王之义。原宪衣弊衣冠，并日蔬食⑨，衎然⑩有自得之志。子贡曰：'甚矣，子如何之病也⑪！'原宪曰：'吾闻无财者谓之贫，学道不能行者谓之病。吾贫也，非病也。'子贡惭，终身耻其言之过。子贡好贩，与时转货⑫。历相鲁、卫，而终于齐。

◎**注释** ①〔三十一早死〕据四库本王肃注："此书久远，年数错误，未可详校。其年则颜回死时，孔子年六十一岁，然伯鱼五十先孔子卒。卒时孔子且七十。此谓颜回先伯鱼死。而《论语》云：'颜回死，颜路请子之车以为之椁。子曰："鲤也死有棺而无椁。"'或为设事之辞。"按，"三十一"当为"四十一"之讹。②〔恶疾〕两说，一说指难以医治的疾病，一说特指麻风病。③〔不肖之父〕没有出息的父亲。关于仲弓父亲的"不肖"有两种观点，一种认为其品格低劣，一种认为其出身低贱。④〔有口才著名〕四库本、同文本作："有口才，以言语著名。仕齐为临淄大夫，与田常为乱，夷其三族。孔子耻之，曰：'不在利病，其在宰予。'"《史记·仲尼弟子列传》中也有相关记载，但据一些学者考证，似乎在齐作乱之人并非孔子弟子宰我。⑤〔诎〕压抑，压制。⑥〔常〕通"尝"，曾经。⑦〔结驷连骑〕随从、车马众多。形容排场阔绰。驷，古时一乘车所套的四匹马。⑧〔造〕拜访。⑨〔并日蔬食〕两天只吃一天的食物。蔬，同"疏"。⑩〔衎然〕怡然自得的样子。⑪〔如何之病也〕怎么穷困成这样。⑫〔与时转货〕根据市场行情买进卖出。

◎**大意** 端木赐，字子贡，以口才著称，也经常因为好逞口才，受到孔子批评。子贡善经商，积累了不少财富，孔子去世后，子贡曾带着众多随从和车马，去拜访自己的老同学原宪。原宪隐居避世，不忘孔子所教的先王之道，尽管日子清苦，但自得其中。子贡笑话原宪穷困潦倒，隐然有显摆骄傲之态。原宪却纠正子贡：学习了先王之道，却不能践行，这才是真正的"病"，没有钱的贫穷不是自己担忧的。子贡听闻之后，羞愧难当，终生以自己失言为耻。子贡最终依然没放弃经商，而且还先后在鲁、卫代行卿相之职，最后逝于齐。

冉求，字子有，仲弓之族，少孔子二十九岁。有才艺①，以政事著名。仕为季氏宰。进则理其官职，退则受教圣师。为性多谦退，故子曰："求也退，故进之。"②

◎**注释** ①〔才艺〕才能和本领。②〔仕为季氏宰……故进之〕此段原无，据四库本、同文本补。

◎**大意** 冉求，字子有，多才多艺，以政治才能出众见称，曾担任季氏家臣。冉求在职时能做好分内之事，不任官职时则能认真向孔子学习。因为他性格谦和畏缩，所以孔子说冉求应该更果敢。

仲由，卞①人，字子路，一字季路，少孔子九岁。有勇力才艺，以政事著名。为人果烈而刚直，性鄙而不达于变通。仕卫为大夫，遇蒯聩与其子辄争国②，子路遂死辄难。孔子痛之，曰："自吾有由，而恶言不入于耳。"

◎**注释** ①〔卞〕春秋时鲁邑。原作"弁"，据四库本等改。②〔蒯聩与其子辄争国〕卫灵公太子蒯聩因得罪卫灵公夫人南子而避逃他国，卫灵公死后，蒯聩之子辄继位为出公，蒯聩欲归国，而与子出公相互争斗。

◎**大意** 仲由，鲁国下地人，字子路或季路，勇武有才能，以政治才能出众著称。子路为人直爽刚烈，莽撞而不知变通。在卫国担任大夫时，子路因卫国内部国君之位的争斗殒命。孔子听到消息后，十分悲恸，感念子路刚强正义，一直维护自己不被别人恶言相向。

言偃，鲁人，字子游，少孔子三十五岁。时习于礼，以文学①著名。仕为武城宰。尝从孔子适卫，与将军子之兰相善，使之受学于夫子。

卜商，卫人，字子夏，少孔子四十四岁。习于《诗》，能通其义，以文学著名。为人性不弘，好论精微，时人无以尚②之。尝返卫，见读史志者云："晋师伐秦，三豕渡河。"子夏曰："非也！'己亥'耳。"读史志者问诸晋史，果曰"己亥"。于是卫以子夏为圣。孔子卒后，教于西河③之上。魏文侯④师事之⑤，而谘⑥国政焉。

◎**注释**　①〔文学〕指古代文献知识。②〔尚〕超过。③〔西河〕即黄河西，战国时魏地。④〔魏文侯〕姬姓，魏氏，名斯，一名都，战国时期魏国开国君主。⑤〔师事之〕以对待老师之礼对待他。⑥〔谘〕同"咨"。

◎**大意**　卜商，字子夏，对《诗》研究颇深，以博通文章经籍著称。但子夏格局不大，喜欢讨论一些精微问题，在这些细小的问题上，当时没人能够超越子夏。有一次子夏纠正了史书记载中的一个错误，受到了卫国人民的推崇。在孔子去世后，子夏在西河一带教学，魏国国君魏文侯也尊其为老师，向其咨询国家治理问题。

　　颛孙师，陈人，字子张，少孔子四十八岁。为人有容貌资质①，宽冲博接②，从容自务③，居不务立于仁义之行④，孔子门人友之而弗敬。

　　曾参，南武城⑤人，字子舆，少孔子四十六岁。志存⑥孝道，故孔子因之以作《孝经》。齐尝聘⑦，欲与为卿而不就⑧，曰："吾父母老，食人之禄，则忧人之事，故吾不忍远亲而为人役。"

　　参后母遇之无恩⑨，而供养不衰⑩。及其妻以藜烝不熟⑪，因出⑫之。人曰："非七出⑬也。"参曰："藜烝，小物耳。吾欲使熟，而不用吾命，况大事乎？"遂出之，终身不取⑭妻。其子元请焉⑮，告其子曰："高宗以后妻杀孝已⑯，尹吉甫以后妻放伯奇⑰。吾上不及高宗，中不比吉甫，庸知⑱其得免于非乎？"

◎**注释**　①〔资质〕禀赋。②〔宽冲博接〕宽厚谦冲，结交众多。③〔自务〕致力于自己的事情。务，致力于。④〔居不务立于仁义之行〕平时不力行仁义。居，平居，平时。⑤〔南武城〕今山东嘉祥，春秋时鲁邑。⑥〔志存〕即胸怀之意。⑦〔聘〕聘请。⑧〔欲与为卿而不就〕想聘请他担任卿大夫而曾参没去。与，四库本、备要本、同文本作"以"。就，到，应招。⑨〔遇之无恩〕指对曾参不好。遇，对待。⑩〔衰〕懈怠。⑪〔藜（lí）烝不熟〕没把藜蒸熟。藜，亦称"灰条菜"，一年生草本植物，茎直立，嫩叶可吃。烝，同"蒸"。⑫〔出〕离弃。⑬〔七出〕丈夫可以休妻的七种情况：不顺父母、无子、淫僻、嫉妒、恶疾、多口舌、窃盗。⑭〔取〕通"娶"。⑮〔其子元请焉〕他的儿子曾元希望他再续娶。请，敬辞，希望对方做某事。⑯〔高宗以后妻杀孝已〕商王武丁因为后妻的原因杀了自己的儿子孝已。高宗，指商王武丁。孝已，武丁太子，未即位而卒，但被追尊为商王。⑰〔尹吉甫以后妻放伯奇〕尹吉甫，周宣王时贤臣。伯奇，尹吉甫之子，因遭后母谗言，被其父放逐。⑱〔庸知〕岂能知道。庸，何以，怎么。

◎**大意** 孔子弟子曾参一心遵行孝道，《孝经》就是依据孔子教导其孝道的言论整理而成的。齐国曾经聘请曾参担任卿大夫，但曾参因为父母年老而拒绝了。曾参的后母对他不好，可曾参依然十分孝敬后母。一次，其妻子没有按照他的吩咐将藜叶蒸熟，曾参就直接将妻子休了。别人都认为曾参太过分了，这么做也不符合礼法。曾参解释道：一件小事尚且不听从我的吩咐，那么在大事上，妻子肯定更不和我同心了。曾参最终还是休掉了自己的妻子，而且终生没有再娶。曾参的儿子曾请求父亲再婚，曾参不同意，并举了殷商时期的贤君高宗和西周时期大臣尹吉甫的例子，说明贤明的人尚且会因为后妻谗言而放逐自己的儿子，而自己的品德智慧上不及高宗，中不如尹吉甫，如果再娶妻，难保不受迷惑而做错事。

澹台灭明，武城①人，字子羽，少孔子四十九岁。有君子之姿②，孔子尝以容貌望③其才。其才不充孔子之望，然其为人公正无私，以取与去就以诺为名④，仕鲁为大夫也。

高柴，齐人，高氏之别族，字子羔，少孔子四十岁。长不过六尺，状貌甚恶。为人笃孝而有法正⑤。少居鲁，知名于孔子之门。仕为武城宰。

宓不齐，鲁人，字子贱，少孔子四十九岁。仕为单父宰。有才智，仁爱百姓，不忍欺。孔子大之⑥。

樊须，鲁人，字子迟，少孔子四十六岁。弱⑦仕于季氏。

有若，鲁人，字子有，少孔子三十六岁。为人强识⑧，好古道也。

公西赤，鲁人，字子华，少孔子四十二岁。束带立朝，闲⑨宾主之仪。

原宪，宋人，字子思，少孔子三十六岁。清净守节⑩，贫而乐道。孔子为鲁司寇，原宪尝为孔子宰。孔子卒后，原宪退隐，居于卫。

公冶长，鲁人，字子长。为人能忍耻。孔子以女妻之。

南宫韬，鲁人，字子容。以智自将⑪，世清不废⑫，世浊不洿⑬。孔子以兄子妻之。

公析哀，齐人，字季沉。鄙⑭天下多仕于大夫家者，是故未尝屈节人臣。孔子特叹贵之。

曾点，曾参父，字子皙。疾时礼教不行⑮，欲修之。孔子善焉。《论语》所谓"浴乎沂，风乎舞雩之下"。

颜由，颜回父，字季路。孔子始教学于阙里，而受学。少孔子六岁。

商瞿，鲁人，字子木，少孔子二十九岁。特好《易》，孔子传之，志⑯焉。

漆雕开，蔡人，字子若，少孔子十一岁。习《尚书》，不乐仕。孔子曰："子之齿⑰可以仕矣，时将过。"子若报其书⑱曰："吾斯之未能信⑲。"孔子悦焉。

公良儒，陈人，字子正。贤而有勇，孔子周行⑳，常以家车五乘从。

秦商，鲁人，字不慈，少孔子四岁。其父菫父㉑，与孔子父叔梁纥㉒俱力闻㉓。

颜刻，鲁人，字子骄，少孔子五十岁。孔子适卫，子骄为仆㉔。卫灵公与夫人南子同车出，而令宦者雍梁参乘㉕，使孔子为次乘㉖，游过市。孔子耻之。颜刻曰："夫子何耻之？"孔子曰："《诗》云：'觏尔新婚，以慰我心㉗。'"乃叹曰："吾未见好德如好色者也。"

◎**注释** ①〔武城〕今山东费县西南，春秋时鲁邑。②〔有君子之姿〕《史记·仲尼弟子列传》认为子羽"状貌甚恶"，似非。③〔望〕期待。④〔以取与去就以诺为名〕因为受取或赠予、离去或归从都能遵守承诺而出名。取，获取。与，给予。去，离开。就，归从。⑤〔法正〕讲究礼法规矩。⑥〔大之〕十分欣赏器重他。⑦〔弱〕二十曰"弱"。⑧〔强识〕强于记忆。⑨〔闲〕通"娴"，娴熟。⑩〔清净守节〕平和淡泊，坚守节操。⑪〔自将〕自我保全。⑫〔不废〕不会被废黜，引申为有所作为。⑬〔洿〕同"污"。⑭〔鄙〕看不起。⑮〔疾时礼教不行〕痛心于当时普遍不遵礼教。⑯〔志〕记，记在心里。⑰〔齿〕年龄。⑱〔报其书〕回信答复。⑲〔吾斯之未能信〕我对于出仕从政之道还没有研习清楚。信，明也。⑳〔周行〕指周游列国。㉑〔堇（jǐn）父〕即秦堇父，春秋时鲁国孟献子家臣，与孔子父亲叔梁纥均参与了逼阳之战。㉒〔叔梁纥〕孔子父亲，字叔梁，名纥，是鲁国当时有名的勇士，建立过两次战功，曾任陬邑大夫。㉓〔俱力闻〕均以勇力闻名。㉔〔仆〕驾车的人。㉕〔参乘〕陪乘的人。古代乘车，尊者在左，御者在中，一人在右陪坐，称"参乘"或"车右"。㉖〔从乘〕从车，即坐在卫灵公车子后面的车上。㉗〔觏（gòu）尔新婚，以慰我心〕语出《诗经·小雅·车辖（xiá）》，意为与你结婚了，我的心就得到了安慰。觏，遇见，觏尔新婚，意为与你结婚。慰，安也。

◎**大意** 颜刻曾随从孔子前往卫国。一次，卫灵公不按礼法和夫人南子坐同一辆车出宫，招摇过市，还让孔子跟随其后。孔子深以为耻，颜刻询问缘由，孔子感慨自己从未见过更重视美德而不是喜爱美色的人，委婉批评了卫灵公有违礼法的行为。

司马黎耕，宋人，字子牛。牛为人性躁，好言语。见兄桓魋①行恶，牛常忧之。

巫马期，陈人，字子期，少孔子三十岁。孔子将近行②，命从者皆持盖③。已而，果雨。巫马期问曰："且无云，既日出，而夫子命持雨具。敢问何以知之？"孔子曰："昨暮月宿毕④，《诗》不云乎：'月离于毕，俾滂沱矣⑤。'以此知之。"

◎**注释** ①〔桓魋（tuí）〕又称向魋，因其为宋桓公后人，故称桓魋，曾任宋国司马，为人侈靡凶暴，孔子周游列国时，欲加害孔子而未成。②〔近行〕到附近一个地方去。③〔盖〕伞。④〔月宿毕〕月亮在毕星旁边。毕，二十八星宿之一，为白虎七宿的第五宿。有星八颗，以其分布之状像古代田猎用的毕网，故名。古人以为此星主兵、主雨。⑤〔月离于毕，俾滂沱矣〕语出《诗经·小雅·渐渐之石》。离，通"丽"，靠近。滂沱，大雨貌。

◎**大意** 一次孔子准备到附近一个地方去，明明天气晴朗，孔子却还是让跟从的人带上了雨具。不久，天果然下起雨来。巫马期问孔子是如何预知会下雨的。孔子回答说是从《诗》中的诗句学到的，观察月亮的位置就能知道是否会下雨。

梁鳣，齐人，字叔鱼，少孔子三十九岁。年三十，未有子，欲出其妻。商瞿谓曰："子未也①。昔吾年三十八无子，吾母为吾更取室。夫子使吾之齐，母欲请留吾。夫子曰：'无忧也。瞿过四十，当有五丈夫②。'今果然。吾恐子自晚生耳，未必妻之过。"从之，二年而有子。

◎**注释** ①〔子未也〕你先别这样做。②〔丈夫〕男子，这里指儿子。

◎**大意** 梁鳣直到三十岁的时候，还没有孩子，准备休了自己的妻子。商瞿让他不要着急休妻，并讲述了自己直到四十岁以后才相继有五个儿子的经历。梁鳣听了商瞿的话，两年后果然有了子女。

琴牢，卫人，字子开，一字张。与宗鲁①友。闻宗鲁死，欲往吊②

焉。孔子弗许，曰："非义也。"

◎**注释** ①〔宗鲁〕他曾任卫国大夫公孟絷家臣。在卫国齐豹和公孟絷的权力斗争中，默许齐豹杀掉公孟絷，自己也以身赴死，以全自己对公孟絷的职责。②〔吊〕祭奠死者。

◎**大意** 琴牢和宗鲁是朋友，宗鲁因卫国大夫齐豹和孟絷的权力之争而死。琴牢准备去吊唁宗鲁，孔子却认为宗鲁默许这场斗争发生，其所作所为不合礼法，不应该去吊唁宗鲁。

冉儒，鲁人，字子鱼，少孔子五十岁。

颜辛，鲁人，字子柳，少孔子四十六岁。

伯虔，字楷，少孔子五十岁。

公孙龙，卫人，字子石，少孔子五十三岁

曹卹，少孔子五十岁。

陈亢，陈人，字子亢，一字子禽，少孔子四十岁。

叔仲会，鲁人，字子期，少孔子五十岁。与孔琁①年相比②。每孺子③之执笔记事于夫子，二人迭④侍左右。孟武伯⑤见孔子而问曰："此二孺子之幼也于学，岂能识于壮哉⑥？"孔子曰："然！少成则若性也，习惯若自然也⑦。"

◎**注释** ①〔琁〕同"璇"。②〔相比〕相近。③〔孺子〕小孩子。④〔迭〕轮流。⑤〔孟武伯〕春秋时鲁国大夫，姓仲孙，名彘（zhì），"武"是谥号。⑥〔岂能识于壮哉〕长大了以后怎么还能记得？壮，指长大以后。《礼记·曲礼上》："人生十年曰幼，学；二十曰弱，冠；三十曰壮，有室。"⑦〔少成则若性也，习惯若自然也〕自幼形成的习惯就会像天性一样难以改变，长期反复的熏陶就会像本来如此一样自然而然。

秦祖，字子南。

奚蒇，字子偕。

公祖兹，字子之。

廉絜，字子曹。

公西与，字子上。

宰父黑，字子黑。

公西减，字子尚。

穰驷赤，字子从。

冉季，字子产。

薛邦，字子从。

石处，字里之。

悬亶，字子象。

左郢，字子行。

狄黑，字哲之。

商泽，字子秀。

任不齐，字子选。

荣祈，字子祺。

颜哙，字子声。

原忼，字子籍。

公肩定，字子仲。

秦菲，字子之。

漆雕从，字子文。

燕伋，字子思。

公夏守，字子乘。

勾井疆，字子疆。

步叔乘，字子车。

石子蜀，字子明。

邽选，字子饮。

施之常，字子常。

申绩，字子周。

乐欣，字子声。

颜之仆，字子叔。

孔弗，字子蔑。

漆雕侈，字子敛。

悬成，字子横。

颜相，字子襄。

右夫子弟子七十二人①，弟子皆升堂入室②者。

◎**注释**　①〔右夫子弟子七十二人〕原作"右件夫子七十二人弟子"，据四库本、同文本改。右，指以上，因古代书写习惯为从右到左。②〔升堂入室〕升，登上。堂，厅堂。室，内室。古代宫室，前为堂，后为室。原比喻学识或技能由浅入深，逐步达到很高的成就，后多用以赞扬人在学问或技能方面有高深的造诣。

本姓解

第三十九

　　本篇主要分为两部分，前两段为第一部分，主要介绍了孔子的先祖谱系和姓氏起源，篇名"本姓解"就来源于此；第二部分记齐太史子与对孔子的赞誉之语，内容也与孔子家世有关。

　　关于孔子的家世，《史记·孔子世家》中也有介绍，但较为简略。唐司马贞在《史记索隐》中引用了《孔子家语》来补充《史记》的不足，对比今本《孔子家语》，其中内容虽然不尽相同，但总的来说，二者在基本史实上没有太大出入。本篇记孔子家世，起自商纣王庶兄、宋国开国国君微子启，终于孔子之子伯鱼。其中，其记事的结束时间值得注意，可以作为了解《孔子家语》最初成书情况的线索。

　　所谓"积善之家，必有余庆；积不善之家，必有余殃"，在古人观念中，先祖积德行善可以造福后代。齐国太史子与和孔子进行一番交流之后，被孔子折服，大赞孔子整理"六经"，垂训后世，是无位的素王。在与南宫敬叔的对话中，子与提出孔子之所以能取得这样的成就，与他先圣之嗣的身份有关，认为孔子的伟大是上天对其先祖世代德让的回报。孔子否定子与和南宫敬叔这种上天保佑的说法，并不认为上天这类的神秘力量能成就一个人。孔子认为是自己树立了匡扶天下的志向，并为此不懈努力，才取得了如此成就。

孔子之先，宋之后也。微子启①，帝乙之元子②，纣之庶兄③。以圻④内诸侯，入为王卿士。微，国名；子，爵。初，武王克殷，封纣之子武庚⑤于朝歌⑥，使奉汤祀⑦。武王崩，而与管、蔡、霍三叔⑧作难。周公相成王，东征之。二年，罪人斯得，乃命微子于殷后⑨，作《微子之命》⑩，由之与国于宋⑪，徙殷之子孙。唯微子先往仕周，故封之贤⑫。其弟曰仲思，名衍，或名泄，嗣微子后，故号微仲，生宋公稽。胄子⑬虽迁爵易位，而班级⑭不及其故者，得以故官为称。故二微虽为宋公，而犹以微之号自终，至于稽乃称公焉。宋公生丁公申，申生缗公共及襄公熙，熙生弗父何及厉公方祀，方祀以下，世为宋卿。

◎**注释** ①〔微子启〕商纣王的庶兄，纣王无道，数谏不听后离去，武王伐纣克殷后归顺周朝。微，封地名。子，爵位。②〔帝乙之元子〕商王帝乙的长子。帝乙，商朝第三十任君主。③〔纣之庶兄〕商纣王庶出的哥哥。庶，与嫡相对，正妻所生之子谓嫡子，妾所生则为庶子。④〔圻（qí）〕即京畿（jī），天子直辖之地。⑤〔武庚〕商纣王之子，名禄父。武王克殷后，封其为殷侯，后与管叔、蔡叔、霍叔作乱，被周公荡平，武庚兵败被诛。⑥〔朝歌〕商朝末年都城，在今河南淇县东北。⑦〔奉汤祀〕供奉商汤的祭祀。古人强调兴灭继绝、灭国不绝祀，是以武王克商后，会先后分封神农、黄帝、尧、舜、夏、商等的后代。⑧〔管、蔡、霍三叔〕均为周文王之子，武王、周公之弟。周武王灭商后，将商旧都封给纣子武庚，并以殷都以东为卫，由管叔监之；殷都以西为鄘（yōng），由蔡叔监之；殷都以北为邶，由霍叔监之，总称"三监"。武王崩，成王继位而周公摄政，"三监"遂以周公有篡位之心而与武庚一起发动叛乱。⑨〔命微子于殷后〕册命微子启为殷商的继承人。后，指继承者。⑩〔《微子之命》〕《尚书·周书》中的一篇。命，《尚书》六大体例之一，主记天子诏令。⑪〔与国于宋〕建立宋国。与国，建立国家。⑫〔封之贤〕指封赏丰厚。贤，丰厚之意。⑬〔胄子〕古代称帝王或贵族的长子。这里应为泛指，意为帝王或贵族的继承者。⑭〔班级〕官位、爵位的等级。班，本义为分赐诸侯朝见帝王时所执的瑞玉，引申为在朝廷中的等级位次。

◎**大意**　孔子的先祖，是宋国诸侯的后裔。周成王时，被封于朝歌的纣王之子武庚与管叔、蔡叔、霍叔联合发动叛乱。周公镇压叛乱之后，选择商纣王的庶兄微子启来供奉商汤祭祀，继续管理朝歌地区，由此宋国建立。在微子启之后，其弟微仲继任，直到国君稽时才不以"微"的封号相称，而以西周分封的爵位"公"为称。自第四代开始，孔子的先祖就世代担任宋国卿大夫。

　　弗父何生宋父周，周生世子胜，胜生正考甫，考甫生孔父嘉。五世亲尽，别为公族①，故后以孔为氏②焉。一曰，孔父者，生时所赐号也，是以子孙遂以氏族③。孔父生子木金父，金父生睪夷，睪夷生防叔，避华氏之祸④而奔鲁。防叔生伯夏，伯夏生叔梁纥。曰："虽有九女，是无子。"其妾生孟皮，孟皮一字伯尼，有足病。于是乃求婚于颜氏。颜氏有三女，其小曰徵在。颜父问三女曰："陬大夫⑤虽父祖为士，然其先圣王之裔。今其人身长十尺，武力绝伦，吾甚贪之⑥，虽年长性严，不足为疑⑦，三子孰能为之妻？"二女莫对，徵在进曰："从父所制⑧，将何问焉？"父曰："即尔能矣。"遂以妻之。

　　徵在既往，庙见⑨，以夫之年大，惧不时⑩有男，而私祷尼丘之山以祈焉。生孔子，故名丘，字仲尼。孔子三岁而叔梁纥卒，葬于防⑪。至十九，娶于宋之并官氏⑫。一岁而生伯鱼。鱼之生也，鲁昭公以鲤鱼赐孔子。荣君之贶⑬，故因以名曰鲤，而字伯鱼。鱼年五十，先孔子卒。

◎**注释** ①〔五世亲尽，别为公族〕五代以后，血缘关系已经疏远淡漠，就重立一族。 公族，诸侯或君王的同族。②〔氏〕古代"姓"和"氏"分用，大家族同用一姓，大家族分出小家族则另立氏号以示区分。《左传·隐公八年》："天子建德，因生以赐姓，胙（zuò）之土而命之氏。"③〔遂以氏族〕于是就以之为族之氏号。氏，这里用作动词。④〔华氏之祸〕宋国太宰华父督以孔父嘉之妻美而艳，欲夺之而杀孔父嘉，孔氏遂受华氏排挤打压。⑤〔陬大夫〕指叔梁纥。叔梁纥因功被封为陬邑大夫。陬，鲁国邑名，在今山东曲阜东南五十里。⑥〔吾甚贪之〕我非常想要与之结亲。贪，想要，希望。⑦〔虽年长性严，不足为疑〕尽管其年龄比较大、性子比较急躁，但这不足以成为疑虑。也就是说他仍然是个夫君的好人选。严，急躁。⑧〔制〕裁度。⑨〔庙见〕古礼，妇入夫家，若公婆已故，则于三月后至家庙参拜公婆神位，称为"庙见"，"庙见"后才算正式入门。⑩〔不时〕不能及时。⑪〔防〕防山，位于今曲阜东三十里。⑫〔并官氏〕一作"亓官氏"。四库本、同文本作"上官氏"。⑬〔荣君之贶（kuàng）〕以国君的赏赐为荣。贶，赠，赐。

◎**大意** 到弗父何玄孙辈孔父嘉时，由于已出五服，与国君血缘关系已然疏远，就另分出一族，以孔为氏族号。孔父嘉曾孙辈孔防叔，为躲避华氏的排挤迫害而逃亡到了鲁国，此后便定居于鲁。孔防叔的孙子叔梁纥年老时感慨自己后继无人，唯一的儿子是庶出还跛足，于是向颜氏求婚。颜父推崇叔梁纥是圣王后裔，本身又高大威武，有心将女儿嫁给叔梁纥。在征得同意后，颜父将小女儿颜徵在许配给叔梁纥。

由于叔梁纥年龄大，颜徵在担心无法生下子嗣，就经常去尼山上祈祷。因此，颜徵在生下男孩后，便给他起名丘，取字仲尼。孔子三岁时父亲就去世了。十九岁时孔子娶了宋国并官氏的女儿，一年之后并官氏为其生下儿子。为了感谢鲁昭公赠鲤鱼的恩德，孔子遂给儿子起名为鲤，取字伯鱼。伯鱼先孔子去世，时年五十岁。

齐太史①子与适鲁，见孔子。孔子与之言道。子与悦，曰："吾鄙人②也，闻子之名，不睹子之形久矣。而求知之宝贵③也。乃今而后知泰山之为高，渊海之为大。惜乎，夫子之不逢明王，道德不加④于民，而将垂宝以贻后世⑤。"

遂退而谓南宫敬叔[6]曰："今孔子先圣之嗣，自弗父何以来，世有德让[7]，天所祚[8]也。成汤以武德王天下，其配在文[9]。殷宗已下[10]，未始有也。孔子生于衰周，先王典籍，错乱无纪，而乃论百家之遗记，考正其义，祖述尧舜，宪章文武[11]，删《诗》，述《书》，定《礼》，理《乐》，制作《春秋》，赞明《易》道[12]，垂训后嗣，以为法式，其文德著矣。然凡所教诲，束脩已上[13]，三千余人。或者天将欲与素王[14]之乎，夫何其盛也！"敬叔曰："殆[15]如吾子之言，夫物莫能两大[16]，吾闻圣人之后，而非继世之统[17]，其必有兴者[18]焉。今夫子之道至矣，乃将施之无穷。虽欲辞天之祚，故未得耳。"

子贡闻之，以二子之言告孔子。子曰："岂若是哉？乱而治之，滞而起之，自吾志，天何与焉？"

◎**注释**　①〔太史〕官名，西周和春秋时太史掌记载史事、编写史书、起草文书，兼管国家典籍和天文历法等。②〔鄙人〕学识浅薄的粗鄙之人。③〔求知之宝贵〕追求宝贵的知识。四库本、同文本作"未知宝贵"。④〔加〕施加，推行。⑤〔垂宝以贻后世〕传递珍宝以流传后世。垂，传流后世。宝，指孔子的主张理论。贻，遗留，遗传。⑥〔南宫敬叔〕鲁国贵族孟僖子之子，孔子弟子，曾与孔子一起适周问礼。⑦〔世有德让〕世代都有德让的美名。孔子先祖弗父何本当嗣位而让于公子鲋祀，即后来的厉公。⑧〔祚〕福佑。⑨〔其配在文〕应该有兴文德者与其相配。文，文德，指礼乐制度等。⑩〔殷宗已下〕泛指商汤以下的商朝国君。⑪〔祖述尧舜，宪章文武〕效法尧、舜、文、武。祖述、宪章，均为继承、效法之意。⑫〔赞明《易》道〕阐明《周易》之理。有说法认为，对《易经》作注释的《易传》为孔子所作。赞，明也。⑬〔束脩已上〕指年十五岁以上者。⑭〔素王〕有帝王之德而无帝王之位者，后也用来专指孔子。⑮〔殆〕大概。⑯〔莫能两大〕不能在两方面同时完美，指不能同时承继王位，又有旷世德才。⑰〔继世之统〕继承王位的统系。⑱〔兴者〕指振兴血统的出类拔萃者。

◎**大意**　齐国太史子与来到鲁国，与孔子进行了一番谈话后，深为孔子的道德学问所折服。子与感叹道：我真是一个没有识见的粗人，直到见到孔子，才明白什么是真正的学问，才理解什么是泰山的高峻、大海的宽广。可惜，如今天下没有明王，孔子的学说无法得以推行，但孔子必定能给人们留下宝贵的精神文化财富。

见过孔子之后，子与又向南宫敬叔称赞孔子：孔子是圣王后代，自其先祖弗父何以来，世代都有德让贤名，因此是上天降福，才让孔子能够有如此成就。在礼崩乐坏的衰周之时，孔子系统整理先王典籍，重新编定"六经"，继承并发扬了尧、舜、文、武之道，足以为后代垂训效法。而受孔子直接教导的学生，年龄在十五岁以上的有三千多人。孔子的影响深远而广大，可谓"素王"了。南宫敬叔也对子与的观点表示赞同，认为孔子德行至高无上，备受人们推崇，也是受到了上天的保佑。

子贡听到两人的对话后，告诉了孔子。孔子却认为平治混乱、疏导积滞本来就是自己的志向。做成这些事情，靠的是自己为实现志向而做的不懈努力，与上天无关。

终记解

第四十

本篇记载了孔子临终前的事迹、孔子去世后弟子们埋葬孔子以及为孔子服丧等有关情况，故以"终记解"名篇。

孔子一生以匡扶天下、行道于世为己任，为实现自己的志向，他严格要求自己。孔子曾以"发愤忘食，乐以忘忧"形容自己学习的状态；以周公为榜样的他一段时间没有梦见周公，就开始自我反省批评，认为自己荒怠了。为实现王道政治、恢复礼治，孔子四处奔走，在外漂泊十数年，"干七十余君无所遇"，屡屡碰壁却仍不放弃，直到68岁时才回到故乡鲁国。

本篇对孔子临终事迹的描述读来让人十分感动：自己终生的事业再无实现的可能，儿子伯鱼和两个钟爱的弟子颜回、子路相继去世，其他亲近的弟子也天各一方。某一天，老迈的孔子预感自己行将就木，一大清早就起来挂着拐杖，颤颤巍巍地在门外踱步，翘首远眺，最终盼来了晚年最亲近的弟子子贡。临终前孔子表达了他最大的遗憾——在这个没有明王的时代，自己的主张得不到推行。尽管命运如此残忍地对待自己，孔子始终不改其满腔社会关怀，直到生命的最后一刻。

孔门弟子对孔子的博学多才和人格魅力万分尊崇。孔子去世后，弟子们根据尚行古礼、尽量贴合孔子意愿的原则主持了葬礼，按照丧父之礼为孔子服心丧三年。此后，子贡更是为孔子再守丧三年。出于孔子的感召力，一些孔门弟子留在了曲阜，一些鲁国人也在孔子墓旁安家，于是在孔子墓地周围，逐渐形成了多达百余家的村落。

孔子的渊博学问、坚毅品质、高尚情操，让当时很多人对其爱戴不已，而且历朝历代也赢得了人们的尊崇。他的思想主张、精神力量超越了时间和空间的局限，在当今中国乃至全世界都产生了深远影响，正如诗人臧克家所说："有的人死了，他还活着！"

孔子蚤①晨作，负手曳杖②，逍遥于门③，而歌曰："泰山其颓④乎！梁木⑤其坏乎！哲人其萎⑥乎！"既歌而入，当户而坐⑦。

子贡闻之，曰："泰山其颓，则吾将安仰？梁木其坏，吾将安杖⑧？哲人其萎，吾将安放⑨？夫子殆将病也。"遂趋而入。夫子叹而言曰："赐，汝来何迟？予畴昔梦坐奠于两楹之间⑩。夏后氏殡于东阶之上则犹在阼，殷人殡于两楹之间即与宾主夹之，周人殡于西阶之上则犹宾之⑪，而丘也即殷人。夫明王不兴，则天下其孰能宗⑫余？余殆将死。"遂寝病⑬，七日而终，时年七十二矣。

哀公诔⑭曰："昊天不吊⑮！不慭遗一老⑯，俾屏余一人以在位⑰，茕茕余在疚⑱，於乎哀哉，尼父⑲！无自律⑳。"子贡曰："公其不没㉑于鲁乎！夫子有言曰：'礼失则昏㉒，名失则愆㉓。失志㉔为昏，失所㉕为愆。'生不能用，死而诔之，非礼也；称一人，非名㉖。君两失之矣。"

◎**注释**　①〔蚤〕通"早"。②〔负手曳杖〕背着手，拖着手杖。负手，两手反交于背后。③〔逍遥于门〕在门口缓步徘徊。④〔颓〕崩坏，倒塌。⑤〔梁木〕作为房梁之木。⑥〔萎〕本义为草木凋落，这里指人的死亡。⑦〔当户而坐〕正对门而坐。户，门，古代一扇曰户，两扇曰门。⑧〔杖〕通"仗"，仰仗，依靠。⑨〔放〕通"仿"，效法。⑩〔梦坐奠于两楹之间〕梦见自己坐在两楹之间接受馈食。奠，置祭品祭祀，这里指进食。楹，堂屋前部的柱子。⑪〔夏后氏殡于东阶之上则犹在阼，殷人殡于两楹之间即与宾主夹之，周人殡于西阶之上则犹宾之〕夏朝时把灵柩停放在东阶之上，仿佛逝者还在世，仍旧是这家的主人一样；殷商时把灵柩停放于两楹之间，夹在宾位与主位之间；周朝时则把灵柩停放在西阶之上，像对待宾客一样对待逝者。殡，死者入殓后停枢以待葬。古代根据身份地位的不同，入殓停枢的时间也不一样。据《礼记·王制》："天子七日而殡，七月而葬；诸侯五日而殡，五月而葬；大夫、士、庶人三日而殡，三月而葬。"⑫〔宗〕这里为效法意。⑬〔寝病〕生病卧床。⑭〔诔（lěi）〕古代叙述死者生平并表示哀悼的文辞，多用于上对下。⑮〔昊天不吊〕老天不怜悯庇佑。⑯〔不慭（yìn）遗一老〕不愿意给我留下这么一位老人。慭，愿意。⑰〔俾屏余一人以在位〕只留下我一个人管理国家。俾，让，使。屏，通"摒"，抛弃。余一人，天子自称。⑱〔茕茕余在疚〕我无依无靠，痛苦不已。茕茕，孤单的样子。疚，久病，形容痛心的感觉持久难消。⑲〔尼父〕对孔子的尊称。父，同"甫"，对男子的美称。⑳〔无自律〕不知道依据什么来自己树立法度。王肃注："律，法也。言毋以自为法也。"㉑〔没〕通"殁"，去世。㉒〔昏〕昏聩，惑乱。㉓〔愆〕过错。㉔〔失志〕指思虑不周。㉕〔失所〕不在其所当在之位，即不讲身份。㉖〔非名〕不合名分，即前所说之"名失"。

◎**大意**　孔子早晨起来，背着手，拖着手杖，在门口缓步徘徊，口里唱道："泰山大概要颓圮了吧！梁柱大概要折断了吧！哲人大概要病逝了吧！"唱完后，他就回到家中，坐在对着门口的地方。子贡听到孔子歌唱后，马上明白老师可能病得比较严重，赶忙前去探望老师。孔子见到子贡，做了临终前的一番嘱咐后，卧病在床七天，最终逝世。

鲁哀公前来致辞哀悼孔子说:"老天真是不仁德,都不肯留下这样一位长者辅佐我,让我孤孤单单,一个人在天子之位上,没有可效法的榜样了。"子贡认为鲁哀公的这番致辞毫无诚意:夫子在世时不能予以重用,夫子去世之后却又哀叹感慨,这不符合礼;僭称"一人",又不合名分。鲁哀公可能不能善终于鲁国。

既卒,门人疑所以服夫子者[1]。子贡曰:"昔夫子之丧颜回[2]也,若丧其子而无服[3],丧子路亦然。今请丧夫子如丧父而无服。"于是弟子皆吊服而加麻[4]。出有所之,则由绖[5]。子夏曰:"入宜绖可居[6],出则不绖。"子游曰:"吾闻诸夫子:丧朋友,居则绖,出则否;丧所尊,虽绖而出,可也。"

孔子之丧,公西赤掌殡葬焉。晗以疏米三贝[7],袭衣十有一称[8],加朝服一,冠章甫之冠[9],珮象环[10],径五寸而綦组绶[11],桐棺四寸,柏棺五寸[12],饬棺墙置翣[13]。设披,周也;设崇,殷也;绸练、设旐,夏也[14]。兼用三王礼,所以尊师,且备古[15]也。

葬于鲁城北泗水上,藏入地,不及泉[16]。而封为偃斧之形[17],高四尺,树松柏为志焉[18]。弟子皆家于墓[19],行心丧[20]之礼。既葬,有自燕来观者,舍于子夏氏。子贡[21]谓之曰:"吾亦人之葬圣人,非圣人之葬人。子奚观焉?昔夫子言曰:'见吾封若夏屋者[22],见若斧矣。从若斧者也,马鬣封[23]之谓也。'今徒一日三斩板而以封[24],尚[25]行夫子之志而已。何观乎哉!"

二三子三年丧毕,或留或去,惟子贡庐于墓[26]六年。自后群弟子及鲁人处墓如家[27]者,百有余家,因名其居曰孔里焉。

◎**注释** ①〔门人疑所以服夫子者〕弟子们都不确定为孔子守丧应该穿什么衣服。②〔丧颜回〕为颜回守丧。③〔无服〕不穿丧服。古代丧服根据血缘关系的亲疏分为五等,由重到轻分别为斩缞(cuī)、齐(zī)缞、大功、小功、缌(sī)

麻。④〔吊服而加麻〕穿着吊丧之服，系着丧服用的麻带。此为没有血缘关系，却有恩义关系者所穿之服。⑤〔出有所之，则由绖（dié）〕外出到其他地方的时候，就不穿吊服，只系麻带。绖，丧服所用的麻带，同上文的"麻"。⑥〔居〕四库本、同文本作"也"。⑦〔唅以疏米三贝〕将粳米、三块贝放入孔子口中。唅，古代殡葬时放在死者口中的珠、玉等物。疏米，粳米。贝，扱米入死者口中的工具，后来放在死者口中，四库本、同文本作"具"。据《礼记·杂记》记载："天子饭九贝，诸侯七，大夫五，士三。"⑧〔袭衣十有一称〕入殓时穿了十一套衣服。袭衣，全套的衣服。称，量词，指配合齐全的一套衣服。⑨〔冠章甫之冠〕戴着商朝的章甫帽子。章甫，商朝帽子名，后世以章甫特指儒者之帽。⑩〔珮（pèi）象环〕佩戴象牙环。珮，通"佩"，佩戴。象环，象牙环。⑪〔径五寸而綦（qí）组绶〕象牙环直径五寸，再系上青黑色的丝带。綦，青黑色。组绶，古人用以系玉佩的丝带。⑫〔桐棺四寸，柏棺五寸〕桐棺厚四寸，柏棺厚五寸。据《孔子家语·相鲁》"孔子初仕，为中都宰，制为养生送死之节……为四寸之棺、五寸之椁"记载可知，这里的柏棺当为椁，即套在棺材外的棺材。⑬〔饬棺墙置翣（shà）〕为枢车外覆上一层柳衣，装上翣扇。饬，通"饰"。棺墙，原本作"庙"，据四库本、同文本改。《礼记·檀弓上》："饰棺墙，置翣。"郑玄注："墙，柳衣。"柳衣，出殡时枢车上覆棺的布帷及包在布帷里面的柳木之合称。翣，古代出殡时棺木的装饰，状如掌扇。⑭〔设披，周也；设崇，殷也；绸练、设旐（zhào），夏也〕用披带拴着棺木，由送葬者牵引以防倾侧，这是周礼；枢车上插着有齿状边饰的旗子，这是殷商之礼；枢车上插着旗杆上裹着素锦的魂幡，这是夏礼。绸，通"韬"，缠裹。⑮〔备古〕齐备、保全古礼。⑯〔藏入地，不及泉〕棺木埋入还看不到地下水的深度。藏，埋葬。泉，黄泉，即地下水。⑰〔封为偃斧之形〕坟顶封土如仰起的斧头形状。偃，仰。⑱〔树松柏为志焉〕在坟墓旁边种植松柏作为标志。⑲〔家于墓〕在墓旁居住。⑳〔心丧〕身无丧服而心存哀悼。㉑〔子贡〕四库本作"子夏"。《礼记·檀弓上》亦作"子夏"。㉒〔见吾封若夏屋者〕我看见有的坟顶封土像夏屋一样。"见吾"，四库本、同文本作"吾见"。夏屋，王肃注："夏屋，今之殿形，中高而四方下也。"《礼记·檀弓上》："见若覆夏屋者矣。"郑玄注："覆谓茨瓦也。夏屋，今之门庑也，其形旁广而卑。"㉓〔马鬣（liè）封〕坟墓封土的一种形状。马鬣，马颈上的长毛。㉔〔一日三斩板而以封〕仅用一天的时间、斩板筑土三遍，就把坟墓封好了。斩板，用板筑法筑坟墓时，首先将木板围成要求的形状，再以绳子捆扎固定，接着实土入内，使土与板齐平后，则抽去木板，如此反复三次，坟墓方筑成。㉕〔尚〕大概，差不多。㉖〔庐于墓〕在墓旁居庐受丧。庐，古人为守丧而构筑在墓旁的小屋，这里用作动词。㉗〔处墓如家〕指在墓旁安家。

◎**大意**　孔子去世后，门人不知道该为孔子的丧事穿什么衣服。子贡认为：从前孔子对待颜回和子路的丧事，一应礼仪都和对待自己儿子的丧事一样，只是没有穿上丧服。如今大家也可以像为父亲服丧一样为老师服丧，只是不穿斩缞服。弟子们于是都只穿吊丧的服装，系上麻带，外出的时候，就脱去吊丧服装，只穿普通衣服，不过出于对孔子的尊敬之心，又多系上一条麻带表示哀悼。

孔子的殡葬事宜由弟子公西赤主持。孔子的遗体口含粳米和三块贝，穿着十一套衣服，外加一套朝服，头戴商朝的章甫帽子，佩戴象牙环，象牙环直径五寸，再系上青黑色的丝带。用桐木做成厚四寸的内棺，用柏木做成厚五寸的外棺。枢车外覆上一层柳衣，装置上了翣扇。为了表达对孔子的尊崇且为了备齐古礼，送葬的时候，夏、商、周三代的礼仪都用上了——用披带拴着棺木，由送葬者牵引以防倾侧，这是周礼；枢车上插着有齿状边饰的旗子，这是殷礼；插着裹着素锦的魂幡，这是夏礼。

孔子被安葬在鲁国都城北的泗水边上，棺木埋入地下但没深到有地下水的程度。坟头高四尺，形状像仰着的斧头。在墓地旁，弟子们还种下松柏等树木作为标志。安葬孔子的时候，有来自各国的人前来观礼，但子贡告诉这些人："我们也就是普通人在安葬圣人，不是圣人在安葬他人，很多礼仪细节我们也不能确定是否恰当，只是根据平时听老师讲到的内容，按照我们自己的判断推测着做的。"

安葬了老师之后，弟子们都纷纷在孔子墓旁安家，以哀悼孔子。三年之丧期满后，弟子们有的留在当地，有的离开去往他地，只有子贡在墓旁又守了三年。此后，众弟子和鲁国人在孔子墓旁安家的多达百余家，因为在孔子墓旁，所以人们又把这个地方叫作"孔里"。

正论解

第四十一

　　本篇名"正论"，包含两层意思：一，正者，政也，本篇虽然是《孔子家语》中篇幅最长的篇章之一，但看似驳杂的内容都有同一个主题——政治管理；二，正论，是指对事件或人物进行中正的评价。从形式上来说，本篇与《孔子家语》其他各篇有所不同，其他各篇一般是通过直接描写孔子与诸侯国君、孔门弟子的对话或者行为表现其思想，而本篇大多数章节是先叙述历史事件或人物言行，然后再叙述孔子对这些历史事件或人物的评价。细读本篇，我们能够对孔子的思想主张，尤其是他的政治思想，有更深入的理解。

　　在本篇一开头，孔子就提出了"守道不如守官"的观点，反对臣子对国君的盲目忠心。孔子认为臣子应当履行好自己的职责，以道辅佐国君。正因为这样，孔子才会明知国君不会发兵讨伐齐国陈桓，仍然斋戒沐浴，上朝向鲁国国君奏请讨逆。

　　在孔子看来，为政者想实现天下平治，就需要以德、礼治国。本篇孔子提出了不少以德治国的原则和方法：借着鲁哀公的发问，孔子阐明为政者应当率先垂范，尊老敬长，如此才能使孝悌之道通行全国；通过季孙氏重用冉求抵御齐军及魏献子举贤治国等例子，孔子提出为政者应该善于发现并且任用贤人；通过孟僖子命二子学礼于孔子、卫孙文子因延陵季子之劝终身不听琴瑟、公父文伯之母纺绩不懈等事情，孔子提出为政者当知礼守礼，时刻保持恭敬谦谨，有错就改；通过董狐书法不隐和子产献捷于晋、右尹子革讽谏楚灵王等事情，孔子提出为政者当重视文辞，这是国家治理和对外交往必不可少的技巧；通过叔孙昭子杀竖牛、叔向不偏私兄弟叔鱼等事情，孔子强调了为政者应具有"不赏私劳，不罚私怨"，动静以义而不以私的品质……

所谓"狎甚则相简，庄甚则不亲"，孔子强调德治，反对苛政，但也认为治国应当宽猛相济。如果过分爱护民众，为政者的威严就会有所削减，不利于对百姓进行教化。因而，在强调以德化民的基础上，孔子也非常重视礼法制度的作用。孔子反对僭越礼制使用器与名，批评季氏之宰用词不当的问题，认为如果用错了名与器物，二者所包含的礼的精神就会坍塌，由礼所构建的政治秩序和社会秩序也会随之崩坏。

孔子在齐，齐侯①出田②，招虞人以旌③，不进，公使执之。对曰："昔先君之田也，旌以招大夫，弓以招士，皮冠以招虞人。臣不见皮冠，故不敢进。"乃舍之。孔子闻之曰："善哉！守道不如守官④。君子韪⑤之。"

◎**注释** ①〔齐侯〕齐景公。②〔出田〕外出打猎。田，田猎。③〔招虞人以旌〕

以旌旗传唤管理山泽苑囿的小吏。虞人，掌山泽苑囿之官。旌，旗子。《左传·昭公二十年》作"招虞人以弓"，四库本、同文本同。④〔守道不如守官〕遵守敬君之道，不如履行好自己的职责。⑤〔韪（wěi）〕认为是，赞同。

◎**大意**　孔子在齐国的时候，齐国国君外出打猎，用旌旗召唤掌管山泽的虞人，虞人看到了旌旗却没有应召进见。齐国国君让人把他抓了起来。虞人解释道："按照先君的规定，旌旗是用来召唤大夫的，弓是用来召唤士人的，而皮帽才是用来召唤掌管山泽的虞人的。我没看见皮帽，所以不敢进见国君。"齐国国君一听确实有道理，就放了这个人。孔子听闻这件事情后，也赞同虞人的做法。孔子认为与其遵守敬君之道，不如履行好自己的职责。

　　齐国书①伐鲁，季康子使冉求率左师②御之，樊迟为右③。师不逾沟④，樊迟曰："非不能也，不信子。请三刻⑤而逾之。"如之，众从之。师入齐军，齐军遁。冉有用戈，故能入焉。孔子闻之曰："义⑥也。"

　　既战⑦，季孙谓冉有曰："子之于战，学之乎？性达之⑧乎？"对曰："学之。"季孙曰："从事⑨孔子，恶乎学？"冉有曰："即⑩学之孔子也。夫孔子者，大圣，无不该⑪，文武并用兼通。求也适⑫闻其战法，犹未之详也。"季孙悦。樊迟以告孔子。孔子曰："季孙于是乎可谓悦人之有能矣。"

◎**注释**　①〔国书〕齐国正卿。《左传·哀公十一年》记载："国书、高无丕帅师伐我。""书"，原正文及注皆作"师"，据四库本、同文本改。②〔左师〕左翼军队。周制，诸侯大国三军，称上中下三军、左中右三军或前中后三军。③〔右〕车右，古时车乘位在御者右边的武士。④〔沟〕指壕沟。⑤〔三刻〕再三强调要求。刻，限定，严格要求。⑥〔义〕适宜，恰当。⑦〔既战〕战事结束后。既，终了，结束。⑧〔性达之〕天生就会。达，通达，明了。⑨〔从事〕追随侍奉。从，追随。事，侍奉。⑩〔即〕就是，正是。⑪〔该〕具备，完备。⑫〔适〕适才，刚刚。

◎**大意**　齐国攻打鲁国，季康子派冉有率领左翼部队抵御入侵的齐军，樊迟为车右。在樊迟和冉有的努力下，鲁国军队扭转局势，取得了战争的胜利。战后，季康子询问冉有是如何懂得带兵打仗之道的。冉有回答说："老师知识渊博，无所不知，我是从老师那里学到的，只是我学得不好，只学了点皮毛。"季康子听了之后感到十分欣慰。孔子通过樊迟了解到冉有和季康子的这番对话后，认为季康子做到了能欣赏别人的长处。

　　南容说、仲孙何忌既除丧①，而昭公在外②，未之命也③。定公即位，乃命之。辞④曰："先臣有遗命焉，曰：'夫礼，人之干也，非礼则无以立。'嘱家老⑤，使命二臣必事孔子而学礼，以定其位⑥。"公许之。二子学于孔子。孔子曰："能补过者，君子也。《诗》云：'君子是则是效⑦。'孟僖子可则效矣。惩己所病⑧，以诲其嗣⑨。《大雅》所谓'诒厥孙谋，以燕翼子⑩'是类也夫。"

◎**注释**　①〔南容说、仲孙何忌既除丧〕南容说、仲孙何忌已经服丧完毕。南容说即仲孙阅，又称南宫阅、南宫敬叔。仲孙何忌即孟懿子。二人皆为孟僖子之子。除丧，除去丧服。②〔昭公在外〕昭公还出奔在外。昭公，春秋时鲁国国君，公元前517年，鲁国发生斗鸡之乱，昭公为三桓所败，出逃他国，最终死于晋国。③〔未之命也〕没有任命二人为大夫。④〔辞〕推辞。⑤〔家老〕大夫家臣中的长者。⑥〔以定其位〕以稳定自己的位置，即使自己具备与地位相称的德行与能力。⑦〔君子是则是效〕出自《诗经·小雅·鹿鸣》。以君子为效法的榜样。则、效，均为效法之意。⑧〔惩己所病〕以自己的缺点错误为鉴戒。惩，鉴戒。据《左传·昭公七年》记载："三月，公如楚，郑伯劳于师之梁。孟僖子为介，不能相仪。及楚，不能答郊劳"，于是"孟僖子病不能相礼，乃讲学之，苟能礼者从之"。⑨〔嗣〕子孙，后代。⑩〔诒厥孙谋，以燕翼子〕出自《诗经·大雅·文王有声》。为子孙留下好谋策，使他们能够得到安定与敬重。诒，传给。四库本作"贻"。燕，安乐。翼，恭敬。

◎**大意**　南容说和仲孙何忌为父亲服完丧，鲁昭公却流亡在外，没有诏命封二人为卿大夫。鲁定公即位后，便发布了诏命。但是这两个人推辞说："父亲临终遗命说礼是立身的根本，让我们二人一定要向孔子学习礼，以掌握安身立命的能力。"鲁定公同意了二人的请求。孔子赞赏南容说二人的父亲鲁僖子，说："懂得弥补自己过失的人，能称得上是君子了。孟僖子以自己的过错为教训，教导自己的后嗣，这是值得人们效法的。"

卫孙文子得罪于献公①，居戚②。公卒，未葬，文子击钟焉。延陵季子③适晋，过戚，闻之，曰："异④哉！夫子之在此，犹燕子巢于幕也，惧犹未⑤也，又何乐焉？君又在殡，可乎？"文子于是终身不听琴瑟。孔子闻之，曰："季子能以义正人，文子能克己服义，可谓善改矣。"

◎**注释**　①〔卫孙文子得罪于献公〕卫献公曾被卫孙文子驱逐，在外流亡十二年后，由晋国护送回国复位。卫孙文子，卫国大夫，孙氏，名林父，谥号文。②〔戚〕地名，卫孙文子的采邑。③〔延陵季子〕即季札，吴王寿梦第四子，因被封于延陵，故称延陵季子，有贤名。④〔异〕不合常理，不应该。⑤〔未〕还不够。

◎**大意**　卫孙文子得罪了卫献公，被贬回到自己的采邑戚地。卫献公去世后还没下葬，卫孙文子就敲钟奏乐。延陵季子听说了这件事情后告诫卫孙文子："这样做很不应该，会让你的处境更加危险。而且，国君尚停殡待葬，这样做也不符合礼法。"卫孙文子听了延陵季子的劝诫后，终生没有再奏乐。孔子知道这件事情后，说："延陵季子能够以道义匡正他人，卫孙文子能够约束自我顺义而行，是善于改正错误的了。"

孔子览《晋志》①，晋赵穿杀灵公②，赵盾亡，未及山而还③。史④书"赵盾弑⑤君"。盾曰："不然。"史曰："子为正卿，亡不出境，返不讨贼，非子而谁？"盾曰："呜呼！'我之怀矣，自诒伊戚⑥'，其我之谓乎！"孔子叹曰："董狐，古之良史也，书法不隐⑦。赵宣子，古之良大夫也，为法受恶⑧。受恶，惜也，越境乃免⑨。"

◎**注释** ①〔《晋志》〕即晋国史书。志，记事的著作。②〔晋赵穿杀灵公〕晋国的赵穿杀死了国君晋灵公。赵穿，晋国大夫，赵盾的堂兄弟。灵公，晋国国君，名夷皋，昏庸无道，《左传》有"晋灵公不君"的记载。③〔赵盾亡，未及山而还〕赵盾逃亡，但还未出晋国边境的山界就（因赵穿已杀死晋灵公）回来了。赵盾，晋国正卿，赵衰之子，长期执掌晋国国政。因谥号为"宣"，亦称赵宣子。④〔史〕指下文的史官董狐。⑤〔弑〕以下杀上、以卑杀尊。⑥〔我之怀矣，自诒伊戚〕出自《诗经·邶风·雄雉》，文字略有不同，"戚"，《诗经》作"阻"。我的思念给自己带来了忧愁。怀，思。诒，遗。伊，此，这个。戚，忧伤。⑦〔书法不隐〕依照记史原则，秉笔直书。书法，史官修史的体例原则。隐，隐藏，包庇。⑧〔为法受恶〕因为这样的记史原则而承担恶名。⑨〔越境乃免〕如果逃亡时过了国境，那就能免于承担恶名了。

◎**大意** 晋国赵穿弑杀了国君晋灵公。赵盾本来由于得罪了灵公而逃亡，这时知道灵公已死，还没越过晋国边境的山就回来了。晋国史官董狐于是这样记载了这段历史："赵盾弑杀了国君。"赵盾为自己辩解。史官却说："你身为国家正卿，逃亡时没有越过国境，就应当对这件事情负责，而你回来之后又没有惩罚弑君的乱臣，这个责任不归你归谁？"赵盾听了，觉得确实有道理，就不再争辩。孔子阅读晋国史书，看到这条记载，感慨道："董狐，真是古代优秀的史官，他根据史书原则秉笔直书，没有丝毫隐瞒包庇。赵盾也是古代优秀的大夫，只是因为礼法原则而蒙受恶名，如果当时他逃亡时越过了国境，就可以免受恶名了。"

郑伐陈，入之，使子产①献捷②于晋。晋人问陈之罪焉，子产对曰："陈亡周之大德③，介恃楚众，冯陵敝邑④，是以有往年之告⑤。未获命⑥，则又有东门之役⑦。当陈隧者，井堙、木刊⑧，敝邑大惧。天诱其衷⑨，启弊邑心⑩，知其罪，授首于我⑪，用⑫敢献功。"

晋人曰："何故侵小？"对曰："先王之命，惟罪所在，各致其辟⑬。且昔天子一圻，列国一同，自是以衰，周之制也⑭。今大国多数坼矣，若无侵小，何以至焉。"晋人曰："其辞顺。"

　　孔子闻之，谓子贡曰："《志》有之：'言以足志，文以足言⑮。'不言，谁知其志？言之无文，行之不远。晋为伯，郑入陈，非文辞不为功⑯。小子慎哉！"

◎**注释**　①〔子产〕郑国大夫，名侨，曾执掌郑国国政，有仁爱忠厚的美名。②〔献捷〕古代打胜仗后，进献所获的俘虏及战利品。　③〔陈亡周之大德〕陈国忘恩负义，忘记了周朝的大恩大德。亡，通"忘"。周朝建立之初，封舜后于陈，陈之有国皆赖周朝，而郑为姬姓诸侯国，是以子产说陈国攻打郑国是忘记周朝的恩德。④〔介恃楚众，冯陵敝邑〕倚仗楚国军队，欺凌我国。介，凭借。众，军队。冯，欺凌。敝邑，对自己国家的谦称。⑤〔是以有往年之告〕所以以前曾向贵国申诉请求攻打陈国。告，上报，报告。⑥〔未获命〕没有获得准许。⑦〔东门之役〕鲁襄公二十四年，陈国随楚国攻打郑，军队曾陈于郑国的东门。⑧〔当陈隧者，井堙（yīn）、木刊〕在陈国军队经过的路上，井被填死了，树木被砍断了。隧，道路。堙，堵塞。刊，砍，消除。⑨〔天诱其衷〕上天引导陈国良心发现。诱，引。衷，善。⑩〔启敝邑心〕开启我国的心智，即引导我们打败了陈国。⑪〔授首于我〕被我国打败。授首，意为投降或被杀。⑫〔用〕因此。⑬〔惟罪所在，各致其辟〕只根据其所犯罪行，对其施以制裁。辟，原意为法律，这里指惩罚。⑭〔天子一坼，列国一同，自是以衰，周之制也〕天子管理的土地方圆千里，诸侯管理的土地方圆百里，以下根据地位品级递减，这是周朝的制度。坼，方圆千里。同，方圆百里。衰，递减。⑮〔言以足志，文以足言〕语言可以将思想表达清楚，文采可以使语言更动人。足，使增益。⑯〔晋为伯，郑入陈，非文辞不为功〕晋国是霸主国，如果不是善于辞令，郑国攻进陈国境内就不是功而是过了。

◎**大意**　郑国打败陈国之后，让子产向晋国进献战利品。晋人有意刁难，问子产："陈国有什么罪行，郑国为什么要去攻打陈国？"子产解释：是陈国先倚仗楚国势力入侵郑国，给郑国造成了极大的损伤和破坏，郑国才反击自卫，并最终在上天的保佑之下，成功打败陈国。

　　晋人又问："陈国是个小国，你们怎么能欺凌小国呢？"子产不卑不亢地回答："根据先王礼制，只要有罪，就根据罪行予以惩罚，不论国之大小强弱。而且，按周制规定，天子领地方圆千里，诸侯领地方圆百里，往下依次递减。但是现在很多大诸侯国的领地已经方圆数千里了，如果这些诸侯国没有侵夺小国土地，又怎么能有这么广袤的领土呢？"一番话说得晋国人无话可说，只能承认子产说得合情合理。

孔子知道这件事后，对子贡说："古《志》上说'言语可以表达志向意愿，文辞又可以使表述更加完备清楚。'所以，有些话必须要说出来，而且还得会说话，懂得修饰文辞。晋国是霸主国，如果郑国使者不善于辞令，可能会被晋国找到借口兴师问罪。"

楚灵王①汰侈②。右尹子革③侍坐，左史倚相④趋而过。王曰："是良史也，子善视⑤之。是能读《三坟》《五典》《八索》《九丘》⑥。"对曰："夫良史者，记君之过，扬君之善。而此子以润辞⑦为官，不可为良史。"曰："臣又乃尝闻焉，昔周穆王欲肆⑧其心，将过行天下，使皆有车辙并马迹焉⑨。祭公谋父作《祈昭》⑩，以止王心，王是以获殁于文宫⑪。臣问其诗焉而弗知，若问远焉，其焉能知。"王曰："子能乎？"对曰："能。其诗曰：'《祈昭》之愔愔⑫乎，式昭德音⑬，思我王度，式如玉，式如金⑭。刑民之力⑮，而无有醉饱之心。'"灵王揖而入，馈不食，寝不寐，数日，则固不能胜其情⑯，以及于难⑰。

孔子读其志，曰："古者有志：'克己复礼为仁。'信⑱善哉！楚灵王若能如是，岂期辱于乾溪⑲？子革之非⑳左史，所以风㉑也，称诗以谏，顺㉒哉。"

◎**注释** ①〔楚灵王〕名围，公元前541年至前529年在位，以穷奢极欲闻名，后在乾溪流连忘返，最终王位被篡，众叛亲离而死。②〔汰侈〕骄汰奢侈。③〔右尹子革〕右尹，官名。子革，名丹，原为郑国人，后逃亡至楚。④〔左史倚相〕左史，官名。倚相，左史名。古代史官分左右，有不同分工，所谓"左史记言，右史记事"。⑤〔善视〕善待，优待。⑥〔《三坟》《五典》《八索》《九丘》〕

传说中的远古典籍。⑦〔润辞〕修饰文辞。⑧〔肆〕放纵。⑨〔将过行天下，使皆有车辙并马迹焉〕准备游行全国，在各地都留下车马痕迹。⑩〔祭公谋父作《祈昭》〕祭公谋父创作了《祈昭》之乐。祭公谋父，周王朝的卿士，封于祭地。《祈昭》，《左传·昭公十二年》作"《祈招》"，似当从《左传》，"招"，通"韶"。⑪〔获殁于文宫〕得以在宫殿中寿终正寝。文宫，周代宫名，《左传》作"祗宫"。⑫〔愔（yīn）愔〕和悦安舒貌。⑬〔式昭德音〕用以昭明美好的声名。式，用，以。德音，好名声。⑭〔思我王度，式如玉，式如金〕想着我们天子的风度，应该如金玉一样坚实厚重（令人尊敬神往）。⑮〔刑民之力〕根据民力多少而任用百姓，即不要过度役使百姓。刑，通"型"，以……为模型。《左传·昭公二十年》："形民之力。"杜预注："言国之用民，当随其力任，如金冶之器，随器而制形。"⑯〔固不能胜其情〕实在没法战胜自己的骄纵之情。固，确实，表示强调。⑰〔以及于难〕最终陷于灾祸。指楚灵王在乾溪流连忘返，最终王位被篡、众叛亲离而死一事。⑱〔信〕确实。⑲〔岂期辱于乾溪〕哪里能料想到会在乾溪受辱。期，料想。⑳〔非〕批评。㉑〔风〕通"讽"，讽谏。㉒〔顺〕合乎道义。

◎**大意**　楚灵王骄泰奢侈，右尹子革借批评左史倚相不是优秀史官的机会，向楚灵王讲述了周穆王的故事，以此来提醒楚灵王不能在乾溪乐而忘返。但楚灵王没能战胜自己的享乐之心，最终王位被篡，众叛亲离而死。

　　孔子看到了这段历史记载，评价说："古人有云：'克制自己过分的欲望，使言行举止皆符合礼，这就具备仁德了。'这话说得真有道理！楚灵王如果能够克制自己的骄纵之心，又怎么会在乾溪受辱？子革批评左史倚相是为了讽谏灵王，引用祭公谋父的诗来讽谏，这是合乎道义的。"

　　叔孙穆子避难奔齐①，宿于庚宗之邑②。庚宗寡妇通焉，而生牛。穆子返鲁③，以牛为内竖④，相家⑤。牛谗叔孙二子，杀之⑥。叔孙有病，牛不通其馈⑦，不食而死。牛遂辅叔孙庶子昭而立之。昭子既立，朝其家众曰："竖牛祸叔孙氏，使乱大从，杀适立庶⑧，又被其邑，以求舍罪⑨，罪莫大焉，必速杀之。"遂杀竖牛。

　　孔子曰："叔孙昭子不劳⑩，不可能也⑪。周任⑫有言曰：'为政者不赏私劳⑬，不罚私怨。'《诗》云：'有觉德行，四国顺之⑭。'昭子有焉。

◎**注释** ①〔叔孙穆子避难奔齐〕叔孙穆子，即叔孙豹，鲁国大夫，其兄为鲁国叔孙氏宗主叔孙侨如，因其兄骄纵无道，遂避祸于齐。②〔庚宗之邑〕庚宗城，鲁国城邑。③〔穆子返鲁〕叔孙侨如避难出奔后，鲁国遂召回穆子，以穆子为叔孙氏宗主。④〔内竖〕传达命令的小官。⑤〔相家〕辅助管理家族事务。⑥〔牛谗叔孙二子，杀之〕牛诽谤叔孙穆子的两个儿子，并最终将二人杀害。⑦〔不通其馈〕不给叔孙穆子送吃的。馈，进食于人。⑧〔使乱大从，杀适立庶〕使乱大从，扰乱了原本和顺的秩序。从，顺。适，同"嫡"。⑨〔又被其邑，以求舍罪〕又分割城邑行贿以求逃脱罪责。被，通"披"，分割。⑩〔不劳〕不以拥立自己为竖牛的功劳。⑪〔不可能也〕一般人是做不到的。⑫〔周任〕周时贤人。⑬〔不赏私劳〕不赏赐只对自己有功劳的人。⑭〔有觉德行，四国顺之〕出自《诗经·大雅·抑》。有正直美好的品德，天下都会归顺。觉，正直、高大。

◎**大意** 叔孙穆子在避难途中与庚宗一寡妇私通，生下了一个孩子，名叫牛。叔孙穆子返回鲁国之后，让牛负责家政。牛造谣诽谤，杀了叔孙穆子的两个嫡子。叔孙穆子生病之后，牛不给他食物，饿死了叔孙穆子。此后，牛又辅佐叔孙穆子的庶子昭子继承穆子之权位，想要借昭子继续掌握大权。但昭子成为叔孙穆子继承人之后，马上召集家族众人，说明了牛的罪行，并最终杀掉了牛。

孔子十分赞赏叔孙昭子的做法，认为昭子不因牛的扶持之功而有所偏袒，是非常难能可贵的。

晋邢侯与雍子争田①，叔鱼摄理②，罪在雍子。雍子纳其女于叔鱼③，叔鱼弊狱邢侯④。邢侯怒，杀叔鱼与雍子于朝⑤。韩宣子⑥问罪于叔向⑦，叔向曰："三奸同坐⑧，施生戮死⑨，可也。雍子自知其罪而赂以置直⑩，鲋也鬻狱⑪，邢侯专杀⑫，其罪一也。己恶而掠美⑬为昏，贪以败官为默，杀人不忌为贼。《夏书》曰：'昏、默、贼，杀。'咎陶⑭之刑也。请从之。"乃施邢侯，而尸雍子、叔鱼于市。

孔子曰："叔向，古之遗直⑮也。治国制刑，不隐于亲⑯。三数叔鱼之罪，不为末⑰，或曰义⑱，可谓直矣。平丘之会，数其贿也，以宽卫国⑲，晋不为暴⑳；归鲁季孙，称其诈也㉑，以宽鲁国，晋不为虐㉒；邢侯之狱，言其贪也，以正刑书㉓，晋不为颇㉔。三言而除三恶，加三利，杀亲益荣，由义也夫。"

◎**注释**　①〔邢侯与雍子争田〕邢侯和雍子争夺土地。邢侯，楚国申公巫臣之子，巫臣奔晋后为邢地大夫。雍子，本为楚人。②〔叔鱼摄理〕叔鱼代为审理这件案子。叔鱼，叔向之弟，即羊舌鲋。③〔纳其女于叔鱼〕把女儿嫁给叔鱼。纳，送，献。④〔弊狱邢侯〕把罪责判在邢侯身上。弊，断也。《左传·昭公十四年》作"蔽罪邢侯"。⑤〔朝〕朝堂。⑥〔韩宣子〕名起，谥号宣，春秋后期晋国六卿之一。⑦〔叔向〕名肸（xī），字叔向，春秋后期晋国贤臣。⑧〔三奸同坐〕三人都有罪。奸，歹徒，恶人。坐，定罪。⑨〔施生戮死〕生者判罪，死者陈尸。施，判罪，这里指处死。戮，陈尸示众。⑩〔赂以置直〕贿赂以使自己脱罪。置，购买。直，正当，指无罪。⑪〔鬻（yù）狱〕收受贿赂而不秉公断案。⑫〔专杀〕擅自杀人。专，擅也。⑬〔己恶而掠美〕自己行为不端却硬要（通过贿赂等不正当手段）获得好名声。掠，取，抢。⑭〔咎陶〕即皋陶，传说为舜时的掌管刑狱之官。⑮〔遗直〕叔向之直有古人遗风，故曰"遗直"。⑯〔不隐于亲〕不包庇亲人。⑰〔不为末〕不为他减轻罪责。末，减轻。⑱〔或曰义〕人们都说叔向做的符合道义。或，都。王肃注："或，《左传》作'咸'也。"⑲〔平丘之会，数其贿也，以宽卫国〕平丘之会时，叔向指责叔鱼贪财，使卫国摆脱了叔鱼的刁难。平丘，地名，位于今河南封丘东。《左传·昭公十三年》："叔鲋求货于卫，淫刍荛者，卫人使屠伯馈叔向羹与一箧锦……叔向受羹反锦，曰：'晋有羊舌鲋者，渎货无厌，亦将及矣，为此役也，子若以君命赐之，其已。'客从之，未退而禁之。"⑳〔晋不为暴〕晋国做到了不残暴。㉑〔归鲁季孙，称其诈也〕让鲁国季孙氏归国，讲出叔鱼的欺诈。事亦见《左传·昭公十三年》。㉒〔晋不为虐〕晋国做到了不欺凌他国。㉓〔以正刑书〕从而严正刑法。㉔〔颇〕偏颇。

◎**大意**　晋国邢侯和雍子争夺田地，雍子把自己的女儿嫁给了摄理案件的叔鱼，使无辜的邢侯被判有罪。邢侯一怒之下，在朝堂之上杀掉了叔鱼和雍子。韩宣子向叔向询问该如何处理这一事件。叔向认为，雍子知道自己有罪，不知悔改还贿赂主审官员，是昏；叔鱼接受贿赂，没有秉公审理案件，叫墨；邢侯擅自杀人，叫贼，三人罪行都十分严重，当一同治罪。活着的处死，死了的陈尸。

　　孔子评价叔向十分正直，有古人遗风，还列举了叔向三次指出弟弟叔鱼之罪的事情，说明叔向的正直无私使晋国免于欺凌小国的恶名，并且维护了晋国刑法的尊严。

　　郑有乡校^①，乡校之士非论执政^②。然明^③欲毁乡校。子产曰："何以毁为也？夫人朝夕退而游焉，以议执政之善否^④。其所善者，吾则行之；其所否者，吾则改之。若之何其毁也？我闻忠言以损怨^⑤，不闻立威以防怨^⑥。防怨犹防水也，大决所犯，伤人必多^⑦，吾弗克救也。不如小决使导之^⑧，不如吾所闻而药^⑨之。"

　　孔子闻是言也，曰："吾以是观之，人谓子产不仁，吾不信也。"

◎**注释**　①〔乡校〕古代的地方学校。②〔非论执政〕批评管理国家政事的人。非论，批评。执政，掌权之人。③〔然（zōng）明〕郑国大夫，姓然，名蔑，字然明。④〔善否〕好坏。⑤〔忠言以损怨〕以诚恳正直的言语减损他人的怨恨。⑥〔立威以防怨〕用强硬手段禁止他人的怨恨。立威，树立威权。防，阻塞，禁止。⑦〔大决所犯，伤人必多〕大规模地决堤一定会伤害非常多的人。大决，大规模地决堤。犯，伤害。⑧〔小决使导之〕给水开个小口，引导其慢慢流出。⑨〔药〕救治，这里指调整和改善政治管理方式。

◎**大意**　郑国人经常在乡校里批评时政，大夫然明便想废除乡校，以扼制人们的怨言。子产却不同意。子产认为，为政就应该多听听百姓的意见。百姓认为好的政策措施，就可以推广施行；百姓认为哪项政策不合理，就应当予以改正。百姓的批评怨愤，只有靠不断改进自身才能消解；一味压制震慑，总有一天，百姓的怨愤就会像洪水大决堤一样，那时候损失就会更大而无法控制了。

　　孔子听到子产的这些言论，深信子产是一位仁德的君子。

晋平公会诸侯于平丘，齐侯及盟。郑子产争贡赋之所承^①，曰：“昔日天子班贡^②，轻重以列^③，列尊贡重，周之制也。卑而贡重者，甸服^④。郑伯，南也^⑤，而使从公侯之贡，惧弗给^⑥也，敢以为请。”自日中争之，以至于昏，晋人许之。

孔子曰：“子产于是行也，是以为国基^⑦也。《诗》云：‘乐只君子，邦家之基^⑧。’子产，君子之于乐者^⑨。”且曰：“合诸侯而艺贡事^⑩，礼也。”

◎**注释**　①〔争贡赋之所承〕尽量争取减少郑国承担的贡赋。贡赋，这里指结盟诸国需为盟会组织缴纳的财物。《国语·鲁语下》：“今我小侯也，处大国之间，缮贡赋以共从者，犹惧有讨。”②〔班贡〕分摊贡赋。班，分也。③〔轻重以列〕根据等级地位决定所承担贡赋的轻重。列，位列，等级。④〔卑而贡重者，甸服〕地位低却承担较重贡赋的，是那些被封于天子畿内的。甸服，一般指离王畿很近的地方，这里指畿内的公卿大夫等。《左传·昭公十三年》：“卑而贡重者，甸服。”孔颖达正义：“甸服，谓天子畿内共职贡者。”⑤〔郑伯，南也〕郑伯，是南方的诸侯。南，南服，古代王畿以外地区分为五服，故称南方为南服。“南”，《左传·昭公十三年》作“男”，似误，郑国国君为伯爵，非男爵。⑥〔弗给〕无法如数缴纳贡赋。给，充足。⑦〔国基〕国家柱石。⑧〔乐只君子，邦家之基〕出自《诗经·小雅·南山有台》。君子很快乐，是国家的柱石，即作为国家柱石的君子，因能为国家做贡献而感到快乐。只，语助词，乐只犹言“乐哉”。⑨〔君子之于乐者〕是很快乐的君子。⑩〔艺贡事〕制定贡赋标准。艺，制定准则。

◎**大意**　晋平公在平丘大会诸侯，子产在会上提出了减轻郑国贡赋的请求，并且据理力争，从中午一直争论到傍晚，最终使晋国同意了他的请求。

孔子认为子产为保护国家利益不遗余力，足以被称为郑国的国家柱石。能为国家做贡献，君子就会很快乐。子产就是这样因保护了国家根基而十分快乐的代表。

郑子产有疾，谓子太叔^①曰：“我死，子必为政。唯有德者能以宽服民，其次②莫如猛③。夫火烈，民望而畏之，故鲜死焉；水濡弱④，民狎而玩之⑤，则多死焉，故宽难。"子产卒，子太叔为政，不忍猛而宽，郑国多掠盗。太叔悔之曰："吾早从夫子，必不及此。"

孔子闻之，曰："善哉！政宽则民慢⑥，慢则纠于猛。猛则民残⑦，民残则施之以宽。宽以济⑧猛，猛以济宽，宽猛相济，政是以和。《诗》曰'民亦劳止，汔可小康。惠此中国，以绥四方⑨'，施之以宽；'毋纵诡随，以谨无良。式遏寇虐，惨不畏明⑩'，纠之以猛也；'柔远能迩，以定我王⑪'，平之以和也。又曰'不竞不絿，不刚不柔。布政优优，百禄是遒⑫'，和之至也。"

子产之卒也，孔子闻之，出涕⑬，曰："古之遗爱⑭。"

◎**注释**　①〔子太叔〕游氏，名吉。继子产而为郑国执政。②〔其次〕差一点的。③〔猛〕严厉，这里指严厉的政策。④〔濡（ruǎn）弱〕柔弱。濡，柔软，柔弱。⑤〔民狎而玩之〕老百姓亲近而不重视。狎，亲近而不庄重。玩，忽视，轻视。⑥〔慢〕怠惰松散。⑦〔猛则民残〕政策过于严厉，百姓就会受到伤害。残，毁害，伤害。⑧〔济〕补益。⑨〔民亦劳止，汔（qì）可小康。惠此中国，以绥四方〕出自《诗经·大雅·民劳》。百姓够辛苦的了，差不多该让他们稍微休养一下了。厚待中原地区，以此可安抚天下。汔，庶几，接近。小康，稍作休养，康，安乐。中国，中原地区，朱熹《诗集传》释为"京师"。绥，安抚。⑩〔毋纵诡随，以谨无良。式遏寇虐，惨不畏明〕出自《诗经·大雅·民劳》。不要放纵那些奸佞小人，约束那些小人，从而阻遏那些无惧天命、肆虐妄为的人。诡随，不讲原则、一味顺随他人的人。谨，收敛约束。无良，品质低劣的人。惨不畏明，一点也不畏惧天之明命的人。惨，同"曾"，一直。⑪〔柔远能迩，以定我王〕出自《诗经·大雅·民劳》。怀柔远方，善待近地，以此巩固王室、安定天下。能，亲善，和睦。⑫〔不竞不絿，不刚不柔。布政优优，百禄是遒〕出自《诗经·商颂·长发》。不争不躁，不过刚也不过柔。施行平和的政治，就能得到各种福禄。絿，急躁。优优，宽裕柔和。禄，福。遒，聚集。⑬〔涕〕眼泪。⑭〔古之遗爱〕具有古人那种仁爱之心的人。

◎**大意** 子产临死之前，告诫子太叔：只有德行高的人才能以德服人，如果德行不足，就必须采用严厉的管理方式，使人们因害怕而不敢违背礼法，从而保持社会稳定。但太叔执政后，不忍心以严厉政策治理国家，对百姓宽松容忍，最终导致郑国国内盗贼四起，自己也悔之莫及。

孔子听说后，称赞子产御国有术，认为治理国家当以严厉与宽柔相互配合，才能保证国家的安定和平。

孔子适齐，过泰山之侧，有妇人哭于野者而哀。夫子式而听之[①]，曰："此哀一似重有忧者[②]。"使子贡往问之。而曰："昔舅[③]死于虎，吾夫又死焉，今吾子又死焉。"子贡曰："何不去乎？"妇人曰："无苛政[④]。"子贡以告孔子。子曰："小子识之[⑤]：苛政猛于暴虎。"

◎**注释** ①〔式而听之〕站在车上，手扶车前横木而听哭声。式，通"轼"，车前横木，这里指以手抚轼，这是古人坐在车上时表示敬意的一种礼节。②〔一似重有忧者〕很像有好几件伤心事。一，表示程度很深。重，几重，好几种。③〔舅〕即公公。古代以舅姑指公公婆婆。④〔苛政〕残酷地剥削压迫百姓的政治。⑤〔识之〕将这个记下来。

◎**大意** 孔子前往齐国途中，经过泰山时，听到一位妇人在野外哭得十分伤心。细听之下，孔子认为这位妇人一定有好几件伤心事，便让子贡前去询问。原来，这位妇人的公公、丈夫以及儿子都被老虎咬死了。而妇人一家明知这里有老虎，仍没有马上搬迁，就是因为这里没有繁重的赋税徭役。孔子了解了情况后，嘱咐弟子们记住：暴政远比猛虎对百姓的伤害更大。

晋魏献子[①]为政，分祁氏及羊舌氏之田[②]，以赏诸大夫及其子成[③]，皆以贤举也。又谓贾辛[④]曰："今汝有力于王室[⑤]，吾是以举汝。行乎，敬之哉，毋堕乃力[⑥]。"

孔子闻之，曰："魏子之举也，近不失亲[7]，远不失举[8]，可谓义矣。"又闻其命[9]贾辛，以为忠[10]："《诗》云'永言配命，自求多福[11]'，忠也。魏子之举也义，其命也忠，其长有后于晋国[12]乎。"

◎**注释** ①〔魏献子〕即魏舒，姬姓，魏氏，名舒，史称魏献子，春秋时期晋国正卿，继韩宣子之后执掌晋国政治。②〔分祁氏及羊舌氏之田〕祁氏和羊舌氏因作乱被灭族，二氏封地被魏献子分为十县，事见《左传·昭公二十八年》。③〔成〕人名，魏献子之子，《左传·昭公二十八年》作"戊"。④〔贾辛〕魏献子分祁氏和羊舌氏之田为十县时，因晋国协助东周平定子朝之乱时，贾辛曾率师征战，遂以贾辛为祁县大夫。⑤〔有力于王室〕对周王室有功。⑥〔毋堕乃力〕不要有损于你的功劳。堕，毁坏，损坏。⑦〔近不失亲〕选举身边人才不会落了自己的亲人，指魏献子以其子魏成为梗阳大夫。⑧〔远不失举〕关系疏远的人也不会失去被举荐的机会。⑨〔命〕告诫。⑩〔以为忠〕认为魏献子很是忠诚恳切。⑪〔永言配命，自求多福〕出自《诗经·大雅·文王》。永远依照天命而行，自己就可求得众多福禄（而不需要外寻）。⑫〔长有后于晋国〕后代会长期在晋国保有禄位。

◎**大意** 晋国魏献子执掌国政的时候，将原本属于祁氏和羊舌氏的封地分别赏赐给了几位大夫和自己的儿子魏成。这些被任用的都是贤能之人，魏献子告诫其中一位叫贾辛的大夫说："因你有功于王室，所以举用了你，你一定要更加恭敬谦谨，不要有所松懈，有损你的功劳。"

孔子听到这件事后，赞扬魏献子做到了举贤不避亲和不失远，尤其肯定魏献子对有匡扶王室之功的贾辛的重用和谆谆告诫，认为这是忠诚的表现。孔子引用《诗经》中的诗句，说明忠诚的人能够为自己带来福德，并认为魏献子的后代肯定能长期在晋国保有禄位。

赵简子[1]赋晋国一鼓钟[2]，以铸刑鼎[3]，著范宣子[4]所为刑书。孔子曰："晋其亡乎，失其度矣。夫晋国将守唐叔[5]之所受法度，以经纬[6]其民者也。卿大夫以序守之[7]，民是以能遵其道而守其业，贵贱不愆[8]，所谓度也。文公[9]是以作执秩之官[10]，为被庐之法[11]，以为盟主。

今弃此度也，而为刑鼎，铭在鼎矣，何以尊贵？何业之守也⑫？贵贱无序，何以为国？且夫宣子之刑，夷之蒐也⑬，晋国乱制⑭，若之何其为法乎？"

◎**注释**　①〔赵简子〕嬴姓，赵氏，名鞅，春秋后期晋国六卿之一，长期执掌国政。②〔赋晋国一鼓钟〕从晋国征收了一鼓重的铁。鼓，古代量器或衡器名，其容量大小或重量轻重说法不一，王肃注："三十斤谓之钧，钧四谓之石，石四谓之鼓。"钟，《左传·昭公二十九年》作"铁"，似是。《左传·昭公二十九年》："赋晋国一鼓铁。"杜预注："令晋国各出功力，共鼓石为铁，计令一鼓使足。"③〔刑鼎〕刻有刑书的鼎。④〔范宣子〕祁姓，范氏，名匄（gài），因范氏为士氏旁支，故又称士氏。春秋时期晋国人，长期执掌晋国国政，曾据晋国法典制作了一部刑书。⑤〔唐叔〕名虞，周成王之弟，晋国始封之祖。⑥〔经纬〕原意为织物的横线与纵线，引申指秩序或治理。⑦〔以序守之〕按照等级、次序各守自己的职责。⑧〔愆〕过错。⑨〔文公〕指晋文公。⑩〔作执秩之官〕设立了主管爵秩的官。秩，官吏的级别。⑪〔被庐之法〕在被庐制定的法律。被庐，晋国地名。⑫〔铭在鼎矣，何以尊贵？何业之守也？〕（法律）铭文都被刻在鼎上了，还怎么能保持对高贵者的尊重？哪里还会坚守自己的职务？⑬〔夷之蒐（sōu）也〕在夷地阅兵之时（制定颁布的）。蒐，阅兵。⑭〔晋国乱制〕是给晋国造成混乱的制度。孔颖达《春秋左传正义》："范宣子所用刑，乃夷搜之法也。夷搜在文六年，一搜而三易中军帅，贾季、箕郑之徒遂作乱，故曰乱制。"

◎**大意**　晋国赵鞅专门铸造了一口鼎，刻上范宣子所著的刑书，以之作为百姓行动的准绳。孔子却十分不赞同赵鞅的做法。孔子认为，晋国应该仍以唐叔传授下来的法度治国理政。各级官员按照等级、次序各司其职，百姓才会遵循国家的政令，做好自己的分内事。贵贱等级有别，才是法度。晋文公就是因为遵守了这样的法度原则，才最终成为盟主的。但如今法律铭文都刻在鼎上，人们就会直接按照法律规定，以自己的解读来行事，还怎么能保证为政者的尊贵地位，百姓又哪里会坚守自己的岗位职责？而且范宣子的刑书是在阅兵时制定的，是使晋国混乱的制度，怎么能以此为法度呢？

楚昭王①有疾，卜曰："河神为祟②。"王弗祭，大夫请祭诸郊。王曰："三代命祀，祭不越望③。江、汉、沮、漳，楚之望也④。祸福之至，不是过乎⑤？不谷⑥虽不德，河非所获罪也。"遂不祭。

孔子曰："楚昭王知大道矣，其不失国也，宜哉。《夏书》⑦曰：'维彼陶唐，率彼天常，在此冀方⑧。今失厥道，乱其纪纲，乃灭而亡。'又曰：'允出兹在兹⑨'，由己率常⑩，可矣。"

◎**注释** ①〔楚昭王〕春秋时期楚国国君熊壬，楚平王之子。②〔河神为祟〕黄河神在作怪。河，特指黄河。祟，迷信说法指鬼神给人带来的灾祸。③〔三代命祀，祭不越望〕夏、商、周三代的祭祀制度，都要求诸侯只能祭祀境内山川。命祀，祭祀的制度。古代天子遥祭五岳、四渎等称望祭，而普通诸侯则不具祭祀四渎、五岳等的资格，不能越位进行望祭，故称"祭不越望"。④〔江、汉、沮、漳，楚之望也〕江水、汉水、沮水、漳水，都在楚国境内。⑤〔不是过乎〕即"不过是乎"，不会是从这些地方以外的地方来的。⑥〔不谷〕古代诸侯谦称。⑦〔《夏书》〕后文所引内容见《古文尚书·五子之歌》，文字略有不同。⑧〔维彼陶唐，率彼天常，在此冀方〕那位尧能够顺从天之常道，（从而）据有天下。陶唐，指尧。率，顺从。天常，天之常道。冀方，指当时的中国，即后来所说的中原一带。⑨〔允出兹在兹〕确实是做了什么样的事就有什么样的结果。允，确实。⑩〔由己率常〕由自己来顺随天道而行。

◎**大意** 楚昭王生病了，占卜结果说是黄河河神作祟，诸大夫纷纷请求楚昭王在郊外祭祀河神，以消除病灾。楚昭王却认为，按照古代礼法，诸侯国君不能祭祀不在本国境内的山川诸神。尽管自己没有德行，但祸福也不可能是从国境之外到来的，因而自己的病和黄河河神没有任何关系。最终，楚昭王还是没有祭祀河神。

孔子知道这件事后，评论说楚昭王懂得大道——是非祸福都是自己的品德招致的，只要遵循天道纲常就可以了。因此，楚昭王没有成为亡国之君是理所应当的。

卫孔文子使太叔疾出其妻①，而以其女妻之。疾诱其初妻之娣②，为之立宫，与文子女，如二妻之礼③。文子怒，将攻之。孔子舍璩伯玉④之家，文子就而访焉⑤。孔子曰："簠簋之事⑥，则尝闻学之矣。兵甲之事⑦，未之闻也。"退而命驾而行曰："鸟则择木，木岂能择鸟乎？"文子遽自止之⑧曰："圉也岂敢度⑨其私哉？亦访⑩卫国之难也。"

将止，会季康子问冉求之战。冉求既对之，又曰："夫子播之百姓、质诸鬼神而无憾⑪，用之则有名⑫。"康子言于哀公，以币⑬迎孔子，曰："人之于冉求，信之矣，将大用之。"

◎**注释**　①〔孔文子使太叔疾出其妻〕孔文子让太叔疾休了自己现在的妻子。孔文子，名圉（yǔ），春秋时卫国大夫，因谦虚好学谥号为"文"。太叔疾，即世叔齐，卫国大夫，曾出逃到宋国，娶了宋国子朝的女儿。出其妻，即休其妻。②〔娣〕妹妹。③〔如二妻之礼〕两个都按照妻子之礼来对待。如，按照。④〔璩伯玉〕即蘧伯玉，卫国大夫，有贤名。⑤〔就而访焉〕跑到蘧伯玉家里咨询孔子。就，接近，到达。访，询问。⑥〔簠簋之事〕代指与礼仪相关的事宜。⑦〔兵甲之事〕代指战争之事。兵，兵器。甲，甲胄。⑧〔遽自止之〕赶忙自己前去拦住孔子。遽，匆忙。⑨〔度〕考虑，谋划。⑩〔访〕疑当作"防"。⑪〔夫子播之百姓、质诸鬼神而无憾〕无论是将夫子的主张推行到老百姓中间，还是让鬼神来评判夫子及其主张，都是没有缺憾的。播，传播。质，辨别，评判。⑫〔用之则有名〕如果能聘用孔子，就会使聘用者天下闻名。⑬〔币〕泛指车马皮帛玉器等礼物。

◎**大意**　卫国的孔文子让太叔疾休了原配妻子后，又娶了自己的女儿。但太叔疾不仅娶了孔文子的女儿为妻，还引诱了前妻的妹妹，并为之修建宫室，对二人都以妻子之礼对待。孔文子大怒，想要攻打太叔疾。彼时孔子正好在卫国，寄居在蘧伯玉家里。文子遂前往拜访孔子，询问打仗时的取胜之法。孔子不愿参与这些恩怨争斗，没有回答，并让人准备车马，打算离开卫国。孔文子马上认错，态度谦和，亲自挽留孔子。

此时弟子冉求获得了季孙氏的信赖，就借机向季氏夸赞老师孔子出类拔萃的才学、境界。于是季康子向鲁哀公请示，派人带着财物礼品去迎接孔子，并准备予以重用。

　　齐陈恒弑其简公①，孔子闻之，三日沐浴②而适朝，告于哀公曰："陈恒弑其君，请伐之。"公弗许。三请，公曰："鲁为齐弱久矣，子之伐也，将若之何？"对曰："陈恒弑其君，民之不与者半。以鲁之众，加齐之半，可克也。"公曰："子告季氏。"孔子辞③，退而告人曰："以吾从大夫之后④，吾不敢不告也。"

◎**注释**　①〔齐陈恒弑其简公〕齐国的陈恒弑杀了国君简公。陈恒，即田常，齐国大夫。简公，即齐简公，春秋时齐国国君，名壬，公元前484年至公元前481年在位。②〔沐浴〕濯发洗身。古人在重要事情前沐浴斋戒以表达庄重严肃。③〔辞〕推辞，不接受。王肃注："不告季氏。"《论语·宪问》亦载此事，不过，据《论语》记载，孔子曾向三桓请求伐陈恒。④〔从大夫之后〕孔子曾经位列大夫，此时已经卸任，故称"从大夫之后"。

◎**大意**　齐国的陈恒弑杀了国君简公。孔子听说了这件事，斋戒沐浴三天后，上朝请求鲁哀公发兵攻打陈恒。尽管孔子再三请求，并说明了陈恒因弑杀国君而不受齐人支持，如果攻打陈恒，就等于以鲁国兵力加上齐国一半民众的力量，去对抗陈恒及其支持者，胜算颇大，鲁哀公依然不同意，并表示让孔子先去征得季氏的同意。孔子推辞了，没有再请求季氏讨伐陈恒。孔子后来向别人说道："因为我曾经担任过大夫一职，不敢不向国君禀告。"

　　子张问曰："《书》云：'高宗①三年不言，言乃雍②。'有诸？"孔子曰："胡为其不然也？古者天子崩③，则世子委政于冢宰④三年。成汤既没⑤，太甲⑥听于伊尹⑦；武王既丧，成王听于周公，其义一也。"

注释 ①〔高宗〕指殷商高宗武丁。②〔雍〕和谐。③〔崩〕去世。《礼记·曲礼下》："天子死曰崩，诸侯死曰薨，大夫曰卒，士曰不禄，庶人曰死。"④〔冢宰〕周朝官名，相当于后世宰相。⑤〔没〕通"殁"，去世。⑥〔太甲〕商汤之孙，商朝第四任君王。⑦〔伊尹〕商朝初年贤臣，名伊，一说名挚，尹为官名。他助汤灭夏后，又相继辅佐商汤之子卜丙、仲壬及其孙太甲。

◎**大意** 子张读《尚书》时，看到商朝高宗因服丧三年没有议论政事的记载，不太能理解，就向孔子请教是否真有其事。孔子表示无须怀疑其真实性，古代礼法制度就有这样的规定：天子去世后，继位的世子要先服丧三年，这期间政事全部托付给冢宰管理。商汤去世后，其子太甲就听从于伊尹；武王去世后，成王就听从于周公，这都是一样的道理。

卫孙桓子①侵齐，遇，败焉。齐人乘②之，执③。新筑④大夫仲叔于奚以其众救桓子，桓子乃免。卫人以邑赏仲叔于奚，于奚辞，请曲悬之乐⑤，繁缨以朝⑥。许之，书在三官⑦。子路仕卫，见其故⑧，以访孔子。

孔子曰："惜也！不如多与之邑，惟器与名，不可以假人⑨，君之所司⑩。名以出信，信以守器，器以藏礼，礼以行义，义以生利，利以平民，政之大节也。若以假人，与人政也。政亡，则国家从之，不可止也。"

◎**注释** ①〔孙桓子〕即孙良夫，春秋时卫国大夫，曾任卫国执政。②〔乘〕追击。③〔执〕逮捕。④〔新筑〕春秋时卫地，在今河北魏县南。⑤〔曲悬之乐〕周代礼制规定，诸侯之乐，室内三面（去南面）悬乐器，形曲，谓之曲悬，又称"轩悬"。⑥〔繁（pán）缨以朝〕上朝时乘用繁缨装饰的辂马。繁，同"鞶"，皮带。繁缨是天子和诸侯才能使用的马匹装饰。⑦〔三官〕这里是大司徒、大司马、大司寇的合称。⑧〔故〕旧典，以往的记载。⑨〔惟器与名，不可以假人〕只有礼器和名号不能借给别人。⑩〔司〕管理。

◎**大意** 卫国大夫孙桓子在侵伐齐国的战争中失败被擒，新筑大夫仲叔于奚率部众援救了孙桓子。卫国人准备给仲叔于奚城邑以作奖赏，但应仲叔于奚的请求，卫国人最终同意了仲叔于奚使用曲悬之乐和繁缨装饰的马匹来朝见国君。子路在卫国担任官职时，看到了三官记载下来的这一事件，便向孔子请教这样做是否合礼。

孔子认为不应该这么做，还不如多给仲叔于奚几座城邑。因为礼器和名号应当掌握在国君手中，绝对不能借给别人。礼器和名号是身份的象征，可以显示威信，表现出礼的内涵。而守礼才能行义，道义得到推广，一切都恰如其分，就会实现利益最大化，从而使得社会稳定。因而，礼器和名号是为政权为重要的因素。如果把这两样东西借给了别人，就等于将政权交给了别人，那么国家也将很快灭亡。

公父文伯①之母纺绩不解②，文伯谏焉。其母曰："古者王后亲织玄纮③，公侯之夫人加之纮綖④，卿之内子⑤为大带⑥，命妇⑦成祭服，列士⑧之妻加之以朝服。自庶士已下，各衣其夫。社而赋事⑨，烝而献功⑩，男女纺绩⑪，愆则有辟⑫，圣王之制也。今我寡也，尔又在下位⑬，朝夕恪勤，犹恐忘先人之业，况有怠堕⑭，其何以避辟？"

孔子闻之曰："弟子志之：季氏之妇，可谓不过矣。"

◎**注释** ①〔公父文伯〕名歜，季悼子之孙，公父穆伯之子，鲁国大夫。②〔解〕通"懈"，松懈。③〔玄纮〕古时冠冕前后用来系瑱的悬垂丝带。④〔纮綖〕古时冠冕上用于装饰的绳带。纮，系于颔下的帽带。綖，覆盖在帽子上的一种装饰物。⑤〔内子〕妻子。⑥〔大带〕古代贵族礼服用带，有革带、大带之分。革带以系佩绂（fú），大带加于革带之上，用素或练制成。⑦〔命妇〕有封号的妇女。王肃注："大夫之妻为命妇。"⑧〔列士〕即元士，古称天子之上士。⑨〔社而赋事〕春分祭社时，从事农桑之事。社，指春分时祭祀土地神。赋，敷也，开展。⑩〔烝而献功〕冬天祭祀时将一年劳动收获的五谷、布帛等献上。烝，冬祭之名。《礼记·祭统》："凡祭有四时：春祭曰礿（yuè），夏祭曰禘，秋祭曰尝，冬祭曰烝。"⑪〔纺绩〕原意为纺丝缉麻，此处引申为创造成果、创立功业。⑫〔愆则有辟〕犯了过错就会受到刑罚。愆，过错。辟，刑法，这里用作动词。⑬〔下位〕指下大夫之位。⑭〔堕〕通"惰"。

◎**大意** 公父文伯的母亲坚持纺绩，文伯劝谏母亲不要再操劳。文伯母亲却告诉他：古代上至王后，下到普通农妇，都有纺织制衣的相应任务。春分时祭祀土地神，开始农桑之事，冬祭时献上五谷、布帛，男女都争相做出自己的贡献，有过错就会受到法律惩治，这是圣王的制度。如今，我寡居在家，你也就个下大夫，早晚勤谨，还担心辱没先王功绩，更不要说怠惰了，怎么能避免法律的惩戒呢？

　　孔子听说后，要求弟子们记住，如果能做到文伯母亲这样恭谨，就不会犯什么错误了。

　　樊迟问于孔子曰："鲍牵①事齐君，执政不挠②，可谓忠矣，而君刖之，其为至暗③乎？"孔子曰："古之士者，国有道则尽忠以辅之，国无道则退身以避之。今鲍庄子食于淫乱之朝④，不量主之明暗，以受大刖，是智之不如葵，葵犹能卫其足。"

◎**注释** ①〔鲍牵〕即鲍庄子，鲍叔牙曾孙，齐灵公时大夫。鲍牵因举报灵公母声孟子与大夫庆克私通之事，而触怒声孟子，声孟子进谗言于灵公，灵公遂刖鲍牵。②〔挠〕弯曲，屈服。③〔暗〕昏庸糊涂。④〔食于淫乱之朝〕在淫乱无道的朝廷为官。因古人俸禄往往用粮食结算，故称"食于"。

◎**大意** 齐国鲍牵辅佐国君忠心耿耿、正直无私，国君却将他的双脚砍掉，樊迟为鲍牵鸣不平，认为齐国国君实在是太昏聩了。孔子却不这么认为，反而批评起鲍牵来：士人应该选择贤主辅佐，当国家无道时，就应该懂得明哲保身。而鲍牵仕于淫乱无道的朝廷，不管国君贤明还是昏聩，一味愚忠，因而被砍掉了脚。这只能说明鲍牵还不如葵花有智慧，葵花的花叶随太阳转动，但仍然能保全自己的根。

　　季康子欲以一井田出法赋焉①，使访孔子。子曰："丘弗识也。"冉有三发，卒曰："子为国老②，待子而行，若之何子之不言？"孔子不对，而私于冉有曰："求，汝来。汝弗闻乎：先王制土③，藉田以力④，而底其远近⑤；赋里以入，而量其有无⑥；任力以夫，而议其老幼⑦。于是鳏、寡、孤、疾、老者，军旅之出则征之，无则已。其岁⑧收，田一井出稷禾、秉刍、缶米⑨，不是过⑩，先王以为之足。君子之行，必度于礼，施取其厚，事举其中⑪，敛从其薄。若是其已，丘亦足矣。不度于礼，而贪冒无厌⑫，则虽赋田，将有不足。且子孙若以行之而取法，则有周公之典在。若欲犯法，则苟行之，又何访焉？"

◎**注释** ①〔以一井田出法赋焉〕对此句的解释有两种观点：第一种观点认为，是令一井土地出一丘（十六井）土地的田亩赋；第二种观点认为，原本制度规定田地所收及家内资财共为一赋，而季康子想别赋其田，令田地所收与家内资财各出一赋。一井田，古代以九百亩为一井。法赋，即法定的田赋。②〔国老〕指告老退职、德高望重的卿大夫。③〔制土〕确定土地制度。④〔藉田以力〕以农户的劳动力作为田地的税收。周朝实行井田制，农户须先耕作公田，再去自己的田地上劳作。藉，税。⑤〔底其远近〕调整公田位置以均衡私田与其之间的位置。底，通"砥"，平，均衡。⑥〔赋里以入，而量其有无〕根据收入多少、财力有无对商贾收税。里，商贾所聚居之地。⑦〔任力以夫，而议其老幼〕摊派徭役时，根据这一家人数的多少进行登记，年老或年幼者有时可免除徭役。力，徭役。⑧〔其岁〕指有军事行动的年岁。⑨〔田一井出稷（zōng）禾、秉刍（chú）、缶（fǒu）米〕一井田要上交六千四百斗粟、一百六十斗草料、十六斗稻米。稷、秉均为量词，一稷四十秉，一秉为一百六十斗。禾，粟。刍，牲畜草料。缶，原为量器名，一缶十六斗。⑩〔不是过〕不超过这些。是，代词，指前面提到的税收标准。⑪〔事举其中〕做事情要讲究恰到好处。⑫〔贪冒无厌〕贪得无厌。冒，贪污。

◎**大意** 季康子想加征赋税，派人询问孔子的意见。冉求多次询问，孔子都不予回答。后来，孔子私下对冉有说：先王制定土地制度，依照劳力征收公田赋税，并根据距离远近进行调节；以收入多少、财力多寡为征收商贾市廛税收的标准；摊派徭役时，根据这一家人数的多少进行登记，再考虑年龄大小问题。对于老而无妻、老而无夫、幼无父母、有病者和年老者等弱势群体，如果有军事行动的话，就对其征收赋税，如果没有，就免除其赋税。纵然在战争时期，一井田所收赋税也不能超过六千四百斗粟、一百六十斗草料和十六斗稻米。君子所有的政策措施，必须要符合礼的要求，施予时要尽量丰厚，做事时应恰如其分，索取时当力求轻薄。如果能做到这样，以丘为单位征收赋税，也足够用。如果不顾礼法，贪得无厌，纵然以田为单位多征收赋税，也会不够用。如果还想按照先王制度去做，那典章制度仍在，不需要问我；如果不准备按礼法而行，那随意就是，还来征求我的意见干吗？

子游问于孔子曰："夫子之极言子产之惠①也，可得闻乎？"孔子曰："惠在爱民而已矣。"子游曰："爱民谓之德教，何翅②施惠哉？"孔子曰："夫子产者，犹众人之母也，能食之，弗能教也。"子游曰："其事可言乎？"孔子曰："子产以所乘之舆济冬涉者③，是爱无教也。"

◎**注释**　①〔惠〕仁爱宽厚。②〔翅〕通"啻"，仅，止。③〔以所乘之舆济冬涉者〕以自己所乘的车帮助冬天过河的人。舆，车子。济，过河。

◎**大意**　子游问孔子为何如此称赞子产仁惠。孔子说，因为子产十分爱护百姓。子游接着问道：爱护百姓，就是在以德化民，这个境界比仁惠要高多了，为什么老师只称赞子产仁惠呢？孔子告诉他，子产就像百姓的母亲一样，虽然很爱百姓，注意保障民生，却不懂得怎么去教化他们。子游不太明白，让老师举个例子说明。孔子便讲了子产在冬天用自己的车子帮助人们渡河的事情。

哀公①问于孔子曰："二三大夫皆劝寡人，使隆敬②于高年③，何也？"

孔子对曰："君之及此言，将天下实赖之，岂唯鲁哉！"

公曰："何也？其义可得闻乎？"

孔子曰："昔者，有虞氏贵德而尚齿④，夏后氏贵爵而尚齿，殷人贵富而尚齿，周人贵亲而尚齿。虞、夏、殷、周，天下之盛王也，未有遗年者焉。年者，贵于天下久矣，次于事亲。是故朝廷同爵而尚齿。七十杖于朝⑤，君问则席⑥；八十则不仕朝，君问则就之⑦，而悌达乎朝廷矣。其行也，肩而不并⑧，不错则随⑨，斑白者⑩不以其任于道路⑪，而悌达乎道路矣；居乡以齿⑫，而老穷不匮，强不犯弱，众不暴寡，而悌达乎州巷矣；古之道，五十不为甸役⑬，颁禽隆之长者⑭，而悌达乎蒐狩⑮矣；军旅什伍，同爵则尚齿，而悌达乎军旅矣。夫圣王之教，孝悌发诸朝廷，行于道路，至于州巷，放⑯于蒐狩，循于军旅⑰，则众感以义⑱，死之而弗敢犯。"

公曰："善哉，寡人虽闻之，弗能成。"

◎**注释**　①〔哀公〕四库本、同文本作"定公"，未详孰是。②〔隆敬〕崇敬。隆，尊崇。③〔高年〕年高者。④〔尚齿〕尊崇年长者。齿，年龄。⑤〔七十杖于朝〕七十岁后就可拄拐杖上朝。⑥〔君问则席〕国君有事咨询的话，则赐座席。⑦〔就之〕前往长者之家。之，代词，指长者之家。⑧〔肩而不并〕不并肩而行。⑨〔不错则随〕不是在斜后方跟着，就是直接跟在后面。错，斜错着走。依据古代礼制规定，与父辈者同走就随行，与兄长辈者同行则错行。⑩〔斑白者〕指头发花白的年老者。⑪〔不以其任于道路〕不让他们背负重物行路。任，担负。⑫〔居乡以齿〕在乡里要序齿，讲究年龄大小。⑬〔甸役〕古代天子田猎征发的徒役。甸，同"田"，田猎。⑭〔颁禽隆之长者〕颁发赏赐狩猎所得禽兽时，分给长者多一点。⑮〔蒐狩〕代指狩猎。春猎称蒐，冬猎称狩。⑯〔放〕至，到。⑰〔循于军旅〕在军队间盛行。循，依照，沿袭。⑱〔众感以义〕人们就会被道义感动。

◎**大意**　哀公问孔子为什么大夫们都劝自己要尊敬长者。孔子认为尊敬长者是治理天下国家的要道之一，并说明了古代尊老的做法和意义。虞、夏、商、周四代的文化虽然各有特色，但不管哪个朝代，只要是圣明的天子，无一例外地十分尊崇长者。对于长者的尊敬由来已久，仅次于对父母的恭顺。按礼法规定，七十岁的长者可拄拐杖上朝，君王如想咨询国政，就要为其设置专门座席；八十岁的长者不再上朝，君王要咨询国政，就要亲自前往拜访。如果君王能做到这样，那整个朝廷就都会懂得尊长之道了。与长者同行，不能与其并肩而行，要么斜错着跟在他后面，要么跟在他正后面，年轻者始终要懂得替年老者分担，不能让头发花白的老人还负重行路，如此，则尊长之风就能盛行于道路之间；居住在乡党之中，要按年龄论资排辈，不能让年老贫穷者生活匮乏，不以强欺弱、以多欺寡，则尊长之风就能盛行于乡党闾里；古代五十岁就不用承担田猎差事了，在打猎后分配所得时，要厚待长者，则尊长之风就能盛行于田猎巡守之时；在军队中，同等级别以长者为尊，则尊长之风就能盛行于军队之中。圣王教化百姓，就是通过推广孝悌之道来完成的。当人们都被道义感化，宁肯死也不愿违背道义，教化就完成了。

　　哀公听后，表示孔子的话虽然很有道理，但是自己无法做到。

　　哀公问于孔子曰："寡人闻东益①不祥，信有之乎？"孔子曰："不祥有五，而东益不与焉。夫损人自益，身之不祥；弃老而取幼，家之不祥；释贤而任不肖，国之不祥；老者不教，幼者不学，俗之不祥；圣人伏匿②，愚者擅权，天下不祥。不祥有五，东益不与焉。"

◎**注释**　①〔东益〕向东拓展房屋。益，增加，扩张。②〔伏匿〕隐居不出。
◎**大意**　哀公向孔子询问往东拓展屋宇是否不吉利。孔子说："有五件事情会引发灾祸，其中不包括往东拓展屋宇。损人利己，会给自己带来灾祸；只关心小辈而不关心长者，会给家庭带来灾祸；不选用贤能却宠信小人，会给国家带来灾祸；老者不愿意教导小辈，小辈不潜心学习，会导致整个社会风气的恶化；圣人隐居不出，昏庸愚昧者掌权，会给整个天下带来灾祸。"

　　孔子适季孙，季孙之宰①谒②曰："君使求假于马③，将与之乎？"季孙未言，孔子曰："吾闻之，君取于臣，谓之取；与于臣，谓之赐。臣取于君，谓之假；与于君，谓之献。"季孙色然④悟曰："吾诚未达此义。"遂命其宰曰："自今已往，君有取之，一切不得复言'假'也。"

◎**注释**　①〔宰〕古时官吏通称，这里指家臣。②〔谒〕禀告。③〔求假于马〕请求借马。假，借。④〔色然〕变色貌。

◎**大意**　孔子到季孙氏家，正值季孙氏家臣禀报国君前来借马一事。季孙还没来得及回复，孔子就先开口纠正季孙氏家臣的不当用词："我听说，国君从臣下那里拿东西，应该叫取；给臣下东西，应该叫赐；臣下从国君那里拿东西，应该叫借；给国君东西，应该叫献。"季孙氏恍然大悟，命令家臣，从此以后但凡国君前来要东西，都不得用"借"这个字眼。

卷十

曲礼子贡问

第四十二

所谓曲礼，指的是典礼中或待人接物时的礼仪细节，本篇主要记载了很多礼法上的细节问题，因首章载有子贡向孔子请教《春秋》笔法一事，故名"曲礼子贡问"。

本篇共有32章，大体可分为三大主题：前11章为第一部分，主要从礼法角度阐述了孔子主张的政治原则和为政者应具备的素养；中间19章，主要是关于丧葬礼仪的讨论；最后两条记载，则是有关宗法制度的。本篇许多记载又见于《礼记》，但相较而言，《孔子家语》的记载包含了语境，首尾完整，更有助于准确理解孔子话语中的内涵。

首章所记子贡请教《春秋》笔法一事，佐证了《春秋》为孔子所作，也显示了孔子对尊卑上下制度的维护，而这种等级制度正是礼所强调的。但维护等级制度，不代表礼就主张贵族特权，反之，孔子所提倡的古礼，对为政者提出了更多更严苛的要求：不能奢靡贪财；在国家发生饥荒等困难的时候，统治者要带头节衣缩食，上下一心以共渡难关；为政者不可僭越礼制、过分奢侈，也不能太过节俭；等等。

第二部分内容，充分体现出孔子对礼仪细节的熟悉和对礼制精神的把握。公尹商阳杀敌三人而止，子路认为这不是忠君的行为，孔子却加以赞扬，认为商阳懂礼，透露出孔子以仁爱为礼之核心内涵的主张。孔子对礼仪活动的原则做出了不少阐述：具体的礼仪细节应该根据礼仪活动的实质进行调整，如汪锜虽然是个童子，但能执干戈以卫社稷，有着成人的担当，就可以按照成人葬礼的规格安葬；礼尚往来，客人的礼貌程度应该随着主人的态度而有所不同；礼仪虽然是对外在言行举止的要求，但应该是真情实感的流露；丧葬礼仪不在于排场是否够大，陪葬物品是否丰厚，只要符合自己的财产状况，有一颗诚敬之心就够了；礼应该遵守适中原则，如在丧礼中不应很快就从丧失亲人的悲痛中走出来，也不应长期沉溺于哀恸之中，如此礼才能传播开来、传承下去，发挥它应有的教化百姓、淳化风俗的作用。

礼以治人情，宗法制度在维系人与人之间的关系方面起着重要作用。孔子维护宗法体系，认为纵然血缘关系疏远了，同宗族之人也不能结婚。否则，宗法体系遭到破坏，其所支撑维护的尊尊、亲亲、和睦相处之道也会因此受损。孔子虽然肯定宗法制度维系亲缘温情的重要作用，但是认为宗法关系不应该成为僭越等级制度的突破口。

子贡问于孔子曰："晋文公实召天子，而使诸侯朝焉①。夫子作《春秋》②，云：'天王狩于河阳③。'何也？"孔子曰："以臣召君，不可以训④。亦书其率诸侯事天子而已。"

◎**注释**　①〔晋文公实召天子，而使诸侯朝焉〕实际上是晋文公把周天子叫到温地，使诸侯前来朝拜会盟。晋文公，晋国国君，名重耳，春秋五霸之一。②〔《春秋》〕孔子依据鲁国史书《春秋》的内容，按照史家书法的原则，记录了从鲁隐公元年（前722年）到鲁哀公十四年（前481年）共242年的历史。因其用词用句往往"寓褒贬，别善恶"，故《春秋》这种修史的方法又被后人称为"春秋笔法"。③〔天王狩于河阳〕周天子在河阳打猎。天王，指周襄王。河阳，春秋时晋国邑名，在今河南孟州西。④〔以臣召君，不可以训〕晋文公以臣子身份召唤国君，这不足以为后世取法。训，法则，典范。

◎**大意**　子贡问孔子："实际上是晋文公将天子召唤来参与盟会的，老师您编写《春秋》时却说：'天王在河阳狩猎。'为什么呢？"孔子回答说："晋文公以臣子身份召见天子，这是不合礼法的，不能作为典范垂训后世，所以我就将此事写成晋文公带领诸侯们朝拜天子。"

　　孔子在宋，见桓魋自为石椁①，三年而不成，工匠皆病②。夫子愀然③曰："若是其靡也，死不如速朽之愈④。"冉子仆⑤，曰："礼，凶事不豫⑥，此何谓也？"夫子曰："既死而议谥⑦，谥定而卜葬⑧，既葬而立庙，皆臣子之事，非所豫属也，况自为之哉？"

◎**注释**　①〔椁〕套在棺材外面的大棺材。②〔病〕疲惫不堪。③〔愀然〕变色貌，多指脸色变得严肃、悲伤。④〔若是其靡也，死不如速朽之愈〕如果像这样奢侈，死后还不如马上腐烂。靡，奢侈。愈，更好。⑤〔仆〕驾车。⑥〔凶事不豫〕人没死，不会预先准备丧葬等事宜。凶事，指丧葬之事。豫，通"预"。⑦〔谥〕谥号，由生者根据死者生前品行商议所定的、具有褒贬意味的称号。⑧〔卜葬〕占卜下葬的日期。

◎**大意**　孔子在宋国时，看见司马桓魋为自己筑造石制套棺，筑造了三年都没筑造好，工匠们因此疲惫不堪。孔子马上就严肃起来："如果为了下葬而这样铺张浪费，那么人死之后尸体最好还是快点腐烂。"冉有此时正好在为孔子赶车，受到了启发，于是问道："按照礼制规定，不能事先准备丧事，这说的是什么意思？"孔子说："死后才商议其谥号，谥号商定了之后才占卜下葬的时间，下葬之后才设立祭庙。这些都是臣子们做的事情，不能预先进行，更何况是自己亲自安排决定呢？”

南宫敬叔以富得罪于定公，奔卫。卫侯请复之^①，载其宝以朝。夫子闻之曰：“若是其货^②也，丧^③不若速贫之愈。”子游侍，曰：“敢问何谓如此？”孔子曰：“富而不好礼，殃也。敬叔以富丧矣，而又弗改，吾惧其将有后患也。”敬叔闻之，骤如孔氏^④，而后循礼施散^⑤焉。

◎**注释**　①〔卫侯请复之〕卫国国君请求鲁定公允许南宫敬叔回到鲁国并恢复原来的待遇。复，还原。②〔货〕用财货贿赂。③〔丧〕指丧失官位。④〔骤如孔氏〕马上赶到孔子家（向孔子请教）。⑤〔循礼施散〕按照礼制，将财货施舍出去。

◎**大意**　南宫敬叔因为积攒了太多财富而得罪了鲁定公，于是逃亡到卫国。卫国国君替南宫敬叔向鲁定公求情，希望定公能允许南宫敬叔爵复原位。南宫敬叔得以回国后，满载财宝朝见定公以谢恩。孔子听闻这件事，于是说道：“如果是这样使用财货进行贿赂，那丧失了原来的爵位后，最好马上就变得十分贫穷。”子游正好侍立在旁，就问孔子为什么说这么恶狠狠的话。孔子说：“如果富有却不遵守礼制规定，就会遭殃。南宫敬叔因为太过富有而丧失爵位，却还不知道收敛，我担心他将来还会遇到灾祸。”南宫敬叔听到了孔子的这一番话后，立即赶到孔子家中，向孔子请教免灾之法。从此以后，南宫敬叔就遵守礼制，把货财施舍给百姓了。

孔子在齐，齐大旱，春饥。景公问于孔子曰：“如之何？”孔子曰：“凶年^①则乘驽马^②，力役不兴，驰道^③不修，祈以币玉^④，祭祀不悬^⑤，祀以下牲^⑥。此贤君自贬以救民之礼也。”

◎**注释**　①〔凶年〕饥荒之年。②〔驽马〕劣马。③〔驰道〕古代供君王行驶车马的道路。后泛指供车马驰行的大道。④〔祈以币玉〕求福于神时，只供奉丝帛玉器等物。王肃注："君所祈请，用币及玉，不用牲也。"⑤〔祭祀不悬〕祭祀时不再演奏音乐。悬，指演奏悬挂着的钟磬等乐器。⑥〔祀以下牲〕祭祀需要用牺牲时，削减祭品的规格。王肃注："当用大牢者用少牢。"

◎**大意**　孔子在齐国时，那一年齐国大旱，春天就发生了饥荒。齐景公向孔子询问对策。孔子告诉齐景公："饥荒年岁，国君应当乘用劣马，不兴劳役，不修建大路，禳灾祈祷时只供奉玉帛，而不用牺牲，祭祀时不奏乐，用牺牲的规格也要下降一等。这才是贤明国君自贬自己的规格以救助百姓的应有做法。"

孔子适季氏，康子昼居内寝。孔子问其所疾，康子出见之。言终，孔子退。子贡问曰："季孙不疾，而问诸疾，礼与？"孔子曰："夫礼，君子不有大故①，则不宿于外；非致齐②也，非疾也，则不昼处于内。是故夜居外，虽吊之③，可也；昼居于内，虽问其疾，可也。"

◎**注释**　①〔大故〕大的事故，指父母去世或者对国家、社会有重大影响的祸患。②〔致齐〕古代在祭祀前举行的清洁身体、保持虔诚的仪式。齐，同"斋"。③〔吊之〕前往吊唁。

◎**大意**　孔子去拜见季康子，季康子一开始是在内室中接见孔子，于是孔子就慰问其生病的情况。子贡感到很奇怪："季康子明明没生病，老师您却问他生病的情况，这是礼制的规定吗？"孔子回答说："按照礼制规定，如果没有特别重大的变故，君子不在外留宿；如果不是因为斋戒或者生病，君子白天就不待在内室。所以，如果君子夜晚在外留宿，那么就可以前去吊丧；如果君子白天待在内室，那么就可以前去慰问其病情。"

孔子为大司寇，国厩焚。子退朝而之火所，乡人有自为火来者①，则拜之，士一，大夫再。子贡曰："敢问何也？"孔子曰："其来者，亦相吊之道②也。吾为有司，故拜之。"

◎**注释** ①〔自为火来者〕自发前来救火的。②〔相吊之道〕有事互帮互助、彼此吊问的礼制。

◎**大意** 孔子担任鲁国大司寇期间，有一次国家的马厩着火了，孔子退朝后前去查看情况。孔子看见自发前来救火的百姓就予以拜谢，士人来救火的拜一次，大夫来救火的拜两次。子贡问孔子为什么要这样做。孔子回答说："这些来救火的人，秉承的也是远亲近邻间相互吊问的礼制，我身为国家的主管官员，在此时应当代表国家答谢前来救助者。"

子贡问曰："管仲失于奢，晏子失于俭。与其①俱失矣，二者孰贤？"孔子曰："管仲镂簋而朱纮②，旅树而反坫③，山节藻棁④。贤大夫也，而难为上。晏平仲祀其先祖，而豚肩不掩豆⑤，一狐裘三十年。贤大夫也，而难为下。君子上不僭下，下不逼上。"

◎**注释** ①〔与其〕连词。在有所取舍时，"与其"后面所跟的是被舍弃的一面。②〔镂簋而朱纮〕（使用）精雕细刻的簋和朱红色的帽带。簋，古代盛黍、稷、稻、粱的食器。朱纮，为天子所用之物。③〔旅树而反坫（diàn）〕在大门处设置影壁，在两楹之间建造放置酒杯的土台。旅，陈列。树，屏风，影壁。反坫，古代设在两楹之间的土台，供诸侯相会饮酒时置放酒杯。④〔山节藻棁（zhuō）〕刻成山形的斗拱和绘有水草图案的梁上短柱。二者皆为古代天子的庙饰。⑤〔豚肩不掩（yǎn）豆〕猪腿没装满豆。豚肩，猪腿。掩，掩盖，装满。豆，古代食器，形似高脚盘。

◎**大意** 子贡问："管仲过于奢侈，晏子过于简朴，不计较两个人过失多少，只看贤明程度的话，到底谁更贤明？"孔子说："管仲使用精雕细琢的簋和本只有天子才能用的朱红色帽带，在大门处设置了影壁，在两楹之间建造了放置酒杯的土台，屋顶上有刻成山形的斗拱和绘有水草图案的梁上短柱。管仲本人虽然贤能，但是不会当上级。晏子祭祀自己的先祖时，供奉的猪腿很少，里面没装满豆，一件狐皮大衣一穿三十年也舍不得扔掉。晏子本人虽然贤能，但是不会当下级。君子在上位的话不应该带头僭越礼制，在下位的话不应该如此节俭，从而让上级蒙上不善待下级的恶名。"

冉求曰："昔文仲①知鲁国之政②，立言垂法，于今不亡，可谓知礼矣。"孔子曰："昔臧文仲安知礼？夏父弗綦逆祀③而不止，燔柴于灶以祀④焉。夫灶者，老妇之所祭，盛于瓮，尊于瓶⑤，非所柴也。故曰礼也者，由⑥体也。体不备，谓之不成人。设之不当，犹不备也。"

◎**注释**　①〔文仲〕即臧文仲，名孙辰，鲁国大夫，历事庄公、闵公、僖公、文公四君。②〔知鲁国之政〕主管鲁国政治。知，主管。③〔夏父弗綦逆祀〕夏父弗綦违反礼制规定进行祭祀。夏父弗綦，或作夏父弗忌、夏父不忌，鲁文公时曾任宗伯，主持祭祀先公的庙祭。逆祀，指夏父弗綦将僖公神主放在闵公神主之前。鲁僖公为鲁文公之父，与鲁闵公同为鲁庄公之子，在鲁闵公之后继位，其神位本应在鲁闵公之后，但夏父弗綦为了迎合鲁文公，故将僖公神主置于前。④〔燔柴于灶以祀〕灶前烧柴祭祀灶神。⑤〔盛于瓮，尊于瓶〕用瓮盛食，以瓶装酒。瓮，一种盛水或酒等的陶器。尊，本为盛酒器具名，这里用作动词。瓶，一种口小腹大的器皿。⑥〔由〕通"犹"，像。

◎**大意**　冉有评价臧文仲，认为他在执掌鲁国政治期间，留下的很多至理名言和制定的礼法制度，直到现在仍然在流传和使用，说明他是一个懂礼的人。孔子却不认可，认为当时夏父弗綦违反礼制规定进行祭祀，臧文仲并没有加以制止，根本谈不上懂礼。

子路问于孔子曰："臧武仲①率师与邾②人战于狐鲐③，遇④，败焉，师人⑤多丧而无罚。古之道然与？"孔子曰："凡谋⑥人之军，师败则死之；谋人之国邑，危则亡之⑦，古之正⑧也。其君在焉者，有诏则无讨⑨。"

◎**注释**　①〔臧武仲〕即臧孙纥（hé），臧文仲之孙，春秋时鲁国大夫。②〔邾〕古国名，即邹国，周武王时所封曹姓国。战国时被楚国所灭。③〔狐鲐（tái）〕或作狐骀（tái）。邾地，今山东滕州东南。④〔遇〕交战。多特指预料之外的会战。⑤〔师人〕指士兵。师，军队。⑥〔谋〕这里指指挥，管理。⑦〔危则亡之〕出现动荡就要流放国外。亡，本义为逃亡，这里当为流放。⑧〔古之正也〕这是古代的政令制度。正，通"政"。⑨〔其君在焉者，有诏则无讨〕如果国君尚在，并且行事都是根据国君的决策，那么臣子就不用承担责任，受到惩罚了。王肃注："诏，君之教也。有君教，则臣无讨。"

◎**大意** 子路问孔子："臧武仲率领军队与邾国战斗，惨败而归却没有受到惩罚，这是古代的制度规定吗？"孔子回答说："但凡带领军队者，战败就要以死谢罪。掌管城邑者，城邑动荡不安，就要被放逐，这是古代的政令制度。如果国君尚在，并且行事都是根据国君的决策，那么臣子就不用承担责任了。"

晋将伐宋，使人觇①之。宋阳门之介夫②死，司城子罕③哭之哀。觇者反，言于晋侯曰："阳门之介夫死，而子罕哭之哀，民咸④悦。宋殆⑤未可伐也。"孔子闻之曰："善哉，觇国乎！《诗》云：'凡民有丧，匍匐救之。'子罕有焉。虽非晋国，天下其孰能当⑥之？是以周任⑦有言曰：'民悦其爱者，弗可敌也。'"

◎**注释** ①〔觇（chān）〕察看，窥探情况。②〔阳门之介夫〕看守阳门的士兵。阳门，宋国城门名。介夫，身披盔甲的士兵，介，铠甲。③〔司城子罕〕司城，官职名，即司空，宋国因避宋武公讳而改称司城。子罕，即乐喜，宋国卿大夫，有贤名。④〔咸〕全，都。⑤〔殆〕恐怕，大概。⑥〔当〕抵挡，阻挡。⑦〔周任〕周朝史官，孔子经常引用其语。

◎**大意** 晋国准备攻打宋国，先派人前去窥探情况。当时宋国看守阳门的一个士兵死了，司城子罕哭得很伤心。窥探情报的人回来后，向晋国国君禀明这件事情，并且告诉晋国国君，司城子罕如此爱护下级，老百姓心悦诚服，现在应该不是攻打宋国的好时机。孔子听说了这件事后，说："这个窥探情报的人真是个有洞察力的人！《诗》中说：'百姓一有灾难，就竭尽全力，赶忙前去救助。'子罕就做到了。不仅是晋国，整个天下都没有人能对抗上下一心的宋国。所以，周任曾说：'百姓打心眼里爱戴爱护他们的人，这样的国家是无敌的。'"

楚伐吴，工尹①商阳与陈弃疾②追吴师。及之，弃疾曰："王事也，子手弓而可③。"商阳手弓。弃疾曰："子射诸！"射之，毙一人，韔④其弓。又及，弃疾谓之。又及，弃疾复谓之⑤。毙二人。每毙一人，辄掩其目。止其御，曰："吾朝不坐，燕不与⑥，杀三人亦足以反命⑦矣。"孔子闻之曰："杀人之中，又有礼焉。"子路怫然⑧进曰："人臣之节，当君大事⑨，唯力所及，死而后已。夫子何善此？"子曰："然，如汝言也。吾取其有不忍杀人之心而已。"

◎**注释**　①〔工尹〕楚国掌管百工的官名。②〔陈弃疾〕楚国公子弃疾，楚共王幼子，因率师灭陈，遂号陈弃疾。后继位成为楚王，即楚平王。③〔子手弓而可〕你可以把弓箭拿在手上了。④〔韔（chàng）〕本义为弓箭袋子，这里指把弓箭装入袋中。⑤〔又及，弃疾复谓之〕此句四库本、同文本无。⑥〔朝不坐，燕不与〕朝见国君时没有座位，君臣宴饮时没有席次。指地位卑微。⑦〔反命〕复命，交差。⑧〔怫然〕愤怒貌。⑨〔大事〕特指战争。《左传·成公十三年》："国之大事，在祀与戎。"

◎**大意**　在楚国与吴国的一场战争中，楚国工尹商阳在公子弃疾的催促下，接连射死敌方三个人。之后，他认为自己足以复命，就不再继续杀敌了，而且在每射中一个人时，商阳都闭起眼睛不忍直视。孔子听闻此事后，认为尽管商阳杀了人，但他仍秉承着礼的精神。子路却不认可老师的看法，愤愤不平道："在战争中当竭尽全力保家卫国、求取胜利，死而后已，这才是臣子的本分。老师您怎么赞扬这个不尽全力杀敌的商阳懂礼呢？"孔子解释说："诚然，你说得不错。我只是认同他这份不忍杀人的仁爱之心而已。"

孔子在卫，司徒敬之①卒，夫子吊焉。主人不哀，夫子哭不尽声而退。蘧②伯玉请曰："卫鄙俗，不习丧礼，烦吾子辱相焉③。"孔子许之。掘中霤④而浴，毁灶而缀足⑤，袭于床⑥。及葬，毁宗而躐行也⑦，出于大门。及墓，男子西面，妇人东面，既封而归，殷道也。

孔子行之。子游问曰："君子行礼，不求变俗，夫子变之矣。"孔子曰："非此之谓也，丧事则从其质而已矣。"

◎**注释**　①〔司徒敬之〕春秋时卫国大夫，或作司徒敬子。②〔蘧〕原为"璩"，据四库本、同文本改。③〔烦吾子辱相焉〕烦请您屈尊主持葬礼。相，相礼。④〔中霤（liù）〕房屋中间。霤，本义为屋檐的流水，远古穴居时，在穴顶开洞取明，雨水从洞口滴下，故以"中霤"代指屋子中央。⑤〔毁灶而缀足〕拆毁灶台，用上面的砖坯拘束死者双脚，以防止其变形，不好为死者穿鞋。据《仪礼·士丧礼》"缀足用燕几"，当时一般是以休息时用的小几约束死者双脚。⑥〔袭于床〕在床上将入殓的全套衣服穿好。袭，成套的衣服，这里用作动词。⑦〔毁宗而躐行也〕在宗庙西墙拆了一个豁口，越过庙门西边的行神之位，直接把灵柩拉出大门。躐，跨过。行，指行神，即道路之神，其位在庙门之外。王肃注："毁宗庙而出，行神位在庙门之外也。"

◎**大意**　孔子在卫国时，司徒敬之去世了，孔子前去吊唁。丧主并不十分悲伤，孔子也没有哭得十分伤感就出来了。蘧伯玉请求孔子屈尊担任司徒敬之丧礼的主持者，孔子答应了。在孔子的主持下，整个丧礼是这样进行的：在屋子中间挖了个坑以洗浴尸身；拆毁灶台，用上面的砖坯缚住死者双脚以防止变形；把尸身挪到床上为其穿上整套入殓的衣服。等到入葬的时候，在宗庙西墙拆一个豁口，越过庙门西边的行神之位，直接把灵柩拉出大门。到达墓地后，男子面朝西边而立，女子则面朝东边，堆土成坟后参与葬礼的人就都回去了。这是按照商朝丧礼规定安排的。子游不太明白老师为什么这么安排，问："君子安排礼仪活动，都会依照当地风俗进行，老师您却没按照当地习俗。"孔子告诉子游："'君子行礼，不求变俗'不是说完全不能改变风俗，丧礼只要符合它的本质就可以了。"

宣公八年六月辛巳，有事于太庙①，而东门襄仲②卒，壬午犹绎③。子游④见其故，以问孔子曰："礼与？"孔子曰："非礼也，卿卒不绎。"

◎**注释** ①〔有事于太庙〕要在太庙举行祭祀典礼。《左传·宣公八年》："辛巳，有事于大庙，仲遂卒于垂。"孔颖达《礼记正义》："有事，祭也者，谓禘祭也。" ②〔东门襄仲〕即鲁国公子仲遂，春秋时期鲁国卿大夫，曾主持国政。③〔绎〕正祭之次日又祭为绎。古代在祭祀先祖的第二天，会继续举行祭祀，设酒食以酬答尸（代表死者受祭的人）。④〔子游〕四库本、同文本作"子由"。

◎**大意** 鲁宣公八年六月辛巳日，鲁国在太庙中举行祭祀典礼，这时鲁国卿大夫东门襄仲去世了，但鲁国依然在第二天举行了绎祭。子游在史书中看到了这条记载，就问孔子："这符合礼制吗？"孔子回答说："这是不合礼制的，国家的卿去世了，就不应该再举行绎祭了。"

　　季桓子①丧，康子②练而无衰③。子游问于孔子曰："既服练服④，可以除衰乎？"孔子曰："无衰衣者，不以见宾，何以除焉？"

◎**注释** ①〔季桓子〕季孙斯，季平子之子，春秋时鲁国卿大夫。②〔康子〕即季康子，名肥，季桓子之子，春秋时鲁国卿大夫。③〔练而无衰〕练祭以后就除去了斩缞丧服。练，练祭，亲丧一周年祭，亦称小祥。衰，丧服中有斩缞、齐缞之分，此是为父服丧，当指丧服中最重的斩缞。④〔练服〕练祭时所穿服装。《礼记·檀弓上》："练，练衣黄里，縓（quàn）缘。"即以经过煮练加工的布所制之衣为中衣，中衣里为黄色，衣边用浅红色。

◎**大意** 季康子在为父亲季桓子守丧期间，过了练祭后就不再穿缞衣了。子游问孔子季康子这么做是否合乎礼制。孔子认为，练服只是练祭时所穿，不是服丧的正服，服丧期间，不穿缞衣就不能会见宾客，所以是不能脱掉缞服的。

　　邾人以同母异父之昆弟死，将为之服①，因颜克②而问礼于孔子。子曰："继父同居者，则异父昆弟从为之服；不同居，继父且犹不服，况其子乎？"

◎**注释** ①〔服〕指穿丧服守丧。②〔颜克〕即孔子弟子颜刻。

◎**大意** 邾国有个人准备为同母异父的兄弟服丧，就通过颜克向孔子询问相关礼制规定。孔子说："如果和继父在一起生活，那么就该为同母异父的兄弟服丧；如果不和继父在一起生活，继父对自己没有养育教导之恩，那么连继父去世了也不必为之服丧，更何况继父的儿子呢？"

齐师侵鲁，公叔务人①遇人入保②，负杖而息。务人泣曰："使之虽病③，任之虽重④，君子⑤弗能谋，士弗能死，不可也。我则既言之矣，敢不勉乎？"与其邻嬖童汪锜乘往⑥，奔敌⑦死焉。皆殡⑧，鲁人欲勿殇⑨童汪锜，问于孔子。曰："能执干戈，以卫社稷，可无殇乎！"

◎**注释** ①〔公叔务人〕又名公为，鲁昭公之子，《礼记·檀弓下》作"公叔禺人"。②〔保〕"堡"的古字，小城邑。③〔使之虽病〕尽管征发徭役使百姓疲惫不堪。使，指徭役。④〔任之虽重〕尽管收取的赋税十分沉重。⑤〔君子〕这里指卿大夫。⑥〔与其邻嬖（bì）童汪锜（qí）乘往〕和他喜爱的邻居小孩汪锜驾车前去出战。嬖，宠幸，宠爱。乘往，驾车前往。⑦〔奔敌〕奋力杀敌。⑧〔殡〕停棺待葬。⑨〔殇〕本义为未成年而死，这里是给未成年而死者举行的葬礼，殇者之礼比为成年人举行的丧礼要简略一点。

◎**大意** 齐国入侵鲁国时，鲁昭公之子公叔务人看见一个鲁人走进城堡中，疲惫地倚着木杖休息。公叔务人伤心流涕道："虽然徭役繁多、赋税沉重，老百姓苦不堪言，但是卿大夫们不能出谋划策，士人们也不能拼死报国。我既然已经批评了这些不能为国尽力的人，自己能不尽力吗？"于是和邻居家的小孩汪锜一起驾车奔赴战场，最终战死。鲁国人不想用殇礼安葬汪锜，于是去征求孔子的意见。孔子认为汪锜勇于保家卫国，很有担当，可以用成人丧礼安葬他。

鲁昭公夫人吴孟子①卒，不赴②于诸侯。孔子既致仕③，而往吊焉。适于季氏，季氏不绖④，孔子投绖⑤而不拜。子游问曰："礼与？"孔子曰："主人未成服⑥，则吊者不绖焉，礼也。"

◎**注释** ①〔吴孟子〕鲁昭公夫人，吴国人，按当时称号习惯，本应称吴姬，但古代礼制规定同姓不婚，鲁与吴本为同姓之国，为避讳，遂称吴孟子。②〔赴〕通"讣"，报丧的通告。③〔致仕〕辞官退休。④〔不经〕没有穿戴丧服所用的麻带。经，丧服中以麻做成的带子，头上所系为首经，腰间所系为腰经。⑤〔投经〕摘下自己的麻带。⑥〔未成服〕没有穿上丧服。

◎**大意** 鲁昭公的夫人吴孟子去世后，没有向其他诸侯国报丧。当时已经辞去官职的孔子前往季氏家中吊唁。季氏没有穿戴丧服所用的麻带，孔子也就摘下自己的麻带，并且没有向丧主下拜。子游问孔子是否按照礼制规定才这么做的。孔子回答说："按照礼制，主人没有穿好丧服，那么吊唁者也就不用系好麻带、穿戴好丧服了。"

公父穆伯①之丧，敬姜②昼哭；文伯之丧，昼夜哭③。孔子曰："季氏之妇，可谓知礼矣！爱而无私，上下有章④。"

◎**注释** ①〔公父穆伯〕鲁国贵族。季悼子之子，公父文伯之父。②〔敬姜〕公父穆伯之妻，公父文伯之母。③〔昼夜哭〕本段内容亦见于《国语·鲁语下》《礼记·檀弓下》和《列女传》，《国语·鲁语下》作"暮哭"。④〔上下有章〕哀悼丈夫和儿子有所区别，符合章法。上，指丈夫；下，指儿子。古代礼制规定寡妇不夜哭，故敬姜哀悼自己丈夫时只是昼哭。

◎**大意** 丈夫公父穆伯去世之后，敬姜只在白天哭丧；而儿子公父文伯去世后，敬姜则是日夜都哭丧。孔子认为敬姜是一位十分懂礼的人，对丈夫与儿子虽然都爱，但能做到不以私心、完全按照礼制对待他们的丧事。

南宫縚①之妻，孔子兄之女。丧其姑②，而诲之髽③，曰："尔毋从从尔，毋扈扈尔④。盖⑤榛⑥以为笄⑦，长尺，而总八寸⑧。"

◎**注释** ①〔南宫縚（tāo）〕即孔子弟子南宫括。②〔姑〕丈夫的母亲。③〔髽（zhuā）〕古代妇女服丧时用麻扎成的发髻。④〔尔毋从从尔，毋扈扈尔〕你的发髻不要做得高高大大的。王肃注："从从，高；扈扈，大也。扈言丧者无容节也。"⑤〔盖〕句前发语词，无实意。⑥〔榛〕榛木。⑦〔笄〕发簪。⑧〔总八寸〕扎头发的麻布带子余八寸垂于髻后。总，束发。

◎**大意** 孔子教导自己的侄女，也就是南宫绍的妻子，在自己婆婆去世后如何做丧髻："丧髻不能高，不能大，用榛木做发簪，长一尺即可，系在发髻上的发带要垂下八寸。"

子张有父之丧，公明仪①相焉。问启颡②于孔子，孔子曰："拜③而后启颡，颓乎其顺④；启颡而后拜，颐乎其至也⑤。三年之丧，吾从其至也。"

◎**注释** ①〔公明仪〕鲁国人，子张弟子，曾向曾子请教孝道。②〔启颡〕即稽颡。古时居丧答拜宾客时所行的一种跪拜礼，屈膝下拜，以额触地，以表示极度的悲痛。③〔拜〕向来宾行拜礼。④〔颓乎其顺〕十分恭顺。颓，恭顺的样子。⑤〔颐乎其至也〕哀痛到极点。颐，通"恳"，哀痛的样子。

◎**大意** 子张的父亲去世后，由公明仪来担任丧事的相礼。公明仪向孔子请教应该何时磕头跪拜。孔子说："先拜谢宾客，再磕头表达自己的悲痛，是十分恭顺的做法；先磕头表达自己的悲痛，再拜谢宾客，是出于内心中悲痛情感的自然流露。如果是父母之丧，我认为应该用这种最能表达自己悲痛情感的方式。"

孔子在卫，卫之人有送葬者，而夫子观之，曰："善哉，为葬①乎！足以为法也。小子识之！"子贡问曰："夫子何善尔？"曰："其往也如慕，其返也如疑②。"子贡曰："岂若速返而虞③哉？"子曰："此情之至者也。小子识之！我未之能也。"

◎**注释** ①〔葬〕四库本作"丧"。《礼记·檀弓上》有相同记载，亦作"丧"。②〔其往也如慕，其返也如疑〕送葬的时候像稚子依赖父母一样因恋恋不舍而哭泣；送完葬后回家时，又像因怀疑父母的魂魄仍在墓地而迟迟不愿意离去。③〔虞〕安葬死者后进行的丧祭名，有表达对死者的思念及安神之意。王肃注："返葬而祭，谓之虞也。"

◎**大意**　孔子在卫国时看到有人送葬，认为他能做到去送葬时像稚子依赖父母一样因恋恋不舍而哭泣，送葬回来时又像因怀疑父母的魂魄仍在墓地而迟迟不愿离去，足以为送葬的典范。子贡不理解："送葬后迟疑缓慢地回家，应该不如赶快回家准备虞祭好吧？"孔子却告诉子贡："这种迟疑是内心中对父母依恋不舍之情的自然流露，你们要好好记住。这是我也做不到的程度。"

卞人①有母死而孺子之泣②者，孔子曰："哀则哀矣，而难继③也。夫礼，为可传④也，为可继也。故哭踊有节⑤，而变除有期⑥。"

◎**注释**　①〔卞人〕鲁国卞邑人。②〔孺子之泣〕像小孩子一样哭泣。孺子，小孩子。③〔继〕跟着做。④〔传〕传布推广。⑤〔哭踊有节〕哀号顿足有一定节度。踊，顿足，表达哀痛的举止。⑥〔变除有期〕在一定时间内会换上更轻的丧服或脱掉丧服。

◎**大意**　卞地有个人的母亲去世了，他像个不懂事的孩子一样没完没了地哭泣。孔子认为："这确实是做到了为父母的去世而悲痛。但这样撕心裂肺地哭，一般人是很难做到的。设置礼仪制度，就是要大为推广，让人们跟着做。所以，哭丧顿足时要有节度，在一定时间内会换上更轻的丧服或脱掉丧服。"

孟献子①禫②，悬而不乐③，可御而不处内④。子游问于孔子曰："若是则过礼也？"孔子曰："献子可谓加于人一等矣。"

◎**注释**　①〔孟献子〕即仲孙蔑，春秋时鲁国大夫，孟文伯之子。②〔禫（dàn）〕古代除去孝服时举行的祭祀。③〔悬而不乐〕悬挂了乐器却不演奏。④〔可御而不处内〕可以与妻妾同房却还是居于外室。御，本有管理、使唤之意，这里引申为与妻妾同房。

◎**大意** 孟献子过了禫祭之后，还将那些乐器悬挂一旁而不演奏，本可以和妻妾同房却居于外室。子游向孔子请教孟献子这么做是否超过了礼制规定而不合理。孔子认为孟献子在践行礼制规定上比普通人做得更高出一等。

鲁人有朝祥①而暮歌者，子路笑之。孔子曰："由！尔责于人终无已。夫三年之丧，亦已久矣。"子路出，孔子曰："又多乎哉！逾月则其善也。"

◎**注释** ①〔祥〕祥祭。如果为三年之丧，父母死后十三个月而祭叫小祥，二十五个月而祭叫大祥；如果为一年之丧，则十一个月而小祥，十三个月而大祥。这里指三年之丧的大祥。

◎**大意** 鲁国有一个人为父母服丧期满，早上才举行大祥祭，下午就唱起歌来。子路知道后嘲笑这个人。孔子却认为子路这样做太过刻薄，为父母守丧三年确实时间很久，很辛苦，人家能坚持完这三年已经很不容易。但当子路离开之后，孔子又为那个人感到惋惜：要是过了大祥祭的这个月，再去放松享乐就好了。

子路问于孔子曰："伤哉贫也！生而无以供养，死则无以为礼也。"孔子曰："啜菽①饮水，尽其欢心，斯谓之孝。敛手足形②，旋葬③而无椁，称其财，斯谓之礼，贫何伤乎？"

◎**注释** ①〔啜菽（chuò shū）〕以豆类为食物。啜，吃。菽，豆类。②〔敛手足形〕以衣、棺装殓尸体，只要求装殓尸体的衣、被能遮盖肢体，不使外露即可。敛，通"殓"。③〔旋葬〕去世后立马下葬。

◎**大意** 子路感慨贫穷真是令人无奈悲伤，父母活着的时候没有办法好好供养他们，父母去世之后又没办法按礼安葬他们。孔子不同意子路的看法：只要能让父母轻松欢快，就算只能为父母提供最朴素的食物，那也是做到了孝。只要跟自身的财力相称，哪怕只有最简单的殡葬用品，只是最简单的殡葬仪式，那也是合礼的。

吴延陵季子①聘②于上国③，适齐。于其返也，其长子死于嬴、博④之间。孔子闻之，曰："延陵季子，吴之习于礼者也。"往而观其葬焉。其敛以时服⑤而已；其圹掩坎⑥，深不至于泉⑦；其葬无盟器⑧之赠。既葬，其封广轮⑨掩坎，其高可肘隐⑩也。既封，则季子乃左袒，右还⑪其封，且号者三，曰："骨肉归于土，命也！若魂气则无所不之，则无所不之！"而遂行。孔子曰："延陵季子之礼，其合矣。"

◎**注释**　①〔吴延陵季子〕春秋时吴王寿梦幼子，因被封于延陵，故号曰"延陵季子"，有让国美名，以贤明博学著称。②〔聘〕访问。《礼记·曲礼下》："诸侯使大夫问于诸侯曰聘。"③〔上国〕春秋时，吴、越等国家被看作蛮夷之地，相对于吴、越等国家，中原各诸侯国如齐、鲁等则被视为上国。④〔嬴、博〕春秋时齐国地名，在今山东泰安附近。⑤〔时服〕当时通行的服装。⑥〔其圹掩坎〕开挖的墓穴正好能放得下棺材。圹，墓穴，坟墓。坎，墓坑。⑦〔泉〕指地下水。⑧〔盟器〕即明器，又称冥器，古代随葬品的统称。一般以陶、木、石制成，有器物之形而无器物之用。⑨〔广轮〕本指土地的面积，东西为广，南北为轮。这里指坟头的宽度和长度。⑩〔肘隐〕可将胳膊肘倚靠其上。隐，倚靠。⑪〔右还〕向右环绕。还，通"环"，环绕。

◎**大意**　吴国延陵季子来中原诸国进行访问，结束了访问齐国的行程后，在归去途中，于齐地嬴、博之间，其长子不幸去世了。延陵季子遂就地安葬长子：用当时通行的服装装殓死者。墓穴的大小正好能放得下棺材，深度到看不到地下水的程度，埋葬时也没有随葬品。埋葬以后，堆土而成的坟头长宽正好掩盖住墓坑，高度到达人胳膊肘的地方。这一切做完了之后，延陵季子就袒露左臂，向右绕着坟头边走边连声哭喊："肉体回归到土地之中，这是天命啊！你的灵魂却可以流行于天地之间，无所不往！"哭完之后，延陵季子就离开了。前去观礼的孔子认为延陵季子根据当时特殊的情况对葬礼进行了调整，符合礼的精神，是十分恰当的。

子游问丧之具①。孔子曰："称家之有亡②焉。"子游曰："有亡恶于齐^③？"孔子曰："有也，则无过礼。苟亡矣，则敛手足形，还^④葬，悬棺而封^⑤。人岂有非之者哉？故夫丧亡，与其哀不足而礼有余，不若礼不足而哀有余也；祭祀，与其敬不足而礼有余，不若礼不足而敬有余也。"

◎**注释** ①〔丧之具〕完成丧葬仪式所需的用具。 ②〔亡〕同"无"。 ③〔恶于齐〕分寸标准在哪里。齐，界限。④〔还〕通"旋"，马上，很快。⑤〔悬棺而封〕用绳子吊着棺材放入墓坑当中。

◎**大意** 子游问老师完成丧葬仪式需要哪些用具。孔子说："用具的优劣和多少与家庭财产情况相称。"子游又问所谓与家资相称的分寸该怎么把握。孔子回答说："家财丰厚的，丧葬用具也不能超过礼制规定而太过奢华。假如家中拮据，那么就算用最简单的丧葬仪式，也没有人能够说三道四。所以，对待丧礼，与其形式完备，不如哀戚之情充足；祭祀的时候，与其形式完备，不如尊敬之心充足。"

伯高死于卫，赴^①于孔子。子曰："吾恶乎哭诸？兄弟，吾哭诸庙；父之友，吾哭诸庙门之外；师，吾哭之寝；朋友，吾哭之寝门之外；所知，吾哭之诸野。今于野则已疏，于寝则已重。夫由赐也而见我，吾哭于赐氏。"遂命子贡为之主^②，曰："为尔哭也来者，汝拜之；知伯高而来者，汝勿拜。"既哭，使子张往吊焉。未至，冉求在卫，摄束帛、乘马而以将之^③。孔子闻之，曰："异哉！徒使我不成礼于伯高者，是冉求也。"

◎**注释** ①〔赴〕通"讣"，报丧。②〔主〕丧主，即丧事的主持人。③〔摄束帛、乘马而以将之〕代表孔子将一束帛、四匹马送到伯高家去吊丧。摄，代理。

◎**大意** 伯高在卫国去世了，孔子知道后，思考去何处为伯高哭丧："兄弟去世了，应在宗庙中哭丧；父亲的朋友去世了，应在宗庙门外哭丧；老师去世了，应在内寝哭丧；朋友去世了，应在内寝门外哭丧；相识但交情不深的人去世了，应在野外哭丧。而我和伯高的情分没有那么浅，在野外哭丧显得太疏远，但交情也没深到在内寝为他哭丧。我是由于子贡才认识伯高的，我就去子贡家中为其哭丧吧。"于是他让子贡以丧主身份接待前来为伯高哭丧的人，并且告诉子贡说："凡是通过你而认识伯高的人前来哭悼，你就拜谢他；如果不是由于你的关系，那就不用拜谢。"孔子哭悼过后，命子张前往卫国去吊唁。子张还没到达那里，正好在卫国的冉有就自作主张，以孔子的名义送去了一束帛和四匹马作为丧仪。孔子听闻后，批评冉有做得不应该，徒然使自己失礼于伯高。

子路有姊之丧①，可以除②之矣，而弗除。孔子曰："何不除也？"子路曰："吾寡兄弟，而弗忍也。"孔子曰："行道之人③皆弗忍。先王制礼，过之者俯而就之④，不至者企而及之⑤。"

◎**注释**　①〔有姊之丧〕为姐姐服丧。②〔除〕指除去丧服。③〔行道之人〕路上行走之人，指一般人。④〔俯而就之〕降低原本的程度以符合礼制要求。俯，降低。就，接近，达到。⑤〔企而及之〕努力提高原本的程度以达到礼制要求。企，踮起脚。

◎**大意**　子路为姐姐守丧期满，却因为和姐姐感情深，不肯脱下丧服。孔子批评子路：一般人都不忍心脱下丧服，但先王制定礼仪制度，情感过于强烈者，就应节制悲哀之心以达到礼制要求，哀伤思念之情不足者，就应勉力控制享乐之心以达到礼制要求。

伯鱼之丧母①也，期而犹哭。夫子闻之曰："谁也？"门人曰："鲤也。"孔子曰："嘻！其甚也，非礼也。"伯鱼闻之，遂除之。

◎**注释**　①〔丧母〕为母亲守丧。古代礼制规定，父亲健在时，只为母亲守丧一年。

◎**大意**　伯鱼为母亲服丧，过了一年还在哭。孔子听到后，批评伯鱼做得太过了。伯鱼于是就除去丧服，不再为母亲哭丧了。

卫公使其大夫求婚于季氏，桓子问礼于孔子。子曰："同姓为宗，有合族之义，故系之以姓而弗别，缀之以食而弗殊[①]。虽百世，婚姻不得通，周道然也[②]。"

桓子曰："鲁、卫之先，虽寡兄弟[③]，今已绝远矣。可乎？"孔子曰："固非礼也。夫上治祖祢[④]，以尊尊之；下治子孙，以亲亲之；旁治昆弟，所以教睦也。此先王不易之教也。"

◎**注释** ①〔缀之以食而弗殊〕宗主在聚集族人举行宴饮之礼时，都同等对待，不因血缘关系亲疏而有所区别。②〔周道然也〕周代礼制是这样规定的。然，是这样。③〔寡兄弟〕指嫡出兄弟。鲁国始封之祖周公旦与卫国始封之祖康叔都是周文王与嫡妻太姒之子。④〔上治祖祢〕往上理顺祭祀先祖、先父的次序。祢，古代对已在宗庙中立牌位的亡父的称谓。

◎**大意** 卫国国君让卫国的大夫前来向季氏求亲。季桓子向孔子请教依礼该如何处理此事。孔子告诉季桓子：卫国和鲁国是同宗之国，同属一姓，有亲缘关系，哪怕过了三百年，血缘关系淡了，按照周代制度，仍然是不能通婚的。因为理顺宗族辈分关系，保持宗族间的亲缘关系，可以教会天下尊尊、亲亲以及和睦相处之道，这是先王治理天下不可更改的教化方法。

有若问于孔子曰："国君之于百姓[①]，如之何？"孔子曰："皆有宗道[②]焉。故虽国君之尊，犹百世不废其亲，所以崇爱也。虽以族人之亲，而不敢戚君[③]，所以谦也。"

◎**注释** ①〔百姓〕这里指与国君亲缘关系已疏远的同宗族之人。②〔宗道〕宗法原则。③〔戚君〕以国君的亲戚自居。戚，亲也。

◎**大意** 有若向孔子询问国君该如何对待亲缘已疏远的族人。孔子回答："这些都有宗法原则可循，尽管对于普通族众，自己身为国君，地位尊贵，纵然过了三千年，仍然不能疏远自己的同宗，因为这样做可以推崇仁爱。从族人的角度来说，虽然和国君有亲缘关系，但不能以国君亲戚自居，这是为了表示谦逊恭敬。"

曲礼子夏问

第四十三

本篇共27章，多为孔子解答弟子或他人问礼之事，因内容多属曲礼范畴，又因以子夏问为首章，故名为"曲礼子夏问"。

孔子主张孝为德之本，是教化的起点。他认为君王不应要求臣子放下亲情而投入工作，除非国家确实有紧急大事；他赞赏大连和少连在三年之丧期间，能恰到好处地表达自己的哀思。这都充分展现了孔子对于孝道的提倡。礼仪活动的一些其他重要原则，在本文中也有体现：孔子认为不能因死害生，如果服丧期间生病了，为了身体健康，是可以饮酒吃肉、沐浴的，这体现了礼的适度原则；孔子认为"夫仁者，制礼者也"，礼的内涵是仁；孔子在季氏和少施氏家吃饭的不同表现，则突出表现了礼尚往来的原则。

本文中不少记载都表现出礼定亲疏、别贵贱的特点和作用，如：子夏就如何面对杀父母之仇、杀兄弟之仇以及杀堂兄弟之仇，向孔子请教，孔子分别给出了不同的答案；孔子指出为伯母、叔母以及姑、姐妹服丧的要求不同；不管以前是哪位大夫的臣属，国君的臣子都只应该以国君为唯一忠心的对象，只有在国君应许的情况下，才能为以前辅佐的大夫服丧；子路与孔子在评价叔孙武叔母亲葬礼上有不同观点，孔子指出"君子不举人以质士"，认为士人和普通百姓的丧葬礼仪有所不同；孔子坚决反对以国君才能使用的玙璠等为季平子入殓。

从孔子对弟子或他人关于仪礼问题的回答来看，孔子有时会介绍并比对夏、商、周三代礼制的优劣得失，进行取舍，这不仅反映出孔子对礼制的研究已达到"致广大而尽精微"的程度，也体现了孔子的中庸思想，以及他总结传统、损益礼制的历史文化观。

　　子夏问于孔子曰："居①父母之仇，如之何？"孔子曰："寝苫枕干②，不仕，弗与共天下③也。遇于朝市④，不返兵而斗⑤。"

　　曰："请问居昆弟之仇，如之何？"孔子曰："仕，弗与同国，衔君命而使⑥，虽遇之不斗。"

　　曰："请问从昆弟⑦之仇如之何？"曰："不为魁⑧，主人能报之，则执兵而陪其后。"

◎**注释**　①〔居〕处理、对待。②〔寝苫（shān）枕干〕睡于草垫之上，枕着盾牌。表示父母之仇未报，不敢贪图享受，并随时准备报仇。苫，草垫子。干，盾牌。③〔弗与共天下〕即不共戴天之意。④〔朝市〕朝廷或街市。⑤〔不返兵而斗〕不用回家拿兵器就与之决斗。指因时刻准备为父母报仇，而随身携带兵器。⑥〔衔君命而使〕受国君之命出使他国。⑦〔从昆弟〕堂兄弟。⑧〔不为魁〕不带头。魁，首，第一。

◎ **大意**　子夏向孔子询问："如何对待杀父母的仇人？"孔子回答："与仇人不共戴天，平时就睡草垫、枕盾牌，不去做官，随时准备报仇。"

子夏接着问："如何对待杀兄弟的仇人？"孔子回答："这种情况不用一心报仇，可以去做官，但是不能和仇人同国为官；如果受国君委派出使他国，遇到了仇人，也当以国君之任为重，不与之相斗。"

子夏又问："如何对待杀害堂兄弟的仇人？"孔子回答："不要带头去报仇，如果其家人能去报仇，那么拿着武器跟在后边协助就可以了。"

子夏问："三年之丧既卒哭①，金革之事②无避，礼与？初有司为之乎？"孔子曰："夏后氏之丧三年，既殡而致事③，殷人既葬而致事，周人既卒哭而致事。《记》曰：'君子不夺人之亲④，亦不夺故⑤也。'"

子夏曰："金革之事无避，非与？"孔子曰："吾闻诸老聃曰：'鲁公伯禽有为为之也⑥。'今以三年之丧从利⑦者，吾弗知也。"

◎ **注释**　①〔卒哭〕古代葬礼过后百日所举行的祭祀名。因此祭祀后不再无时哭泣，而改为朝夕一哭，故名为卒哭。②〔金革之事〕指战争。金，指兵器。革，指甲胄。③〔致事〕辞官。《礼记·曲礼上》："大夫七十而致事。"郑玄注："致其所掌之事于君而告老。"④〔夺人之亲〕妨碍别人的亲情。⑤〔夺故〕妨碍别人守丧。故，去世。⑥〔鲁公伯禽有为为之也〕鲁国国君伯禽（在卒哭之后）出兵，是因为他有责任征讨作乱的不义之国。⑦〔从利〕谋求利益。

◎ **大意**　子夏问："在为父母守三年丧期间，百日卒哭后就可以去参军征战，这符不符合礼制规定，是不是当初官府相关部门的规定？"孔子回答："遇到父母之丧，夏代时，在父母出殡之后，守丧者就要向国君辞职；商代时，是在安葬父母之后提出辞职；周代则是在卒哭以后辞职。古《记》上说：'君子不妨碍别人享受天伦之乐，也不剥夺别人为逝者守丧缅怀的权利。'"

子夏听了后，追问道："那么，不回避征战之事，是不是就不对呢？"孔子回答："我曾经从老子那里听说：'鲁国国君伯禽在卒哭之后出兵，是因为他有责任征讨作乱的不义之国，不得不去。'但如今那些为追逐利益而去打仗的人，我就不知道怎么评价他们了。"

子夏问于孔子曰："《记》云：'周公相成王，教之以世子之礼。'有诸？"

孔子曰："昔者成王嗣立，幼，未能莅阼①，周公摄政而治，抗世子之法于伯禽②，欲王之知父子、君臣之道，所以善成王③也。夫知为人子者，然后可以为人父；知为人臣者，然后可以为人君；知事人者，然后可以使人。是故抗世子法于伯禽，使成王知父子、君臣、长幼之义焉。凡君之于世子，亲则父也，尊则君也，有父之亲，有君之尊，然后兼天下而有之，不可不慎也。行一物而三善④皆得，唯世子齿于学⑤之谓也。世子齿于学，则国人观之，曰：'此将君我，而与我齿让，何也？'曰：'有父在，则礼然。'然而众知父子之道矣。其二曰：'此将君我，而与我齿让，何也？'曰：'有君在，则礼然。'而众知君臣之义矣。其三曰：'此将君我，而与我齿让，何也？'曰：'长长也，则礼然。'然而众知长幼之节矣。故父在斯为子，君在斯为臣，居子与臣之位，所以尊君而亲亲也。在学，学之为父子焉，学之为君臣焉，学之为长幼焉。父子、君臣、长幼之道得，而后国治。语⑥曰：'乐正司业⑦，父师司成⑧。一有元良，万国以贞⑨。'世子之谓。闻之曰：'为人臣者，杀其身而有益于君则为之。'况于其身⑩以善其君乎？周公优为⑪也。"

◎**注释** ①〔莅阼〕临朝理政。莅，临视，治理。阼，东边台阶，引申为天子之位。②〔抗世子之法于伯禽〕将适用于太子的礼仪规矩施用于伯禽。抗，对等，这里用作动词。③〔善成王〕让成王更加优秀。④〔三善〕指上文的父子、君臣、长幼之义。⑤〔齿于学〕在学校以年龄长幼为序。⑥〔语〕这里指古语。⑦〔乐正司业〕乐正负责学业。乐正，周代官名。《礼记·王制》："乐正崇四术，立四教，顺先王《诗》《书》《礼》《乐》以造士。"⑧〔父师司成〕父师负责保证太子学有所成。父师，太子的老师。⑨〔一有元良，万国以贞〕太子十分优秀，整个天下就能安定了。一，指太子。元良，大德、至善，后来成为太子的代称。贞，正，安定。⑩〔于其身〕优待自己。于，宽，大，这里用作动词。⑪〔优为〕做得非常好。

◎ **大意**　子夏从书上看到一条记载，周公辅佐成王时，不教之以做天子之道，却教导其为太子之道，不太能理解，于是向孔子请教。孔子解释道：只有了解父子、君臣、长幼之道，才能成为优秀的国君，将国家治理好。而知道如何为人子，才能知道如何为人父；知道如何为人臣，才能知道如何为人君；知道如何侍奉别人，才能知道如何安排别人做事。所以，学习子道、臣道、幼者之道尤为重要。因此，周公将适用于太子的礼仪规矩施用于伯禽，希望通过伯禽，能让成王了解父子、君臣、长幼之道。国君之于太子，从血缘关系上来说，是最亲的父亲，从尊贵程度上来说，是最为尊贵的国君，有为父的亲情，有为君的尊贵，还是整个天下的拥有者，所以一定要谦恭谨慎地对待。太子不能仗着自己是未来的天子而自大自傲。而太子在学校不按身份等级而按照年龄排序的话，就会对国人起到教育引导作用。尽管太子是以后要君临天下的人，但其父天子尚在，他也就是一位父亲的儿子，一位天子的臣子，只能以儿子和臣子的身份自居，这样的态度就能让众人了解为子之道和为臣之道。另外，以太子之尊却在学校和众人按年龄论资排辈，也会让众人明白长幼相处之道。在学校要学会的也就是父子、君臣、长幼之道。一旦这些道理人们都明白了，那整个国家也就得以平治了。因此，太子的个人修养是非常重要的，古人也尤为重视对太子的教育。周公这样做是十分明智的。

子夏问于孔子曰："居君之母与妻之丧，如之何？"孔子曰："居处、言语、饮食衎尔①。于丧所，则称其服②而已。"

"敢问伯母之丧，如之何？"孔子曰："伯母、叔母疏衰期③，而踊不绝地④。姑、姊、妹之大功⑤，踊绝于地⑥。若知此者，由文⑦矣哉。"

◎**注释** ①〔衎（kàn）尔〕安定平和貌。②〔称其服〕穿着合适的服装。③〔疏衰期〕服齐衰一年。疏衰，即齐衰，五服中第二重的丧服。④〔踊不绝地〕哭踊时脚不离地，指哭踊的幅度不大，哀戚之情不那么深。踊，顿脚、跳跃，是丧礼中最哀恸的表现。⑤〔大功〕丧服五服之一，服期九个月。其服用熟麻布做成，比齐衰稍细，较小功为粗，故称大功。⑥〔踊绝于地〕哭踊时脚离地，指哭踊幅度大，哀戚之情比之对伯母、叔母要深。⑦〔由文〕能用礼文。

◎**大意** 子夏问孔子应该如何对待国君之母或妻的丧事。孔子回答："在日常生活中一如往常，保持平和安定即可；在治丧的地方，就要穿上合适的丧服。"

子夏又问应该如何对待伯母的丧事。孔子回答："伯母、叔母之丧，要服齐衰一年，哭踊时不用太过哀痛；姑母或者姐妹之丧，则哭踊时幅度更大，更为哀痛。如果能懂得这些道理，就算能遵行礼了。"

子夏问于夫子曰："凡丧小功①已上，虞、祔②、练、祥之祭皆沐浴？于三年之丧，子则尽其情矣？"孔子曰："岂徒祭而已哉？三年之丧，身有疡则浴，首有疮则沐，病则饮酒食肉。毁瘠而病③，君子不为也。毁则死者，君子为之无子④，则祭之沐浴，为齐洁⑤也，非为饰也。"

◎**注释** ①〔小功〕古代丧服五服中的第四等，用较粗的熟布做成，服期五个月。《仪礼·丧服》："小功者，兄弟之服也。"②〔祔（fù）〕祭祀名。卒哭次日，将新死者的神主放置于祖庙，与先祖一起祭祀。③〔毁瘠而病〕过度哀伤憔悴而生病。毁，居丧时因悲哀过度而损害健康。瘠，憔悴瘦弱。④〔君子为之无子〕君子认为不符合子道。为，认为。无子，没有儿子，即不符合子道，不是合格的子女。⑤〔齐洁〕即斋戒。

◎**大意** 子夏问孔子："居丧时，是不是小功以上的服丧者，只有举行虞、祔、练、祥之祭才能沐浴，尤其是为父母服丧三年的孝子，要尽情表达哀痛，平时更是不能沐浴？"孔子回答道："不是这样的，祭祀时候的沐浴，是为了整肃身心，并不是为了修饰容貌。就算不在虞、祔、练、祥这些祭祀的时候，也可以沐浴。三年之丧期间，如果身体长疮就洗澡，头上长疮就洗头，生病了要调理身体就可以饮酒吃肉。君子不赞同为了守丧而导致憔悴生病。如果因为悲伤憔悴过度而死去，君子更是认为这不符合为子之道，等于其父母本来就没有子女。"

子夏问于孔子曰："客至无所舍①，而夫子曰：'生，于我乎馆②。'客死无所殡矣，夫子曰：'于我乎殡。'敢问礼与？仁者之心与？"孔子曰："吾闻诸老聃曰：'馆人，使若有之③，恶有之而不得殡乎？'夫仁者，制礼者也。故礼者不可不省④也。礼不同不异，不丰不杀⑤，称其义以为之宜。故曰：'我战则克，祭则受福'，盖得其道矣。"

◎**注释** ①〔无所舍〕没有住宿的地方。②〔于我乎馆〕以我家为客舍，即在我家住。馆，招待客人的馆舍。③〔使若有之〕要让客人觉得像在自己家里一样。④〔省〕仔细考察推敲。⑤〔杀〕减少，降低。

◎**大意** 子夏问孔子："客人来了没有住宿的地方，老师您说让他到您家来住。客人去世了没地方停殡，老师您说让他在您家停殡待葬。请问这么做是礼制规定的，还是出于仁爱之心？"孔子回答道："我曾听老子说过：'招待客人，就要让他觉得像在自己家一样安心舒适，如果是住在自己家，又怎么不能停殡呢？'制定礼制的人都是有仁爱之心的人。所以，不能不对礼制多进行省察。不能随便混同礼仪，也不能随便差别化礼仪，不能随便增加礼仪使之更加奢侈，也不能随便减损礼仪使之俭啬，只有合乎事宜的才是最恰当的。所谓征战就能胜利，祭祀就能受福，大概是因为懂得了凡事要合乎事宜、恰到好处吧。"

孔子食于季氏，食祭①，主人不辞②。不食亦不饮而餐③。子夏问曰："礼也？"孔子曰："非礼也，从主人也。吾食于少施氏而饱，少施氏食我以礼，吾食祭，作而辞曰：'疏食，不足祭也。'吾餐，而作辞曰：'疏食，不敢以伤吾子之性。'主人不以礼，客不敢尽礼；主人尽礼，则客不敢不尽礼也。"

◎**注释**　①〔食祭〕饭前的祭祀。主宾宴饮时，由客人进行食祭，以示不忘本和对主人热情款待的感谢。　②〔辞〕指主人在客人进行食祭后，谦虚地表示自己安排的都是粗茶淡饭，不值得祭祀。③〔餐〕赞美。指赞美主人的饭食丰盛可口。

◎**大意**　孔子在季孙氏家吃饭，在主持食祭的时候，主人没有依礼起身谦让说饭菜粗疏。于是孔子没吃没喝就开始赞美季孙氏的饭食精良可口。子夏请教孔子的做法是不是礼制的规定。孔子解释道："不吃不喝就赞美主人饭食可口并不是礼制的规定，而是根据主人表现相应的举止。我在少施氏家吃饭的时候，吃得很好，是因为少施氏以礼相待。我主持食祭的时候，少施氏就起身说饭菜粗疏，不值得祭祀。我开始吃饭的时候，少施氏又起身谦称：'饭菜粗疏，本不该拿来伤害贵客的身体。'这样做才符合礼制规定。如果主人的言行举止都不按照礼制，那么客人也就不好完全按照礼制而为了。反之，如果主人依礼待客，那客人也就不敢不尽礼相待了。"

　　子夏问曰："官于大夫①，既升于公②，而反为之服③，礼与？"孔子曰："管仲遇盗，取二人焉，上④之为公臣，曰：'所以游，辟者⑤，可人⑥也。'公许。管仲卒，桓公使为之服。官于大夫者为之服，自管仲始也，有君命焉。"

◎**注释**　①〔官于大夫〕做大夫家臣。②〔升于公〕被提拔为诸侯的臣子。③〔反为之服〕还回过头来为以前侍奉过的大夫服丧。④〔上〕向上举荐。⑤〔所以游，辟者〕与之交往的都是邪僻之人。以，同"与"。游，交游。辟，邪僻，不端正。⑥〔可人〕优秀的人。

◎**大意**　子夏问："本来在大夫家做家臣，后来被举荐给国君的人，要为原来侍奉的大夫服丧，这是不是礼制的规定？"孔子回答："管仲从盗贼中发掘出两个人才，认为他们是被邪僻之人影响才成了盗贼，本性是非常好的，后来还推荐给了齐桓公做臣子。管仲去世后，齐桓公让那两个人为管仲服丧，以表达对管仲的感恩。从前做过大夫家臣，后来又辅佐国君的人，还为原来的大夫服丧，就是从管仲这里开始的，这并不是原本的礼制规定，而是由于国君的命令。"

子贡问居父母丧。孔子曰："敬为上，哀次之，瘠为下，颜色称情，戚容称服。"曰："请问居兄弟之丧。"孔子曰："则存乎书策已。"

◎**大意**　子贡问孔子为父母守丧需要注意哪些地方。孔子回答："时刻保持尊敬之心最重要，有哀伤悲痛之情是其次重要的，而哀伤到憔悴体弱是最要不得的。脸色要和内心的悲哀之情以及所服丧服的轻重相称。"子贡又问为兄弟服丧应该怎么做。孔子告诉子贡，这些守丧的礼仪规矩都在典籍中记载得清清楚楚，让子贡好好翻阅典籍。

子贡问于孔子曰："殷人既窆而吊于圹①，周人反哭而吊于家②，如之何？"孔子曰："反哭之吊也，丧之至也。反而亡矣，失之矣。于斯为甚，故吊之。死，人卒事③也。殷以悫④，吾从周。殷人既练之明日而祔于祖，周人既卒哭之明日祔于祖。祔，祭神之始事⑤也。周以戚⑥，吾从殷。"

◎**注释**　①〔既窆（biǎn）而吊于圹〕下葬之后在墓地边进行吊唁。窆，下葬。②〔反哭而吊于家〕返回家中祖庙痛哭时才前往吊唁。反，通"返"。③〔卒事〕最后的事情。④〔悫〕质朴。⑤〔始事〕首个大事。⑥〔戚〕通"促"，急促。
◎**大意**　子贡问孔子："殷人安葬死者之后马上就在墓地吊唁慰问丧主，周人则是送葬后待丧主返回祖庙痛哭时才去吊唁慰问，哪种做法更恰当一点？"孔子回答："回到祖庙中痛哭时，是整个丧礼中丧主最悲痛的时候，因为回去之后就发现再也看不到自己的亲人了。所以，周人是在丧主最悲痛的时候去吊唁。而殷人的做法，是为死者的死而哀悼，这种做法太过质朴，我赞同周人的做法。但是，殷人在练祭的第二天将亲人的神主归入祖庙袝祭，周人是百日卒哭后就将神主归入祖庙。袝祭，是祭祀先人的首个大事，周人的做法太过仓促，殷人的做法更为恭敬慎重，我赞同殷人的做法。"

子贡问曰："闻诸晏子，少连、大连①善居丧②，其有异称③乎？"孔子曰："父母之丧，三日不怠④，三月不解⑤，期悲哀，三年忧。东夷之子，达于礼者也。"

◎**注释**　①〔少连、大连〕人名，按下文应为东夷之人，事迹不详。②〔善居丧〕指服丧尽礼。③〔异称〕特别值得称道的地方。④〔三日不怠〕父母去世后前三天丝毫不轻慢。《礼记·杂记下》："三日不怠。"孔颖达疏："亲之初丧三日之内，礼不怠，谓水浆不入口之属。"⑤〔三月不解〕父母去世后前三个月丝毫不懈怠。《礼记·杂记下》："三月不解。"孔颖达疏："以其未葬之前，朝奠、夕奠，及哀至则哭之属。"三月，古代大夫、士、庶人去世三月而葬。解，通"懈"。

◎**大意**　子贡问孔子："我听晏子说少连和大连两个人服丧时做得很好，他们有什么特别值得称道的地方吗？"孔子回答："少连和大连这两个东夷人，他们特别值得称道的就是能尽礼，即按照礼制的规定服丧。为父母服丧，头三天丝毫不怠慢，头三个月也不松懈，一周年时仍保持着哀戚之心，到了第三年时还维持着忧戚之容。"

子游问曰："诸侯之世子，丧慈母①如母，礼与？"孔子曰："非礼也。古者男子②外有傅父③，内有慈母，君命所使教子者也。何服之有？昔鲁孝公④少丧其母，其慈母良。及其死也，公弗忍，欲丧之。有司曰：'礼，国君慈母无服，今也君为之服，是逆古之礼，而乱国法也。若终行之，则有司将书之，以示后世，无乃不可乎？'公曰：'古者，天子丧慈母，练冠以燕居⑤。'遂练以丧慈母。丧慈母如母，始则鲁孝公之为也。"

◎**注释** ①〔慈母〕古称抚育自己成长的庶母或保姆。②〔男子〕此处指国君的嫡长子。③〔傅父〕古称保育、辅导贵族子女的老年男子。④〔鲁孝公〕西周时期的鲁国国君，公元前796至前769年在位。《礼记》记为鲁昭公，似非。⑤〔练冠以燕居〕在日常生活中戴着练冠为亲人服丧。练冠，厚缯或粗布之冠，亲丧小祥之祭时所戴之冠。

◎**大意** 子游问孔子："诸侯的世子，像为自己生母守丧那样给慈母守丧，是不是符合礼制规定？"孔子回答："不符合礼制规定。古代国君的世子外有傅父，内有慈母，都是为了辅佐照料他，世子不需要为他们服丧。当年鲁孝公少年丧母，他的慈母对他悉心照料。因而慈母去世之后，鲁孝公不忍心，想要为其服丧，然而相关官员说：'礼制规定，国君不应为慈母服丧。如果您为慈母服丧，那就违背了古礼，最终会扰乱国家的法令规章。如果真的为慈母服了丧，那么相关官员只好予以记录，留待后人评说，这大概是不可以的吧？'鲁孝公听了之后，说：'古代，天子的慈母过世后，天子就平时头戴练冠以示纪念。'决定自己也戴着练冠为慈母服丧。像为生母守丧那样给慈母守丧，就是从鲁孝公这里开始的。"

孔子适卫，遇旧馆人①之丧，入而哭之哀。出，使子贡脱骖②以赠之。子贡曰："于所识之丧，不能有所赠。赠于旧馆，不已多乎？"孔子曰："吾向③入哭之，遇一哀而出涕④。吾恶夫涕而无以将之⑤。小子行焉。"

◎**注释** ①〔旧馆人〕从前孔子在卫时馆舍的主人。②〔骖〕马车前两侧的马。③〔向〕刚才。④〔遇一哀而出涕〕偶然触动心中哀伤之感而流下眼泪。⑤〔无以将之〕没有任何实在的表示。将，赠送。

◎**大意** 孔子到卫国去，遇到了曾经居住过的馆舍主人的丧事，就进去吊唁，哭得十分哀痛。出来之后，孔子就让子贡解下一匹拉车的马赠给丧主。子贡说："对于有交情者的丧事，没能赠送什么，对于曾经馆舍主人的丧事，反而赠送他一匹马，这个礼是不是太重了？"孔子回答："我刚才进去吊唁的时候，心中感伤而痛哭流涕了。我不希望只有一副伤心流泪的样子，却没有任何实际的表达。你就照我的话去做吧。"

子路问于孔子曰："鲁大夫练而杖①，礼也？"孔子曰："吾不知也。"

子路出，谓子贡曰："吾以为夫子无所不知，夫子亦徒②有所不知也。"子贡曰："子所问何哉？"子路曰："由问：'鲁大夫练而杖，礼与？'夫子曰：'吾不知也。'"子贡曰："止③，吾将为子问之。"遂趋而进，曰："练而杖，礼与？"孔子曰："非礼也。"

子贡出，谓子路曰："子谓夫子而弗知之乎？夫子徒无所不知也。子问非也。礼，居是邦，则不非其大夫。"

◎**注释** ①〔练而杖〕练祭之后仍然拄着丧棒。杖，丧棒，孝子守丧时因十分悲哀而身体虚弱，故以丧棒支撑身体。②〔徒〕乃，竟然。③〔止〕等一会儿。

◎**大意** 子路问孔子，鲁国大夫练祭之后还拿着丧棒，是否符合礼制。孔子答以不知，子路就认为老师真的不知道。子贡了解了情况之后，换了一种问法问孔子："练祭之后还拄着丧棒，是否符合礼制？"孔子回答："不合乎礼制。"子贡出来后，向子路解释道："其实老师是知道的。只是你问问题的方式错了。因为按照礼，住在这个国家时就不非议这个国家的大夫。"

叔孙武叔①之母死，既小敛②，举尸者出户，武孙从之，出户，乃袒，投其冠而括发③。子路叹之。孔子曰："是礼也。"子路问曰："将小敛则变服，今乃出户，而夫子以为知礼，何也？"孔子曰："由，汝问非也。君子不举人以质④士。"

◎**注释** ①〔叔孙武叔〕春秋末期鲁国大夫，名州仇，曾诋毁孔子。②〔小敛〕亦作"小殓"，丧葬礼之一，死者去世第二天给死者沐浴、穿衣、覆衾等。③〔投其冠而括发〕去掉原来的帽子，改用麻带束发。投，扔，去除。括，扎，束。④〔质〕质正，要求。

◎**大意**　叔孙武叔的母亲去世了。小殓之后，尸体被抬出寝门，叔孙武叔也跟在后面出来了，然后就袒露左臂，去掉原来的帽子，改用麻带束发。子路见后摇头叹息。孔子却认为这么做符合礼。于是子路问道："即将小殓的时候，就应该更换服装，如今叔孙武叔等到出了寝门后才更换，夫子却认为这样做合乎礼制，为什么呢？"孔子回答说："仲由，你问得不对，准备小殓的时候就更换服装，是对一般人的要求，君子不以一般人的标准要求士。"

齐晏桓子①卒，平仲粗衰斩②，苴绖、带、杖③，以菅屦④，食粥，居傍庐⑤，寝苫枕草。其老⑥曰："非大夫丧父之礼也。"晏子曰："唯卿大夫。"曾子以问孔子。孔子曰："晏平仲可谓能远害矣。不以己之是驳人之非，逊辞以避咎，义也夫。"

◎**注释**　①〔晏桓子〕晏弱，春秋时齐国卿大夫，晏婴之父。②〔粗衰斩〕用粗布做成的斩衰服。③〔苴绖、带、杖〕苴绖，服丧中头上所系的麻带。带，指服丧时腰间所系麻带。杖，指丧棒。④〔菅屦〕服丧时所穿的草鞋。⑤〔居傍庐〕在墓旁搭盖的小屋居住。古人为父母守丧时，会居住于临时搭盖的草棚中。⑥〔老〕指家老，家臣中的长者。

◎**大意**　齐国大夫晏桓子去世了，其子晏婴穿着粗麻布做的斩衰丧服，头上和腰间分别扎着麻带，手中拈着丧棒，脚上穿着草鞋，以稀粥充饥，住在守丧的小草棚中，以干草为枕和床。晏婴的家臣认为晏婴这样守丧的规格低了，不是大夫为父亲守丧之礼。晏婴解释道：诸侯国只有卿才能与天子的大夫相当。而自己只是诸侯国的大夫，没资格按照大夫守孝之礼守丧。曾子就这件事询问孔子，孔子回答："晏婴的行为是符合礼制的，而且他不仗着自己对就驳斥别人错误的观点，这样做很合宜，晏婴是一位能远离祸害的人。"

季平子①卒，将以君之玙璠②敛，赠以珠玉③。孔子初为中都宰，闻之，历级④而救焉，曰："送而以宝玉，是犹曝尸于中原⑤也，其示民以奸利之端，而有害于死者，安用之？且孝子不顺情以危亲，忠臣不兆奸⑥以陷君。"乃止。

◎**注释** ①〔季平子〕季孙如意，春秋时鲁国大夫，季桓子之父，曾驱逐鲁昭公。②〔玙璠（yú fán）〕美玉名。按当时礼制，这两种玉只有国君有资格使用。③〔赠以珠玉〕以珠玉随葬。赠，古代指以殉葬用品送葬。④〔历级〕没有等双脚并拢，即一脚一个台阶地登上去。⑤〔中原〕指原野之中。⑥〔不兆奸〕不任由奸邪之端成长。

◎**大意** 季平子去世了，其家人准备用国君才能佩戴的玙璠为他入殓，并且用珠玉随葬。孔子当时刚当上中都地方长官，听到了之后，连忙赶去季氏家，匆忙登上台阶，要挽回这件事情。孔子说道："以珠宝玉器随葬，就好像让尸骸暴露于原野之中，似乎在昭告百姓让他们来夺取随葬的珠宝玉器，这样做反而可能让死者不得安宁，为什么还要用国君佩戴的美玉随葬呢？并且孝子不会为了放纵自己的性情而危害双亲，忠臣不会不制止奸邪之端而伤害国君。"最终，在孔子的劝说下，季氏就没再那么做。

孔子之弟子琴张，与宗鲁①友。卫齐豹②见③宗鲁于公子孟絷④，孟絷以为参乘⑤焉。及齐豹将杀孟絷，告宗鲁，使行。宗鲁曰："吾由子而事之，今闻难而逃，是僭⑥子也。子行事乎，吾将死以周⑦事子，而归死于公孟可也。"齐氏用戈击公孟，宗鲁以背蔽之，断肱，中公孟、宗鲁，皆死。

琴张闻宗鲁死，将往吊之。孔子曰："齐豹之盗，孟絷之贼也，汝何吊焉？君子不食奸⑧，不受乱⑨，不为利病于回⑩，不以回事人，不盖非义，不犯非礼，汝何吊焉？"琴张乃止。

◎**注释** ①〔宗鲁〕人名，有勇力，具体事迹不详。②〔齐豹〕春秋时卫国大夫。③〔见〕引荐，推荐。④〔孟絷〕又称公孟，卫灵公之兄。⑤〔参乘〕陪乘的人。古代乘车，尊者在左，御者在中，一人在右陪坐，称"参乘"或"车右"。⑥〔僭〕这里指虚伪，不诚信。⑦〔周〕周全，成全。⑧〔食奸〕接受奸人俸禄。⑨〔受乱〕任由混乱发生。⑩〔不为利病于回〕不因为私利而堕于邪恶。回，邪恶。

◎**大意** 孔子的弟子琴张和宗鲁是好朋友。卫国的齐豹将宗鲁引荐给了公子孟絷，孟絷让宗鲁做了参乘。后来齐豹和孟絷产生冲突，准备攻击孟絷，就让人告诉宗鲁先行逃走。宗鲁却说："我因为您而前来辅佐孟絷，如今听到孟絷有难，首先想到的是自己逃走，那就是让您失信。您就去做您想做的事情，我会拼死保护孟絷，然后用我的死来成全您。"齐豹家族的人用戈攻击孟絷，宗鲁则以自己的背替孟絷挡住了攻击，不过，宗鲁的胳膊被砍断了。最后，孟絷、宗鲁都被击中而毙命了。

琴张听到宗鲁去世的消息后，准备前往卫国吊唁。孔子将他拦了下来，说："齐豹之所以为乱，孟絷之所以被害，都是因为宗鲁，你还去吊唁这样的人干吗？君子不接受奸人的俸禄，不任由暴乱发生，不会为了私利而堕于邪恶，辅佐他人时心念纯正，没有邪念，不掩盖不正义的事，不做不合礼的事，宗鲁这几点都没做到，你用不着去吊唁他。"于是琴张没有成行。

成①人子蒲卒，哭之，呼灭。子游曰："若是哭也，其野哉！孔子恶野哭者。"哭者闻之，遂改之。

◎**注释** ①〔成（chéng）〕鲁国孟孙氏邑，在今山东东平。

◎**大意** 成地人子蒲去世了，他的家人哭丧时，大声呼喊自己也不想活了。子游听到了就说："这样的哭法，真是粗鄙违礼！孔子反对这样不合礼的哭丧。"哭丧的人听到子游的话后，马上就改正了哭法。

公父文伯卒，其妻妾皆行哭①失声。敬姜戒之曰："吾闻好外②者，士死之；好内③者，女死之。今吾子早夭，吾恶其以好内闻也。

二三妇人之欲供先祀者④，请无瘠色⑤，无挥涕，无拊膺⑥，无哀容，无加服，有降服⑦，从礼而静，是昭吾子也。"孔子闻之，曰："女智无若妇，男智莫若夫。公父氏之妇，智矣。剖情损礼，欲以明其子为令德⑧也。"

◎**注释**　①〔行哭〕放声哭，痛哭。②〔好外〕指好结交朋友。③〔好内〕指喜好女色。④〔欲供先祀者〕想要供奉先人祭祀，指仍想留在这个家中。⑤〔瘠色〕容貌憔悴。⑥〔拊膺〕捶胸哀号。⑦〔无加服，有降服〕不要加重丧服等次，而要降低丧服等次。⑧〔令德〕美好的品德。

◎**大意**　公父文伯去世了，他的妻妾全都伤心得痛哭失声。公父文伯的母亲敬姜告诫她们道："我听说擅于在外结交朋友者，士会甘愿为其去死；喜好女色、善待妻妾者，女人会甘愿为其去死。方今我的儿子早夭，我不希望他以喜好女色而出名。如果你们几个还想留在这个家里，那就请你们不要有憔悴的脸色，不要哭出眼泪，不要捶胸哀号，不要有哀伤的表情，不要加重丧服等次，而要降低丧服等次，按照礼制安安静静地待着，这样才能彰显我儿子的品德。"孔子知道了这件事情后，感叹道："女人中中年长妇人最具智慧，男人中中年长男子最具智慧。公父家族的这个妇人，真是一位有智慧的长者。她剖析人情世故，相应地减损儿子的丧礼规格，是为了彰显儿子的美好品德。"

　　子路与子羔仕于卫，卫有蒯聩①之难。孔子在鲁，闻之，曰："柴也其来，由也死矣。"既而卫使至，曰："子路死焉。"夫子哭之于中庭②。有人吊者，而夫子拜之。已哭，进使者而问故，使者曰："醢③之矣。"遂令左右皆覆醢，曰："吾何忍食此！"

◎**注释**　①〔蒯聩〕卫灵公太子，因与灵公夫人有恶，出奔他国。灵公死后，蒯聩与其子出公之间展开争夺国君之位的战争，最后出公奔鲁，蒯聩即位为庄公。②〔中庭〕正室的厅堂。③〔醢（hǎi）〕肉酱，此处用作动词，指把人杀死，剁成肉酱。

◎**大意** 子路和子羔同在卫国出仕。卫国发生了故太子蒯聩之难。孔子在鲁国听到消息后，说："子羔会安全回来，而仲由肯定会死于这场纷争中。"不久后，卫国使者到来，报告了子路去世的消息。孔子在厅堂中间哭子路。有人前来吊唁，孔子就以主人身份拜答。哭完之后，孔子又叫来卫国的使者，询问当时的详细情况。使者告诉孔子子路死得很惨，最后被剁成了肉酱。孔子听闻后，马上命人将自己家中的肉酱全部倒掉，因为这些肉酱会让自己联想到惨死的子路。

季桓子死，鲁大夫朝服而吊。子游问于孔子曰："礼乎？"夫子不答。他日，又问。夫子曰："始死则矣，羔裘、玄冠①者，易之而已，汝何疑焉？"

◎**注释** ①〔羔裘、玄冠〕羔裘，用紫羔制的皮衣。玄冠，黑色的帽子。这是古代诸侯、卿、大夫所穿的朝服。

◎**大意** 季桓子去世后，鲁国大夫们都穿着朝服前去季孙氏家中吊唁。子游询问孔子这样做是否符合礼制，但孔子当时没有回答。过了几天，子游又问孔子这个问题，孔子回答说："人刚去世时，就应当把皮衣和黑色帽子换掉，不能穿戴皮衣和黑色帽子去吊丧，这一点你还有什么疑问呢？"

孔子有母之丧，既练，阳虎吊焉，私于孔子曰："今季氏将大飨①境内之士，子闻诸？"孔子答曰："丘弗闻也。若闻之，虽在衰绖，亦欲与往。"阳虎曰："子谓不然乎？季氏飨士，不及子也。"阳虎出，曾点问曰："语之何谓也？"孔子曰："己则衰服，犹应其言，示所以不非也。"

◎**注释** ①〔飨〕用酒食招待。

◎**大意** 孔子为母亲守丧期间，刚过了练祭，阳虎前来吊唁，私下里对孔子说："季氏准备举行大宴会招待国内的士人，你听到这个消息了吗？"孔子回答：

"我没听到。如果听到了，纵然我还在守丧，那么也是愿意参与的。"阳虎说："你以为我在说谎，季氏没有准备举行大宴会吗？你没听到消息，只是因为季氏宴请士人，没有把你算在内而已。"阳虎离开了之后，曾点问道："您刚才说的是什么意思？"孔子说："我虽然在服丧期间，但是仍然回应他的话，说要前去参宴，是以此表示不计较他的无礼而已。"

    颜回死，鲁定公①吊焉，使人访于孔子。孔子对曰："凡在封内，皆臣子也。礼，君吊其臣，升自东阶，向②尸而哭，其恩赐之施，不有算也③。"

◎**注释** ①〔鲁定公〕春秋时鲁国君主，鲁昭公的弟弟，承袭昭公担任君主。②〔向〕面向。③〔不有算也〕无法计算。

◎**大意** 颜回去世了，鲁定公准备来吊丧，首先让人向孔子请教吊唁臣子之礼。孔子回答："但凡是国境之内的人，都是您的臣子。按照礼制规定，国君吊唁臣子，要从臣子家的东边台阶上去，进到屋内对着尸体哭。这样就是对臣子无限丰厚的赏赐了。"

    原思言于曾子曰："夏后氏之送葬也，用盟器，示民无知也；殷人用祭器，示民有知也；周人兼而用之，示民疑也①。"曾子曰："其不然矣，夫以盟器，鬼器也；祭器，人器也。古之人胡为而死其亲也？"

    子游问于孔子，子曰："之死而致死②乎，不仁，不可为也；之死而致生③乎，不智，不可为也。凡为盟器者，知丧道也。有备物而不可用也。是故竹不成用，而瓦不成滕④，琴瑟张而不平，笙竽备而不和，有钟磬而无簨虡⑤。其曰盟器，神明之⑥也。哀哉！死者而用生者之器，不殆而用殉也。"

◎**注释** ①〔示民疑也〕向百姓表明他们也拿不准到底死者有无知觉。②〔之死而致死〕安葬死者，认为死者已毫无知觉。之死，安葬死者。致死，以死者之礼对待死者，即认为死者已无知觉。③〔致生〕以生者之礼对待死者，即认为死者仍有知觉。④〔滕〕据文意，当为"漆"。⑤〔簨虡（sǔn jù）〕簨，古代悬挂钟或磬等乐器的架子的横杆。虡，古代悬挂钟或磬的架子两旁的柱子。⑥〔神明之〕把死者奉为神明。神明，天地间一切神灵的总称。

◎**大意**　原思和曾子两人在一起讨论夏、商、周三代随葬用盟器还是祭器，以及其中各有什么内涵的问题，没有得出最终结论。子游就这样的问题向孔子进行了提问。

孔子回答："安葬死者，认为死者已毫无知觉，这是没有仁爱之心的表现；安葬死者，认为死者同生时一样仍有知觉，这是愚昧的表现，这两种认识都是不正确的。但凡使用了盟器的人，都是了解丧道的人。准备了这样多的器物，但都是不能使用的。所以，竹器没有加边，无法使用，瓦器没有上漆，琴瑟只设了弦而没有调平，笙竽徒具外形而不合音律，有钟磬却没有挂钟磬的架子和柱子。之所以叫这样的器物为盟器，是因为把死者奉为神明。可悲的是用活人使用的器物为死者陪葬，这样跟人殉没什么太大差别。"

　　子罕①问于孔子曰："始死之设重②也，何为？"孔子曰："重，主道也③，殷主缀重焉，周人彻重焉。""请问丧朝。"子曰："丧之朝也，顺死者之孝心，故至于祖考庙而后行。殷朝而后殡于祖，周朝而后遂葬。"

◎**注释**　①〔子罕〕春秋末年宋国执政。　②〔重〕古代丧礼刚开始没有制作神主时，临时用来替代神主者。③〔重，主道也〕临时的神主，跟神主的道理是一样的。

◎**大意**　子罕问孔子："人刚去世时要为其设置一个临时的神主，这是怎么回事？"孔子回答："临时的神主，跟神主的道理是一样的。殷人最后会把临时的神主放到真正的神主旁，而周人则将临时的神主撤掉。"子罕接着问下葬前要去祖庙祭拜是怎么一回事。孔子说："这是为了成全死者的孝心。所以，先去宗庙再入土为安。殷人在祭拜祖庙后先停殡几天，而周朝则是祭拜祖庙后就安葬死者。"

　　孔子之守狗死，谓子贡曰："路马^①死，则藏之以帷，狗则藏之以盖^②。汝往埋之。吾闻弊帏^③不弃，为埋马也；弊盖不弃，为埋狗也。今吾贫，无盖。于其封也，与之席，无使其首陷于土焉。"

◎**注释**　①〔路马〕为国君驾车之马。②〔盖〕马车顶篷盖。③〔弊帏〕破旧的帷幔。帏，同"帷"。

◎**大意**　孔子的看门狗死了，孔子让子贡帮他将狗安葬了。孔子说道："诸侯的马死掉了，就用帷幔包裹好再埋葬，狗死掉了，就用车篷盖子遮掩一下尸身。所以，人们都不扔残破的帷幔和车盖，就是为了埋马和狗。我如今很穷，没有车盖，你就在埋它的时候，用张席子把它裹起来，最起码要保证头不直接埋入土中。"

曲礼公西赤问
第四十四

　　本篇共有7章，主要讲了以下问题：第一，去职的大夫死后以何等礼仪葬祭；第二，嫡子死，立谁为继嗣；第三，孔子如何葬母和为母亲服丧；第四，陪葬是否应用人偶；第五，孔子如何对待祥祭颜渊的祭肉；第六，孔子祭祀时为何没有做到"济济漆漆"；第七，祭祀活动该怎么安排。因为本篇也是对丧葬、祭祀具体仪节的讨论，又因为首记为公西赤之问，故名"曲礼公西赤问"。

　　所谓"国之大事，在祀与戎"，本书后三篇都以"曲礼"名篇，其中所讲的礼基本上都是丧祭之礼，充分体现出孔子对丧葬祭祀礼仪的重视。孔子主张葬礼要与人当前的身份地位相称，以大夫为例，如果是由于没有尽忠职守而被罢黜，那就只能以士礼葬之；如果是由于年老请辞的，仍能以大夫之礼安葬。《中庸》中也有相关内容："父为大夫，子为士，葬以大夫，祭以士；父为士，子为大夫，葬以士，祭以大夫。"综合来看，礼仪活动等级的确定标准就非常明确了，那就是以活动主体当时的身份为依据。

关于具体的礼制，由于人们理解各异而存在不同看法。《孔子家语》的记载，对于正确理解这些制度十分有益。例如在大祥和禫祭时间的问题上，不少学者依据《曲礼子贡问第四十二》中"鲁人有朝祥而暮歌者，子路笑之……孔子曰：'又多乎哉！逾月则其善也'"的记载，便认为孔子的意思是大祥之后再过一个月，举行了禫祭，再唱歌就好了。于是郑玄关于大祥与禫祭不同月，是在三年之丧中第二十七个月的主张就为人们所普遍认可。但若依郑玄的观点，大祥后再过一个月才可唱歌，则孔子大祥后五天而弹琴就违背了礼制；而按照王肃的说法，禫祭在大祥后五天，那十天后已过了大祥的那一个月，则孔子吹笙亦不违礼。所以，大祥与禫祭应为同月，而过了大祥那个月唱歌就是符合礼制要求的。

公西赤问于孔子曰："大夫以罪免①，卒，其葬也，如之何？"孔子曰："大夫废其事②，终身不仕，死则葬之以士礼。老而致仕者，死则从其列③。"

◎**注释** ①〔以罪免〕因罪被免职。②〔废其事〕没有尽到自己的职责。③〔死则从其列〕按原来的大夫礼安葬。列，位列、等级。

◎**大意** 公西赤问孔子，大夫如果因罪被罢免，其葬礼该按何种规格进行。孔子告诉他：如果大夫因没尽到自己的职责被罢免，并且终生没能再做官，就当按士人的葬礼规格安葬。如果是因为年老而主动辞职的，则还应当按照原来的大夫之礼安葬。

公仪仲子①嫡子死，而立其弟。檀弓②问子服伯子③曰："何居④？我未之前闻也。"子服伯子曰："仲子亦犹行古人之道。昔者文王舍伯邑考⑤而立武王，微子舍其孙腯，立其弟衍。"子游以问诸孔子，子曰："否！周制立孙。"

◎**注释**　①〔公仪仲子〕春秋时期鲁国宗室，公仪氏，字仲子。②〔檀弓〕鲁国士人，以精通礼仪著称。③〔子服伯子〕即子服景伯，鲁国孟孙氏的支系，时为鲁国大夫。④〔何居〕什么道理。居，语助词。⑤〔伯邑考〕周文王姬昌嫡长子，为商纣王所杀。

◎**大意**　公仪仲子的嫡长子死了，公仪仲子遂选择了次子作为自己的继承人。檀弓不能理解公仪仲子的做法。子服伯子则表示公仪仲子的做法是有前例可循的，并举了两个例子：周文王越过嫡长子伯邑考而立次子姬发，微子不立自己的嫡长孙腯而选择了自己的弟弟衍继承宋国国君之位。子游听到了这番对话后，心存疑问，于是向孔子请教子服伯子之言是否正确，孔子予以否定，并说明了按照周朝制度，嫡长子去世后则选择嫡长孙作为继承者。

孔子之母既丧，将合葬焉，曰："古者不祔葬，为不忍先死者之复见也。《诗》①云：'死则同穴。'自周公已来，祔葬矣。故卫人之祔也，离之②，有以间焉。鲁人之祔也，合之，美夫！吾从鲁。"遂合葬于防。曰："吾闻之，古墓而不坟③。今丘也，东西南北之人④，不可以弗识也。吾见封之若堂者⑤矣，又见若坊者⑥矣，又见覆夏屋者⑦矣，又见若斧形者矣。吾从斧者焉。"于是封之，崇⑧四尺。

孔子先反虞⑨，门人后，雨甚至，墓崩，修之而归。孔子问焉，曰："尔来何迟？"对曰："防墓崩。"孔子不应，三云，孔子泫然⑩而流涕，曰："吾闻之，古不修墓。"及二十五月而大祥⑪，五日而弹琴不成声，十日过禫而成笙歌。

◎**注释** ①〔《诗》〕指《诗经·王风·大车》。②〔离之〕让两个墓穴并排。离，通"丽"，附着，连在一起。③〔墓而不坟〕墓地不能起坟头。④〔东西南北之人〕指四处奔波之人。⑤〔封之若堂者〕坟头筑成四方而高的样子。堂，四方而高的建筑物。⑥〔若坊者〕像堤防一样，斜面平平而上。坊，同"防"。⑦〔覆夏屋者〕覆盖大殿堂的房顶。夏屋，大屋子。《礼记·曲礼上》："见若覆夏屋者矣。"郑玄注："覆，谓茨瓦也。夏屋，今之门庑也，其形旁广而卑。"⑧〔崇〕高。⑨〔先反虞〕先返回家中进行虞祭。⑩〔泫然〕流泪貌。⑪〔大祥〕父母去世后二十五月所举行的祭祀，表示丧服期已满。

◎**大意** 孔子的母亲去世之后，孔子准备将母亲与父亲合葬。对此，孔子解释道："古代人们是不进行合葬的，因为不忍心再见到先去世的亲人。《诗》中说'死则同穴'，说明自周公以来就开始实行合葬了。卫国人的合葬，是让两个墓穴并排挨着，这样逝者中间还是有间隔的。鲁国人的合葬，是将两位逝者的棺椁合葬在同一个墓穴当中，这种方式是很好的。我就用鲁国人的办法来合葬。"孔子将父母合葬后，又因为自己总是四处漂泊、居无定所，便给父母的墓修筑了本来按礼制不应该有的坟头，以作标记。坟头的样式按照孔子曾经见过的其中一种，做成了斧头形状，有四尺高。

坟头筑好之后，孔子先返回家中举行安魂的虞祭，门人则留在墓地善后。由于当时雨势过大，刚筑好的坟墓倒塌了，门人又重新修整了坟墓。孔子得知弟子们重新修整了坟墓后，泪水止不住流了下来，十分伤心自责，认为本来按照礼制是不能筑土为坟的，就是因为自己不行礼制，导致坟墓崩塌，才惊扰了双亲。

　　子游问于孔子曰："葬者涂车刍灵①，自古有之。然今人或有偶②，是无益于丧。"孔子曰："为刍灵者善矣，为偶者不仁，不殆于用人乎？"

◎**注释** ①〔涂车刍灵〕泥做的车，草扎的人与马。②〔或有偶〕有的用人俑。
◎**大意** 子游与孔子谈论当今有用人俑做随葬品的现象，认为这样做不符合丧葬之道，应该像自古以来那样，随葬品用泥做的车和草扎的人与马即可。孔子对子游的说法表示赞同，也认为按照古代礼制就很好，以人俑为随葬品的人实在有些残忍，因为这样和用活人殉葬没什么太大区别。

颜渊之丧，既祥①，颜路馈祥肉于孔子。孔子自出而受之，入，弹琴以散情，而后乃食之。

◎**注释**　①〔既祥〕大祥之祭进行过了。祥，此处指大祥之祭，一般小祥不单言祥。
◎**大意**　颜渊丧礼中的大祥祭祀后，颜渊的父亲颜路将祥祭的肉赠送给孔子。孔子亲自出来接受了祭肉，然后就进入屋内弹了会儿琴，排遣了自己的悲痛之情后，才并始吃祭肉。

孔子尝①，奉荐而进②，其亲也悫③，其行也趋趋以数④。已祭，子贡问曰："夫子之言祭也，济济漆漆⑤焉。今夫子之祭，无济济漆漆，何也？"

孔子曰："济济者，容也远也⑥；漆漆者，自反⑦。容以远，若⑧容以自反，夫何神明之及交？必如此，则何济济漆漆之有？反馈乐成⑨，进则燕俎⑩，序其礼乐⑪，备其百官，于是君子致其济济漆漆焉。夫言岂一端而已哉？亦各有所当⑫也。"

◎**注释**　①〔尝〕秋祭名。②〔奉荐而进〕手捧祭品前往上供。③〔其亲也悫〕他亲自献祭显得十分质朴。④〔其行也趋趋以数〕走路时急促匆忙。趋，同"促"，急促。数，屡次，频繁。⑤〔济济漆漆〕十分端庄恭敬。济，通"齐"，济济，庄敬貌。漆漆，恭敬谨慎貌。⑥〔容也远也〕容貌上显得有些疏远。⑦〔自反〕自我约束而过于矜持。⑧〔若〕连词，而且，又。⑨〔反馈乐成〕返于庙室中举行馈食礼，乐舞开始演奏。⑩〔进则燕俎〕进献宴飨用的肉俎。⑪〔序其礼乐〕礼乐安排有序得当。⑫〔各有所当〕各有所适用的情况。
◎**大意**　孔子为亡亲举行秋祭，亲自捧着祭品献祭，显得非常质朴，走路时也是急促匆忙的样子。祭祀结束后，子贡觉得老师今天举行祭祀，没有按照平时教导他们的那样，做到仪态端庄恭敬。孔子则告诉子贡，不能片面理解自己的话，为亡亲举行的祭祀，如果太过庄重恭谨，就显得和先人太过疏离。天子、诸侯的宗庙大祭，仪式隆重，在这样的场合，君子自然应当仪态端庄恭敬。

子路为季氏宰。季氏祭，逮昏而奠①，终日不足，继以烛。虽有强力之容，肃敬之心，皆倦怠矣。有司跛倚②以临事，其为不敬也大矣。他日，子路与焉。室事交于户③，堂事当于阶④。质明而始行事，晏朝⑤而彻。孔子闻之，曰："以此观之，孰谓由也而不知礼？"

◎**注释** ①〔逮昏而奠〕天还没亮的时候就开始陈列祭品。逮，等到。昏，黎明天未大亮的时候。奠，向死者供献祭品致敬。②〔跛倚〕站立歪斜不正，倚靠于物。指不端庄的样子。③〔室事交于户〕室内举行正祭，所需的各种祭品在内室门口交接。④〔堂事当于阶〕在大堂设宴款待尸，菜品和其他物品在台阶上交接。堂事，指正祭结束后在大堂设宴款待尸的礼仪活动。⑤〔晏朝〕黄昏。

◎**大意** 从前季氏举行祭祀，天还没亮的时候就开始陈列祭品，但是到了很晚的时候还完成不了，要点着蜡烛继续进行。纵然那些精力充沛、内心庄严肃穆的人，也都十分疲倦懈怠了。执事人员大多歪斜着身子，打不起精神，整个祭祀仪式显得很不庄重。有一天，季氏又举行祭祀，作为季氏家宰的子路参与了祭祀的主持工作。在他的主持下，室内举行正祭，所需的各种祭品在内室门口交接；而在大堂设宴款待尸，菜品和其他物品在台阶上交接，一切都井然有序。祭祀从天亮开始，傍晚时分整个祭祀仪式就结束了。孔子听说了这件事情后，称赞子路也很懂礼。